KB065528

반일 종족주의
反日 種族主義

대 한 민 국 위 기 의 근 원

반일 종족주의

反日
種族主義

이영훈 외

미래──H

이승만TV는 2018년 12월부터 45회에 걸쳐 〈위기 한국의 근원: 반일 종족주의〉와 〈일본군 위안부 문제의 진실〉이란 두 제목의 연속강의를 하였습니다. 이 책은 그 과정에서 쌓인 강의 노트를 정리한 것입니다. 우리가 다룬 주제는 20세기 전반 일본이 한국을 지배한 역사와 관련하여 오늘날의 한국인이 가지는 통념에 관한 것입니다. 우리는 그 통념이 실증적으로 얼마나 취약한 것인지를 논증하고자 하였습니다. 많은 분이 우리의 시도에 대해 불쾌감을 가질지도 모릅니다. 일본과 대립 중인데 국익에 반하는 일이라고 말입니다.

　우리는 학문을 직업으로 하는 연구자로서 그러한 국익 우선주의에 동의하지 않습니다. 국익을 위해서 잘못된 주장을 고집하거나 옹호하는 일은 학문의 세계에선 용납될 수 없다고 생각합니다. 그러한 자세는 결국 국익마저 크게 해칠 것입니다. 우리가 오로지 기대하는 것은 우리가 범했을 수 있는 잘못에 대한 엄정한 학술적 비판입니다. 잘못으로 판명될 경우 우리는 주저하지 않고 우리의 실수를 인정하고 고칠 것입니다. 이 책의 편집과 출간에 임한 우리의 자세는 이것 이상도 이하도 아닙니다. 독자 여러분이 그 점을 양해해 주신다면 그것만으로도 더할 나위 없는 큰 기쁨입니다.

이승만학당에 소속하지 않은 김낙년, 정안기, 이우연 세 교수가 우리의 기획에 참여해 주셔서 감사의 뜻을 전해 드립니다. 기획 단계에서부터 함께한 학당의 김용삼, 주익종 두 선생께 감사의 뜻을 표합니다. TV강의 진행을 도운 정광제 선생과 음정현 피디에게 그동안의 노고에 감사드립니다. 책의 출간을 선뜻 맡아주신 미래사의 고영래 사장께도 감사의 인사를 드립니다. 출간을 제안하고 편집을 맡아주신 박지영 작가에 대한 감사의 인사도 빠뜨릴 수 없습니다.

2019년 7월

이영훈

이승만학당 교장

차 례

거짓말의 나라

이영훈

거짓말하는 국민

한국의 거짓말 문화는 국제적으로 널리 잘 알려진 사실입니다. 2014년에만 위증죄로 기소된 사람이 1,400명입니다. 일본에 비해 172배라고 합니다. 인구수를 감안한 1인당 위증죄는 일본의 430배나 됩니다. 허위 사실에 기초한 고소, 곧 무고誣告 건수는 500배라고 합니다. 1인당으로 치면 일본의 1,250배입니다. 보험사기가 만연해 있음은 잘 알려진 일입니다. 2014년 자동차보험, 생명보험, 손해보험, 의료보험 등 보험사기의 총액은 4조 5000억 원이 넘는 것으로 추정되고 있습니다. 어느 경제신문은 미국의 100배라고 했습니다. 민간에 대한 정부의 각종 지원금도 사기에 의해 줄줄 새고 있습니다. 2018년의 국정감사 때 밝혀진 일입니다만, 지적 재산권에 대한 정부지원금의 33%가 사기에 의한 지급이었습니다.

거짓말과 사기가 난무하니 사회적 신뢰의 수준은 점점 낮아지는 추세입니다. 세계 70여 국가가 참가하는 세계가치관 조사에서 "일반적으로 사람을 신뢰할 수 있는가"라는 질문에 대한 긍정적 대답은 1985년에만 해도 38%였습니다. 그것이 2010년까지 26%로 줄곧 낮아졌습니다. 다인종 사회인 미국보다 낮은 수준입니다. 한국은 국제적 비교에서 저신뢰 사회에 속합니다. 서로 믿지 못하니 각종 소송이 난무합니다. 어느 사회운동가는 한국의 1인당 민사소송 건수가 세계 최고라고 탄식했습니다. 나라마다 사법제도가 달라 객관적인 비교는 어렵겠습니다만, 어느 정도 사실인 듯합니다. 이런 이야기에 대다수 한국인은 수긍하는 분위기입니다. 왜냐고요? 그런 사회에서 하루하루 고통스럽게 살아가고 있기 때문입니다.

거짓말하는 정치

국민만 그런 것이 아닙니다. 정치는 거짓말의 모범을 보이고 있습니다. 거짓말이 정치의 유력한 수단으로 등장한 것은 2002년부터가 아닌가 여겨집니다. 그해의 대통령선거 때 일입니다. 김대업이란 사람이 한나라당 이회창 대통령 후보의 아들이 군대에 가지 않으려고 체중을 일부러 줄였다고 주장했습니다. 나중에 재판 결과로 판명이 되었습니다만, 그것은 거짓말이었습니다. 그렇지만 그 거짓말에 대통령선거 판세는 바뀌었습니다. 이후 이 나라의 정치는 거짓말의 파노라마였습니다.

2008년의 광우병 파동을 기억하고 계실 겁니다. 미국에서 수입한 소고기가 광우병에 걸렸는데, 그걸 먹으면 뇌에 구멍이 송송 뚫려 죽는다는 거짓말이었습니다. MBC의 어느 경박한 PD가 그런 방송물을 제작했습니다. 미국과 자유무역협정FTA을 체결한 이명박李明博 정부를 곤경에 빠뜨릴 의도에서였습니다. 거짓말은 순식간에 전국을 덮었습니다. 중학생들이 "저 아직 15년밖에 못 살았어요"라는 피켓을 들고 촛불 시위를 벌였습니다. 그들의 기대와 달리 지금까지 미국 소고기를 먹고 죽었다는 사람은 전 세계 어디서에도 단 한 명이 없습니다. 사진 속의 저 여학생을 선동한 선생은 지금도 여전히 교단에 서 있겠지요.

미국산 쇠고기 수입 반대 촛불 집회(조선일보사).

박근혜朴槿惠 대통령은 결국 거짓말에 쓰러지고 말았습니다. 세월호가 침몰하는 그 시간에 대통령이 청와대에서 미용 수술을 했느니, 마약을 했느니, 애인과 밀회를 즐겼느니 등등 터무니없는 거짓말이 온 나라에 가득하였습니다. 여성 대통령이 아니면 있을 수 없는, 여성을 우습게 여기거나 비하하는 한국인의 집단 심성이 만들어 낸 거짓말이었습니다. 뒤이어 최순실 사태가 터졌을 때 전국은 그야말로 거짓말의 광란이었습니다. 최순실 재산이 수십 조라느니, 최순실 딸이 박근혜 대통령의 숨겨 놓은 딸이라느니 사람들은 열띤 논쟁을 벌였습니다.

그 거짓말의 행진은 지금까지도 이어지고 있습니다. 얼마 전 광화문에 나갔더니 세월호를 추모하는 노란색 천막이 아직도 쳐 있는 가운데 "왜 안 구했나"라는 플래카드가 걸려 있었습니다. 벌써 몇 년입니까. 5년이 지나지 않았습니까. 진상은 다 밝혀지지 않았습니까. 그런데 아직도 "왜 안 구했나"라니요. 아직도 그 시간에 여성 대통령이 청와대에서 애인과 밀회를 하거나 마약을 즐겼다는 겁니까. 그런데 아무도 그 거짓말의 천막에 항의하지 않습니다. 거짓말의 천막은 사람들을 겁박하고 있었습니다. 모두가 무심한 척 숨을 죽이고 그 곁을 지나치고 있었습니다. 모두가 죽은 영혼이었습니다. 혼은 죽었는데 육체는 살아서 움직이는 좀비들이었습니다. 이 나라의 수도 한복판에서 좀비의 행렬은 나날이 이어지고 있습니다.

거짓말하는 학문

이 나라의 국민이 거짓말을 일삼고, 이 나라의 정치인들이 거짓말을 정쟁의 수단으로 삼게 된 것은 이 나라의 거짓말하는 학문에 가장 큰 책임이 있습니다. 제가 보기에 이 나라의 역사학이나 사회학은 거짓말의 온상입니다. 이 나라의 대학은 거짓말의 제조공장입니다. 그렇게 말해도 큰 잘못이 아니라고 자부할 수 있습니다. 대개 1960년대부터니까 그런 세월이 벌써 60년이나 흘렀습니다. 그러므로 2000년대에 들어 온 국민과 온 정치가 태연하게 거짓말을 하게 된 것입니다.

고대사에서 현대사에 이르기까지 한국의 역사학이 어떤 거짓말을 해 왔는지를 열거하면 끝이 없을 지경입니다. 거짓말은 주로 20세기에 들어 일본이 이 땅을 지배한 역사와 관련해서 거칠 것 없이 횡행하였습니다. 이 책에서 논박하는 몇 가지만 열거하겠습니다. 총독부가 토지조사사업을 통해 전국 토지의 40%를 국유지로 빼앗았다는 교과서의 서술은 엉터리 소설이었습니다. 식민지 조선의 쌀을 일본으로 실어 날랐다는 교과서의 주장은 무지의 소산이었습니다. 일제가 전시기에 조선인을 노무자로 동원하여 노예로 부렸다는 주장은 악의에 찬 날조였습니다. 거짓말의 행진은 일본군 위안부 문제에 이르러 절정에 달했습니다. 헌병과 경찰이 길거리의 처녀를 납치하거나 빨래터의 아낙네를 연행하여 위안소로 끌어갔다는 통념은 단 한 건의 사례도 확인되지 않은 새빨간 거짓말이었습니다.

역사학의 거짓말은 그럴듯한 학술로 포장되었습니다. 조선왕조를 망친 주범을 꼽자면 누가 뭐래도 고종高宗이란 주권자입니다. 그는 왕조를 자신의 가업家業으로 간주한 어리석고 탐욕스러운 임금이었습니다. 왕조를 일본에 팔아넘긴 사람은 다른 누구도 아닌 바로 그 사람이었습니다. 덕분에 그의 일족은 일본 황실에 왕공족王公族의 신분으로 편입되어 호의호식하였습니다. 종묘사직의 제사는 1945년까지도 면면히 이어졌습니다. 그렇지만 2천만 백성은 망국노亡國奴의 신세로 떨어지고 말았습니다. 그럼에도 고종을 계명군주로 받드는 엉터리 학설이 대두하더니 교과서에까지 실렸습니다. 심지어 서울시장이란 자는 고종이 아관파천俄館播遷을 한 그 길을 '고종의 길'로 기념하는 쇼를 벌였습니다. 여론이 좋지 않아 도중에 그만두었습니다만, 그 길은 조선을 망국으로 이끈 막다른 골목이었습니다.

거짓말의 재판

이 나라의 거짓말하는 문화는 드디어 이 나라의 사법부까지 지배하게 되었습니다. 오로지 사실에 근거하여 '정의의 원칙'에 따라 재판을 해야 할 법관들이 무엇이 사실인지, 무엇이 거짓말인지를 분간하지 못하는 가운데 나라의 근간을 흔드는 엉터리 판결을 내리고 있습니다. 거짓말의 학문이 거짓말의 역사를 지어내 젊은 세대를 가르친 지 벌써 60년입니다. 그 교육을 받고 자란 세대가 드디어 대법관까지 되었으니 이 나라 사법부가 거짓말의 재판을 하는 것은 그리 이상한 일도 아니라고 하겠습니다.

여러 사례가 있습니다만, 2018년 10월 말 대법원이 해방 이전에 일본제철에서 노동한 네 명에 대해 그 회사를 잇는 신일철주금新日鉄住金이 1억 원씩의 위자료를 지불하라고 내린 판결에 대해 이야기하겠습니다. 원고들이 소송을 제기한 것은 거의 20년 전, 당초는 일본에까지 소송한 그 사람들이 아닌가 여겨집니다. 여러 차례의 패소에도 불구하고 끝내 승소를 이끌어 낸 그 집념만큼은 대단합니다. 그 집념의 실체는 무엇일까요? 어쨌든 대법원은 일본의 조선 지배는 비합법적이었다는 전제 위에서 침략전쟁을 위해 조선인을 일본으로까지 동원하여 제대로 임금을 주지 않고 노예로 혹사했다는 판단을 하였습니다.

대법원의 판결문은 해당 사건의 '기본적 사실관계'에 대한 서술로 시작하고 있습니다. 그 부분을 읽은 저의 소감은 한마디로 "이건 거짓말이야"라는 것이었습니다. 저는 판결문의 법리에 대해선 논쟁하지 않겠습니다. 저는 법률가가 아닙니다. 제 비판의 초점은 딱 한 가지입니다. 그 '기본적 사실관계'는 사실이 아니다, 아니 거짓말일 가능성이 크다는 겁니다. 대법원은 원고들의 주장이 사실인지 여부를 검증하지 않았습니다. 판결문에서 그런 흔적을 찾을 수 없습니다. 저는 우리의 고매하신 대법관들에게 묻습니다.

"거짓말일 가능성이 큰 주장을 검증하지 않은 재판은 과연 유효한 것
인가."

원고 네 명 중의 두 명은 1943년 9월 일본제철의 모집에 응해 동
회사 오사카 제철소에서 훈련공으로 일했습니다. 일본제철은 월급
의 대부분을 강제저축하고 기숙사 사감에게 통장과 도장을 보관케
했는데, 그 사감이 끝내 돈을 돌려주지 않았다는 겁니다. 그것이 원
고가 입었다고 주장하는 피해의 기본 내용입니다. 이 사실은 역사
가인 저에게 익숙한 것입니다. 저는 그와 비슷한 경우를 여러 사람
으로부터 청취한 적이 있습니다. 원고 두 명은 판결문이 시사하는
대로 당시 미성년이었을 가능성이 큽니다. 사감은 일본제철의 직원
이 아니라 노무자가 집단으로 기숙하는 한바飯場나 료寮의 주인으로
서 조선인이었을 가능성이 큽니다. 그들은 대개 조선인이었습니다.
그래야 말이 통하고 통제가 가능하기 때문입니다. 나중에 사감은
원고들과 함께 원산으로 귀국하였습니다. 이 사실도 그 같은 추정
을 뒷받침합니다. 짐작컨대 사감은 출발 때부터 동행한 원고의 후
견인이거나 보호자였을 수 있습니다.
제 주장은 다음과 같습니다.

일본제철이 원고에게 임금을 지불하지 않았다는 주장은 성립할 수 없다.
강제저축 운운하는 판결문 자체가 그 점을 입증하고 있다. 임금이 원고

에게 전달되지 않았다면 사감이 그 범인이다. 그런데 과연 그러했는지는 사감을 취조하지 않고서는 알 수 없는 일이다. 사감은 미성년인 원고를 대신하여 원고의 본가에 원고의 월급을 송금하였을 수도 있다. 요컨대 해당 사건은 원고와 사감 간의 민사사건이다.

이상이 판결문을 읽은 저의 소견입니다. 그런데 대법원은 사감을 소환해 조사했나요? 사감은 오래전에 사망하였을 겁니다. 그렇다면 소송은 성립할 수 있나요? 저의 주장을 확실히 하겠습니다. 저는 원고의 주장을 부정하는 것이 아니라 그것의 진실 여부를 확인할 수 없다는 겁니다. 그것이 진실입니다.

이런 정도의 사실을 두고 한국의 대법원은 일본제철의 책임을 추궁하였습니다. 대법관들은 역사가가 아닙니다. 당시 전시기의 실태에 대해 아무것도 알지 못하는 법률가일 뿐입니다. 그렇다면 관련 전공자를 불러 참고 증언을 청취해야 할 것 아닙니까. 그렇지만 그들은 그렇게 해야 할 필요성조차 느끼지 못할 정도로 당시의 현실에 무지하였습니다. 그들은 원고들의 거짓말일 가능성이 큰 주장을 의심하지 않았습니다. 그들 역시 어릴 적부터 거짓말의 교육을 받아 왔기 때문입니다. 그들은 국제 인도주의를 실현한다는 넘치는 정의감이나 사명감으로 판결을 내렸습니다. 그로 인해 이 국가와 이 국민이 얼마나 큰 대가를 치를지는 안중에도 없었습니다. 거짓말하는 사회나 국가는 망하게 마련이라는 역사의 법칙은 이렇게 슬

슬 실현되고 있는 중인지도 모르겠습니다.

반일 종족주의

1937년 일본과 중국의 전쟁이 터졌습니다. 이후 해마다 10만 명 이상의 조선인이 자발적으로 일본으로 건너갔습니다. 보다 높은 소득과 나은 직장을 찾아서였습니다. 그 수가 1940년에 20만 명을 넘었습니다. 1941년 일본과 미국의 전쟁이 터졌습니다. 이후 그 수가 줄긴 했습니다만, 그래도 1944년까지 해마다 10만 명 이상이 일본으로 건너갔습니다. 그와 별도로 1939년부터 일본회사의 노무자 모집이 시작되었습니다. 1941년까지 대략 17만 명이 모집으로 일본에 갔습니다. 이후 1944년 8월까지 약 25만 명이 총독부의 알선으로 일본에 갔습니다. 모집이든 알선이든 당사자의 동의가 전제된 계약관계였습니다.

전쟁 말기인 1944년 9월부터는 징용이 실시됩니다. 영장이 발부되고 응하지 않으면 처벌을 받는 전시동원체제였습니다. 징용에 의한 동원이 얼마였는지는 정확히 알 수 없는데, 대략 10만 명 전후였다고 보입니다. 그렇게 일본으로 간 조선인들의 노무 실태에 대해선 이 책에 실린 이우연 박사의 세 편의 글을 읽어 주시길 바랍니다. 거기서 명확하게 밝히듯이 그들이 노예로 강제연행되었다거나 혹사되었다는 오늘날의 통념은 1965년 이후 일본의 조총련계 학자들이 만들어 낸 엉터리 학설이 널리 퍼진 결과일 뿐입니다.

거짓말이 만들어지고 널리 퍼지면서 이윽고 문화가 되어 정치와 사법을 지배하기에 이른 지난 60년간의 정신사는 무엇으로 설명되어야 좋을까요. 어떤 사람이 거짓말을 하는 것은 지적 분별력이 낮고, 그에 대한 수치심이 없는 가운데 거짓말의 수익이 크기 때문입니다. 거짓말을 해도 사회가 그에 관대하다면 거짓말은 집단 문화로 번져 나갑니다. 어느 사회가 거짓말에 관대하다면 그 사회 저변에는 그에 상응하는 집단 심성이 장기추세로 흐르고 있습니다. 그것은 한마디로 물질주의입니다. 돈과 지위야말로 모든 행복의 근원이라는 가치관, 돈과 지위를 위해서라면 수단과 방법을 가리지 않은 행동 원리, 이런 것이 물질주의입니다. 물질주의 문화는 거짓말에 대해 관대합니다. 자세히 소개하지는 않겠습니다만, 한국 사회가 유난히도 물질주의적인 것은 이미 여러 연구자가 여러 지표로 지적하고 있는 바입니다.

더 장기적이고 거시적인 시야에서 물질주의 근원을 추구해 들어가면 한국의 역사와 함께 오래된 샤머니즘을 만나게 됩니다. 샤머니즘의 세계에서 선과 악을 심판하는 절대자 신은 없습니다. 샤머니즘의 현실은 벌거벗은 물질주의와 육체주의입니다. 샤머니즘의 집단은 종족이거나 부족입니다. 종족은 이웃을 악의 종족으로 감각합니다. 객관적 논변이 허용되지 않은 불변의 적대 감정입니다. 여기선 거짓말이 선으로서 장려됩니다. 거짓말은 종족을 결속하는 도

템으로 역할을 합니다. 한국인의 정신문화는 크게 말해 이러한 샤머니즘에 긴박되어 있습니다. 보다 정확하게 표현하여 반일 종족주의라고 할 수 있습니다.

한국의 민족주의는 서양에서 발흥한 민족주의와 구분됩니다. 한국의 민족주의에는 자유롭고 독립적인 개인이란 범주가 없습니다. 한국의 민족은 그 자체로 하나의 집단이며, 하나의 권위이며, 하나의 신분입니다. 그래서 차라리 종족이라 함이 옳습니다. 이웃 일본을 세세歲歲의 원수로 감각하는 적대 감정입니다. 온갖 거짓말이 만들어지고 퍼지는 것은 이 같은 집단 심성에 의해서입니다. 바로 반일 종족주의 때문입니다. 이를 그냥 안고선 이 나라의 선진화는 불가능합니다. 선진화는커녕 후진화할 것입니다. 거짓말의 문화·정치·학문·재판은 이 나라를 파멸로 이끌 것입니다. 그러한 위기의식으로 이 책을 읽어 주시길 바랍니다. 이 책은 온몸으로 반일 종족주의, 그 거대한 문화 권력의 진영에 돌진합니다.

1부

종족주의의 기억

01. 황당무계
『아리랑』

이영훈

경찰의 즉결 총살

조정래는 오늘날 한국에서 가장 널리 알려진 인기 소설가입니다. 그의 대하소설 『아리랑』 12권은 모두 350만 부나 팔렸다고 합니다. 그의 소설이 상업적으로 크게 성공한 것은 20세기 후반 한국의 시대정신과 정신문화를 담아내는 데 성공하였기 때문입니다. 그것이 무엇인지를 지적하기는 어렵지 않습니다. 한마디로 반일 종족주의입니다. 조정래는 한국인의 반일 종족주의를 문학적으로 훌륭하게 묘사했을 뿐 아니라, 그것을 촉진하는 데 크게 기여하였습니다.

저는 2007년 『시대정신』이라는 계간지에 기고한 논문에서 소설가 조정래를 '광기 서린 증오의 역사소설가'라고 정의하고 비판한 적이 있습니다. 제가 작가의 정신세계를 그렇게 규정한 것은 작가가 소설 곳곳에서 일제가 한국인을 거의 광적으로 학살하는 장면을 그리고 있는데, 그것은 역사적으로 실재하지 않은 터무니없는 조작이기 때문입니다. 역사소설을 두고 웬 시비냐 할지 모르겠습니다만, 저는 아무리 역사소설이라 하지만 실재한 역사와 동떨어진 이야기를 지어낼 수는 없다고 생각합니다. 읽는 사람들이 그것을 실재한 역사로 착각하기 쉽기 때문입니다. 우선 다음과 같은 학살 장면 하나를 소개하겠습니다.

"에에 또, 지금부터 중대 사실을 공포하는 바이니 다들 똑똑히 들어라. 저기 묶여 있는 차갑수는 어제 지주총대에게 폭행을 가해 치명상을 입혔다. 그 만행은 바로 총독부가 추진하고 있는 중대 사업인 토지조사사업을 악의적으로 방해하고 교란하는 용서할 수 없는 범죄행위인 것이다. 따라서 죄인 차갑수는 경찰령에 의하여 총살형에 처한다!"
니뽄도를 빼들고 선 주재소장의 칼칼한 외침이었다. 〈중략〉 "사겨억 준비!" 주재소장이 니뽄도를 치켜들며 외쳤다. 네 명의 순사가 일제히 총을 겨누었다. "발사아." 총소리가 진동했다. 차서방의 몸이 불쑥 솟기는가 싶더니 이내 축 늘어졌다. 그리고 왼쪽 가슴에서 시뻘건 피가 쏟아지기 시작했다. 주재소장과 순사들은 곧 떠나갔다. 그러나 동네사람들은 흩어질 줄을 몰랐다. 그들은 모두 눈을 감고 서 있었다. "해필허고 당산나무에다." 누군가가 중얼거리며 뿌드득 이를 갈았다.(『아리랑』 4, 81~82쪽)

그림1-1 토지조사과정에서 일본 경찰에 의한 조선 농민 즉결 총살 이미지 (김명서 작).

　총독부가 1910~1918년에 시행한 토지조사사업을 배경으로 한 장면입니다. 전북 김제군 죽산면 외리가 그 무대입니다. 차갑수라는 농민이 토지를 신고했더니 지주총대가 신고서에 도장을 찍어주지 않았습니다. 토지를 빼앗기게 된 차갑수가 참다못해 지주총대의 가슴을 밀쳤습니다. 뒤로 넘어진 지주총대는 척추가 부러지는 중상을 입었습니다. 그러자 김제경찰서 죽산주재소 소장이 차갑수를 마을의 당산나무에 결박한 다음 즉결로 총살에 처합니다. 바로 위의 장면입니다. 이처럼 일선 주재소의 경찰이 즉결로 사람을 총살하는 장면은 소설 『아리랑』에서 다른 동네를 무대로 한 번 더 반복됩니다. 작가는 토지조사사업의 기간에 이 같은 경찰의 즉결에 의한 사형이 전국적으로 4,000여 건이나 되었다고 이야기하고 있습니다. 작가에 의하면 총독부가 토지조사사업을 시행한 목적은 토지의 수탈에 있었습니다. 농민들이 그에 저항하자 위와 같이 일선 경찰이 즉결로 총살하는 탄압을 자행하였습니다. 위 총살 장면은 『아리랑』을 읽은 수십만 독자의 가슴에 깊은 상처를 남겼습니다. 제가 대학 도서관에서 이 소설을 빌려 읽을 때 어느 학생이 이 장면의 쪽 여백에다 "오, 이럴 수가"라고 적은 것을 봤습니다. 그 학생은 작가가 지어낸 이야기를 사실로 믿었던 것입니다.

그렇지만 위와 같은 즉결 총살형은 토지조사사업 당시에 있지 않았습니다. 아니 있을 수 없는 일이었습니다. 당시의 신문과 잡지에서 그러한 사건이 보도된 적이 단 한 차례도 없습니다. 실제로 있었다면 보도되지 않았을 리가 없습니다. 총살을 자행한 총독부도 그것을 막을 이유가 없습니다. 그럼에도 소설가는 당연하게 있었던 사실인 양 이야기하고 있습니다. '경찰령'을 언급하면서 즉결 총살의 법적 근거까지 제시하고 있습니다. 그렇지만 그런 법령 따위는 존재하지 않았습니다.

국가권력이 사람을 죽일 때 소정의 절차에 따른 재판을 거쳐야 함은 그때나 지금이나 마찬가지입니다. 예컨대 1913년 한 해에 53명의 사람이 살인과 강도의 죄목으로 사형을 선고받았습니다. 모두 복심 재판에서였습니다. 일선 경찰이 재판을 거치지 않고 사람을 유치장에 구류하거나 벌금을 과할 수 있는 즉결 처분은 그 경우가 법으로 엄격히 규제되는데, 그 점도 그때나 지금이나 매한가지입니다. 당시로 말하면 1912년 3월 「경찰범처벌규칙」이 공포되었습니다. 거기엔 경찰이 즉결에 처할 수 있는 경범죄 87종이 나열되었습니다.

그럼에도 조정래는 태연히 '경찰령'이란 법령을 들먹이며 파출소의 일개 경찰이 사람을 즉결 총살하는 장면을 소설에서 두 번이나 연출하였습니다. 나아가 전국적으로 그러한 즉결 총살이 4,000건이 되었다고 종합하고 있습니다. 조정래는 그 시대를 법도 없는 야만의 시대로 감각하고 있습니다. 백인 노예 사냥꾼이 아프리카 종족사회에 들어가 마구잡이로 노예사냥을 하는 그러한 야만의 장면을 상정하고 있습니다. 『아리랑』에 등장하는 일본인들은 모두가 노예 사냥꾼과 같은 악인들입니다. 그들은 수도 없이 조선 사람을 때리고 빼앗고 겁탈하고 죽입니다. 반면에 조선 사람은 아프리카의 원시 종족처럼 속절없이 얻어맞고 빼앗기고 겁탈당하고 학살당합니다.

노예 사냥꾼은 원시 종족의 종교를, 그들의 토템을 파괴합니다. 당산나무에 사람을 매어 놓고 총살하는 것이 바로 그 장면입니다. 당산나무는 마을을 악령으로부터 지키는 수호신입니다. 노예 사냥꾼은 그 당산나무를 모독하였습니다. 마을 사람은 죄도 없는 이웃이 그 나무에 결박되어 총살되는 장면을 공포에 질려 쳐다볼 뿐입니다. 불과 네 명의 경찰이 행패를 부리는데, 수십 명의 사람이 저항할 줄 모릅니다. 어리석고 나약한 종족과 같습니다. 그들은 뿌드득 이만 갈 뿐입니다. 조정래는 일본인을 더없이 잔인한 악령으로, 조선인을 더없이 비겁한 야만의 종족으로 묘사하였습니다.

그 문학적 수법은 훌륭하였습니다. 앞서 소개한 대로 어느 학생이 소설의 그 장면 쪽 여백에다 "오 이럴 수가"라는 탄식의 메시지를 적었습니다. 문학평론가들은 『조정래 대하소설 아리랑 연구』(해냄, 1996)라는 평론집을 출간했으며, 그 가운데 어느 논문은 이 즉결 총살형 장면을 가리켜 "토지조사사업을 다룬 이 부분은 역사적 의미의 부각뿐만 아니라 소설적 형상화에서도 가장 빼어난 성공을 거두고 있는 부분이다"라고 극찬해 마지않았습니다(동상, 50쪽). 소설가는 한국인이 공유하는 반일 종족주의 감정을, 그 토테미즘의 세계를 극적으로 자극했으며, 나아가 그로부터 커다란 반향을 얻어내는 데 성공하였습니다. 그래서 350만 부나 팔린 커다란 상업적 성공을 거두었던 것입니다.

이유 없는 대량 학살

『아리랑』은 이 같은 학살 장면을 몇 차례나 더 그리고 있습니다. 1944년 일본 지시마千島열도에서 있었다는 학살 장면 한 가지를 더 소개하겠습니다. 지시마열도는 쿠릴열도를 말하며 지금은 러시아령이지만 1945년까지는 일본령이었습니다. 1943년 태평양전쟁의 전세가 기울어 미군이 북쪽에서부터 지시마열도를 공략하기 시작했습니다. 일본군은 급하게 지시마열도를 군사기지화하기 위해 대규모 토목공사를 벌였습니다. 그때 수많은 조선인 노무자들이 그 공사판으로 동원되었습니다.

『아리랑』제12권의 45장은 그 공사판을 배경으로 하고 있습니다. 소설에 의하면 공사는 비행장 활주로를 닦고 주변 산기슭에 비행기 격납고를 만드는 일이었습니다. 1944년 초여름 드디어 공사가 마무리되었습니다. 일본군은 거짓 공습경보를 울려 1,000명에 달하는 조선인 노무자를 방공호에 가두었습니다. 그리고선 30분간 수류탄을 던져 넣고 기관총 사격을 가하여 그들을 몰살시켰습니다. 방공호 입구는 콘크리트로 봉해졌습니다. 작가는 그 장면을 다음과 같이 극적으로 묘사하였습니다.

> 방공호 입구에서 무엇인가가 꾸역꾸역 흘러나오기 시작했다. 그건 시뻘건 피였다. 기관총은 30분 이상 난사되었다. 시간이 갈수록 피는 도랑물처럼 흘러나오고 있었다. 〈중략〉 그곳에 징용으로 끌려온 1,000여 명은 결국 하나도 살아남지 못한 것이었다. 지시마열도 여러 섬에서는 그런 식으로 이미 4,000여 명이 죽어 갔던 것이다.(『아리랑』 12, 158쪽)

이 장면은 『아리랑』 전권에 걸쳐 가장 참혹한 장면입니다. 독자들은 더없이 잔혹한 일본군의 만행에 진저리를 쳤을 것입니다. 그런데 이 처참한 학살은 사실이 아니었습니다. 저는 지시마열도 군사시설 공사와 관련된 여러 기록을 검토해 보았습니다. 관련 전문가에게 질문도 해보았습니다. 작업환경이 열악하고 작업이 고되어 많은 희생자가 있었습니다. 그렇지만 위와 같은 학살은 없었습니다. 그런 기록이나 증언은 찾아지지 않습니다.

무엇보다 소설의 전후 문맥에서 대량 학살의 이유를 알 수가 없습니다. 공중에 노출된 비행장 활주로와 격납고 시설이 무에 그리 중대한 군사기밀이라고 공사에 종사한 노무자들을 학살한단 말입니까. 당시 지시마열도와 홋카이도北海道에서는 1945년 8월 전쟁이 끝날 때까지 비슷한 공사가 진행 중이었습니다. 어렵사리 동원한 노무자를 학살할 아무런 합리적 이유가 없습니다. 저는 이 대목에서 문득 소설가 조정래 자신이 학살의 광기에 사로잡혀 있지 않는가 하고 생각했습니다.

환상의 역사

조정래의 『아리랑』은 상업적으로 큰 성공을 거두었을 뿐 아니라 문화적으로도 큰 성공을 거두었습니다. 소설의 무대가 된 김제 현지에 조정래 아리랑 문학관이 세워졌습니다. 한 번 들러보시길 바랍니다. 학살과 수탈의 광기로 흐른 소설의 줄거리가 그럴듯한 그림과 사진 자료로 잘 전시되어 있습니다. 아리랑 문학마을이란 곳도 조성되었습니다. 20세기 전반 그 지방에는 바닷물의 침입과 하수의 범람을 통제하는 거대한 토목공사가 전개되었습니다. 대규모 간척사업이 전개되었습니다. 그 결과 한반도에서 유일하게 지평선

이 보이지 않는 광활한 평야가 조성되었습니다. 김제평야 또는 만경평야가 그것입니다. 군산이란 도시도 새롭게 개발되었습니다.

소설 『아리랑』은 그 실재한 역사를 환상의 역사로, 곧 학살과 겁탈의 광기로 대체하였습니다. 그리고선 상업적으로 나아가 문화적으로 크게 성공하였습니다. 한국 사회에 잠복한 종족주의 문화, 그 샤머니즘과 토테미즘의 세계를 훌륭하게 형상화하였기 때문입니다. 『아리랑』에서 저는 한 사회를 선진사회로 이끄는 가치와 이념을 발견할 수 없습니다. 그러한 미덕과 신앙을 느낄 수 없습니다. 그곳은 강포한 종족이 약소 종족을 무한 겁탈하고 학살하는 야만의 세계입니다. 한국의 민족주의는 그러한 종족주의의 특질을 지니고 있습니다. 소설가 조정래만 그러한 것이 아닙니다. 식민지 시대에 관한 한국의 역사학 자체가 그러한 종족주의에 기반을 두고 있습니다. 비록 외세에 눌렸지만 그 시대 우리 조상의 역사가 진정 그러하였습니까. 일제의 억압과 차별 하에서도 자신을 근대적 인간으로 개발해 가는 우리 조상의 눈물겨운 노력은 정녕 그 시대의 역사가 아니었단 말입니까.

참고문헌

조정래(2007), 『아리랑』 1~12, 해냄.
조남현 편(1995), 『조정래 대하소설 아리랑 연구』, 해냄.
이영훈(2007), 「광기 서린 증오의 역사소설가 조정래 ―대하소설 『아리랑』을 중심으로―」, 『시대정신』 35.
이영훈(2007), 「조정래와 MBC의 반박에 대한 재반박, 『시대정신』 36.

02. 한 손에는 피스톨을,
다른 한 손에는 측량기를

이영훈

국사 교과서의 40% 수탈설

1910년 일제는 대한제국을 병합한 뒤 곧바로 전국의 토지를 조사하기 시작했습니다. '조선토지조사사업'이라 합니다. 1918년까지 8년간 시행된 그 사업에서 전국 모든 토지의 면적, 지목, 등급, 지가가 조사되었습니다. 총면적은 2300만 헥타르였습니다. 그 가운데 487만 헥타르가 인간들의 생활공간으로서 논, 밭, 대지, 하천, 제방, 도로, 철도용지, 저수지, 분묘지 등이고, 나머지 1813만 헥타르가 산지였습니다.

1960년대 이래 중·고등학교의 국사 교과서는 총독부가 시행한 토지조사사업의 목적이 조선 농민의 토지를 수탈하기 위한 것이라고 가르쳐 왔습니다. 1960년 역사교육학회가 만든 교과서는 전체

사진2-1 토지조사사업 당시 경기도 고양군에서의 일필지 측량 장면.
(『조선토지조사사업보고서』, 277쪽).

농지의 절반이 국유지로 수탈되었다고 했습니다. 1967년 어느 교과
서는 전국 토지의 40%가 총독부의 소유지로 수탈되었다고 했습니
다. 당시까지는 검인정 교과서였습니다. 이에 교과서마다 내용이 조
금씩 달랐습니다. 1974년부터는 국정교과서로 바뀝니다. 이후 약
36년간, 그러니까 2010년까지 국사 교과서는 토지조사사업에 대해
전국의 토지 40%가 총독부의 소유지로 수탈되었다고 학생들에게
가르쳤습니다.

　그런데 어느 연구자도 이 40%라는 수치를 증명한 적이 없습니다.
검인정이나 국정이나 교과서를 쓴 역사학자들이 아무렇게나 지어낸
수치입니다. 어느 정도의 수탈인지 구체적으로 설명해야 했기에 함

부로 지어낸 수치에 불과합니다. 최초의 누군가가 그 수치를 지어냈는데, 그다음 사람이 그것을 인용하고, 그렇게 세월이 흐르면서 역사의 진실이 되고 말았습니다. 독자 여러분은 이상하게 생각할 것입니다. 누구도 증명한 적이 없는 수치를 어떻게 무려 50년간 교과서에 버젓이 사실인 양 써 올 수 있었단 말입니까.

그 교과서로 공부를 한 대다수 국민은 잘 기억하겠지만, 그 수탈의 과정을 좀 더 구체적으로 소개하겠습니다. 총독부는 토지를 신고하라고 농민들에게 신고서를 나누어 주었습니다. 그런데 농민들은 소유권 의식도 박약하고 신고가 무엇인지도 모르는 몽매한 상태였습니다. 그래서 신고 기한을 태연하게 넘겼습니다. 그랬더니 총독부가 기다렸다는 듯이 그 토지를 총독부의 소유지, 곧 국유지로 몰수하고 그것을 동양척식주식회사나 일본 이민에게 불하했다는 겁니다. 역사 교실에서 이 대목이 나오면 가르치는 교사도 배우는 학생도 함께 눈물을 흘렸다고 합니다. 너무나 분하고 원통해서입니다. 대학의 제 강의실에서 어떤 학생이 고등학교 다닐 때 실제 그런 일이 있었다고 이야기한 적이 있습니다. 그렇게 세대 간에 분노의 눈물로 전승되는 것이 제가 비판하고자 하는 반일 종족주의 역사의식입니다.

1910년대의 조선 농민이 신고가 무엇인지 몰랐다니요. 그건 새빨간 거짓말입니다. 조선왕조 500년간 우리의 조상은 3년에 한 번씩 호적을 신고했습니다. 중국 명나라에서는 10년에 한 번씩 호적을 신고했습니다. 청나라에서는 처음엔 호적을 신고하다가 언제부턴가 슬그머니 없어졌습니다. 그것에 비한다면 조선왕조는 처음부터 끝까지 3년에 한 번씩 꼬박꼬박 호적을 신고했습니다. 다시 말해 세계에서 가장 신고에 잘 훈련된 민족이 우리 조상이었습니다. 신고가 무엇인지 몰랐다니요. 정말 황당무계한 이야기입니다.

토지의 40%가 총독부의 소유지로 수탈되었다는 학설은 조금만 깊이 생각해 보아도 누구나 알 수 있는 거짓말입니다. 우리 조상은 토지를 사람의 명맥, 곧 목숨 줄이라고 했습니다土地人之命脈也. 누가 자기의 목숨 줄을 끊는데 가만히 앉아 있을 사람이 어디에 있습니까. 처자가 굶는데, 가족이 거지가 되는데, 가만히 참고 있을 사람이 어디에 있습니까. 누구나 결사 항쟁을 하기 마련입니다. 침략자가 워낙 강포해서 어쩔 수 없었다고 칩시다. 그래도 그 원통함만은 잊지 않고 되찾을 기회를 노립니다.

드디어 1945년 해방이 되었습니다. 토지조사사업이 끝난 지 불과 27년입니다. 토지를 빼앗긴 사람들은 대부분 살아 있었습니다. 그들은 당연히 강포한 왜적이 물러갔으니 내 토지를 돌려 달라고 소리쳐야 마땅합니다. 그런데 아무도 그렇게 소리치지 않았습니다. 토지대장을 보관하고 있는 전국의 군청과 법원 어디에도 그런 소란과 청원이 일지 않았습니다. 전국 토지의 40%나 빼앗겼는데 어찌 그럴 수 있단 말입니까. 그것은 애당초 그런 일이 없었기 때문입니다. 그럼에도 우리의 국사 교과서는 그런 이야기를 태연하게 지어내 무려 50년 이상이나 학생들을 가르쳐 왔습니다.

피스톨과 측량기

　토지조사사업 당시 일부의 토지에서 소유권 분쟁이 있었습니다. 전국 487만 헥타르 가운데 12만 헥타르에 불과한 국유지를 둘러싼 분쟁이었습니다. 이와 관련해서는 1982년 신용하 교수가 『조선토지조사사업연구』라는 책을 썼습니다. 신용하는 국유지 분쟁에 관해 "한 손에는 피스톨을, 다른 한 손에는 측량기를"이란 말을 지어냈습니다. 지금 이 글의 제목이 거기서 온 것입니다. 이 말의 뜻은 어느 민간인이 총독부를 상대로 해당 토지가 자기 소유라고 주장하면 총독부는 피스톨로 그것을 제압했다는 겁니다. 그렇게 신용하는 토지조사사업을 피스톨이 발사되는 폭력적 과정으로 묘사하였습니다.

　당시 토지조사국의 직원들은 실지조사를 나갈 때 허리에 권총을 찼습니다. 깊은 산중에 들어가면 산짐승의 공격을 받을 위험이 있었습니다. 실제로 그런 사고가 있기도 했습니다. 또한 산중에는 비적이 활동했습니다. 그래서 호신용으로 권총을 찼던 것입니다. 그 권총이 농민을 상대로 발사된 적은 없습니다. 농민들은 오히려 조사반을 환영하였습니다. 처음에는 조사반의 활동을 경계했습니다만, 차츰 그 내용을 알고선 우호적으로 바뀌었습니다. 조사반이 오면 사람들은 자기 토지에서 이름을 쓴 팻말을 들고 대기했습니다. 이장과 이웃 사람이 입회하여 그 사람이 소유자임을 확인해 주었습니다. 토지조사국은 조사를 마친 다음 토지대장의 초본을 공개했습니다. 사람들은 자신의 토지와 이름이 토지대장에 적혀 있는 것을 기뻐했습니다. 무언가 착오가 있으면 열심히 이의를 제기했습니다. 토지조사에 대한 조선 농민의 반응은 적극적이었습니다. 왜냐고요? 토지가 목숨 줄이기 때문입니다.

그런데 왜 신용하라는 학자는 "한 손에는 피스톨을, 다른 한 손에는 측량기를"이라는 엉터리 학설을 만들었나요. 그는 토지조사사업에 관한 책을 쓰면서 일선 군청이나 법원에 있는 토지대장이나 지적도를 열람한 적이 없습니다. 당시 농민들이 제출한 신고서를 발굴하거나 정리한 적도 없습니다. 각지에서 발생한 국유지 분쟁의 내력과 판결이 어떠했는지 관련 자료를 조사하지 않았습니다. 토지조사사업에 대해 총독부가 편찬한 각종 월보나 보고서를 세밀하게 읽지 않았습니다. 심지어 그 일부를 자신의 입맛에 맞게 조작하였습니다. 토지조사사업을 이해하기 위해서는 조선시대 토지제도에 대한 이해가 선행되어야 합니다. 그런데 그런 준비를 전혀 하지 않았습니다. 그 상태에서 신용하는 토지조사사업에 관해 어릴 적부터 가지고 있는 선입견을 학술의 형식으로 포장하였을 뿐입니다. 그런 책에 대해 한국의 학계와 언론계는 환호하였습니다. 일제의 토지 수탈이 구체적으로 증명되었다고 말입니다. 그리고선 신용하에게 영광스런 학술상을 수여했지요.

저는 앞의 글에서 소설가 조정래를 학살의 광기에 사로잡힌 증오의 소설가라고 비판하였습니다. 그의 소설 『아리랑』은 토지조사사업 당시 일개 주재소 경찰이 조선 농민을 즉결 처형하는 장면을 극적으로 연출하였습니다. 그리고선 전국적으로 4,000명의 조선인이 그런 식으로 처형되었다고 했습니다. 조정래가 그런 엉터리 역사를 소설로 지어낸 것은 그의 책임만이 아니었습니다. 실은 그 몇 년 전에 신용하라는 한국 사회학계를 대표하는 학자가 "한 손에는 피스톨을, 다른 한 손에는 측량기를"이라는 엉터리 학설을 펼쳤던 것입니다.

일제의 조선 병합은 몇 조각의 토지를 수탈하기 위한 목적이 아니었습니다. 총면적이 2300만 헥타르가 되는 한반도 전체를 그의 부속 영토로 영구히 지배할 목적의 병합이었습니다. 이 땅에 사는 조선인 전체를 일본인으로 완전 동화시킬 거대 프로젝트였습니다. 그래서 그들은 그들의 법과 제도를 이 땅에 이식하였던 것입니다. 그 일환으로 전국의 토지가 얼마인지, 토지의 형질이 어떠한지, 소유자가 누구인지를 조사한 것입니다. 그것이 토지조사사업입니다. 당시 만들어진 토지대장과 지적도는 지금도 이 나라가 펼치는 온갖 토지 행정의 기초 자료로 긴요하게 사용되고 있습니다. 여러분이 사는 집터의 번지와 주소는 언제 붙여진 것입니까. 다름 아닌 1910 ~1918년의 토지조사사업에서였습니다.

수탈설의 뿌리는 전통문화

　교과서를 집필한 역사가나 엉터리 학술서를 편찬한 연구자는 일제가 조선을 지배한 목적, 메커니즘, 결과, 그 역사적 의의를 알지 못했습니다. 그들은 토지만이 아니라 식량도, 노동력도, 나아가 처녀의 성도 수탈되었다고 교과서에 썼습니다. 그 모두 엉터리 학설입니다. 그에 관해선 이 책에 실린 다른 글을 읽어 주길 바랍니다. 그런데 어떻게 해서 그런 엉터리 학설이 이 대명천지에 공공연히 횡행할 수 있단 말입니까. 그 학설의 계보를 추적하면 그런 피해의식은 일제시대 그때부터였음을 알 수 있습니다. 아니 더 깊이 캐 올라가면 조선시대부터 이어진 우리의 전통문화라고 이야기할 수 있습니다. 역사가들이 엉터리 학설을 만들어 낸 것은 무슨 사악한 의도에서라기보다 부지불식간에 그들이 어릴 때부터 호흡해 온, 조상으로부터 물려받은 전통문화에 이끌려서라고 할 수 있습니다.

　이 책에 실린 김용삼의 쇠말뚝 소동에 관한 글에서 그 좋은 증거를 찾을 수 있습니다. 1995년 김영삼 정부 시절의 이야기입니다. 청와대까지 나서서 전국의 요처에 박힌 쇠말뚝을 뽑는 소동을 벌였습니다. 일제가 조선의 정기를 끊기 위해 박은 것이라는 이유에서였습니다. 실은 인근 마을이 또는 군부대가 무슨 필요에 의해서 박은 것이었습니다. 그럼에도 정부는 몇 사람의 풍수가가 지어낸 그 같은 주장에 따라 어처구니없는 소동을 벌였습니다. 우리 한국인의 의식 속에 면면히 흘러오는, 땅에는 선하거나 악한 기맥이 흐른다는 풍수지리의 영향 바로 그 때문이었습니다.

김용삼은 매우 흥미롭게도 그런 소동이 일제시대부터였다고 지적하고 있습니다. 토지조사사업 당시 일제는 전국의 측량을 위해 부산에서 함경북도까지 이어지는 삼각점을 설치하였습니다. 대삼각점만 해도 2,400여 개에 달했습니다. 그것을 당시의 조선인이 일제가 조선의 정기를 끊기 위해 조선의 혈맥을 찌른 것이라고 오해하여 자주 파괴했다는 겁니다. 관련하여 어느 분이 제게 어릴 적에 어머니로부터 들은 이야기를 들려주었습니다. 일제가 마을 뒷산에 삼각점을 박았는데, 마을 사람이 밤에 올라가 그것을 부수니 그 밑에서 피가 솟았다는 겁니다. 장군이 태어날 자리였다나요. 그렇게 조선의 전통문화는 일제의 토지 측량을 풍수의 침략으로 감각하였습니다.

그것만이 아닙니다. 제가 읽은 전남 고흥의 어느 양반의 일기는 마을 앞을 통과하는 철로가 부설되자 더없이 개탄하였습니다. "저것이 우리의 생활과 무슨 관계가 있단 말인가"하고 말입니다. 철로 부설에 많은 토지가 수용되고 또 마을의 당산나무까지 잘려나갔기 때문입니다. 그렇게 일제가 펼친 각종 행정이나 시설은 전통문화, 전통 풍수, 전통 터부에 대한 파괴로 간주되고 분노의 대상이 되었던 것입니다. 그렇게 생겨난 피해의식과 분노감이 해방 후 역사가에 의해 토지, 식량, 노동력에 대한 수탈의 역사로 포장되고 부풀려져 왔던 것입니다.

쇠말뚝 소동이 벌어졌을 때 제가 조금 전에 비판의 표적으로 삼은 신용하는 다음과 같은 글을 썼습니다.

일제는 당시 한인들의 다수가 풍수지리를 신뢰하고 산천의 정기를 중시한다는 사실에 주목하여 명산의 혈맥에 이를 차단하여 죽인다고 하는 철침(쇠말뚝)을 박아 놓았다. 물론 일제 자신은 풍수지리설을 신앙하지 않았으나 한국인들이 이를 신앙하므로 한국인들에 좌절감을 심어 주기 위해 이러한 정책을 취한 것이다(신용하, 「일제의 민족말살정책과 민족문제」; 『월간조선』 1995년 10월호, 175쪽에서 재인용).

여러분은 이게 말이 된다고 생각하십니까. 논리적으로 실증적으로 정말 터무니없는 주장입니다. 그럼에도 이런 주장이 버젓이 용납되는 가운데 청와대까지 나서서 쇠말뚝을 뽑는 소동을 벌였음은 1995년 당시까지도 한국의 정신문화가 토지에 기맥이 흐른다는 전통 풍수와 그 토대를 이루는 샤머니즘의 세계에 얼마나 깊숙이 긴박되어 있었는지를 잘 보여 준다고 하겠습니다.

이제 정리하겠습니다. 1960년 이후 50년간 한국의 국사 교과서는 일제가 토지조사사업을 벌여 전국 토지의 40%를 수탈했다고 써 왔습니다. 일본과 조선을 뺏고 빼앗기는, 죽이고 죽는 야만의 두 종족으로 감각한 것입니다. 우리 조상을 소유권 의식도 없고 신고가 무엇인지도 모르는 선량한 종족으로 감각한 것입니다. 그 선량한 조선 종족을 사악한 일본 종족은 한 손에는 피스톨을, 다른 손에는 측량기를 들고 마구잡이로 수탈한 것입니다. 조선인은 토지의 측량을 위해 일본이 설치한 대소 삼각점을 토지의 혈맥을 찌른 것으로 알고 분노했습니다. 국사 교과서의 터무니없는 토지 수탈설은 이렇게 우리의 전통문화에 규정된 낮은 수준의 역사의식, 곧 반일 종족주의에 기초를 둔 것이라고 하겠습니다.

참고문헌

愼鏞廈(1982), 『朝鮮土地調査事業硏究』, 知識産業社.
신용하(2006), 『일제 식민지정책과 식민지근대화론 비판』, 문학과 지성사.
이영훈(1993), 「토지조사사업의 수탈성 재검토」, 『역사비평』 22.
이영훈(2005), 「국사 교과서에 그려진 일제의 수탈상과 그 신화성」, 『시대정신』 28.
이영훈(2006), 「억단과 독선의 식민지수탈론」, 『시대정신』 33.

03. 식량을
수탈했다고?

김낙년

일제의 식민지 지배에 대한 비판 중에서 가장 많이 듣는 얘기 중의 하나가, 일제가 조선을 식량 공급기지로 만들어 조선의 쌀을 수탈해 갔다는 것입니다. 고등학교 한국사 교과서에서도, 교과서에 따라 차이가 있지만, 일본으로 쌀을 '수탈'해 갔다고 표현하거나 그냥 일본으로 '가져갔다' 또는 '반출'했다고 표현하고 있습니다. '가져갔다'거나 '반출'했다는 표현은 '수탈'에 비해서는 강제성을 배제한 듯이 보이지만, 그 대가를 지불한 것인가의 여부를 의도적으로 숨기고 있다는 점에서 큰 차이가 없다고 생각합니다. 그리고 쌀을 대량으로 '수탈' 또는 '반출'한 결과, 조선인의 쌀 소비량은 크게 줄었고, 잡곡으로 연명해야 했다는 것입니다. 그렇게 되면 조선인은 쌀을 증산해도 그 혜택을 보지 못했고, 생활수준은 당연히 떨어지지 않을 수 없는 것이 됩니다.

이러한 교과서의 서술, 또는 그 영향을 받아 형성된 한국인의 통념은 과연 사실에 입각한 것일까요? 조선의 쌀을 일제가 '수탈'한 것일까요, 아니면 조선이 일본으로 쌀을 '수출'한 것일까요? 만약 '수탈'이 아니라 '수출'한 것이라면, 그로 인해 조선인이 더 못살게 되었다는 식의 논리는 성립하기 어렵게 됩니다. 그러면 해방 전 조선의 소작 농민들의 궁핍한 생활은 어떻게 설명되어야 할까요? 여기서는 이상의 점들을 하나하나 검토해 보겠습니다.

쌀의 '수탈'인가 '수출'인가?

쌀을 '수탈'한 것과 '수출'한 것은 천양지차입니다. '수탈'은 강제로 빼앗아 갔다는 것이고, '수출'은 대가를 지불하고 구입해 갔다는 것이니까요. 당시의 표현으로는 일본으로 '이출'한 것이 되는데, 그것은 '수출'과 같은 뜻입니다. 당시 조선과 일본 간의 거래는 외국과의 거래인 '수출입'과는 구별해서 '이출입'이라고 불렸을 뿐, 모두 조선의 무역에 포함됩니다. 총독부는 『조선무역연표』라는 통계서를 매년 발행했는데, 거기에 보면 조선의 쌀을 비롯한 각 품목이 어느 항구를 통해서 어느 나라로 얼마나 수출되거나 수입되었는지 그 수량과 함께 금액 통계가 나옵니다. 여기서 금액이란 거래가 이루어진 금액을 뜻합니다. 이 통계는 연간 단위로 집계한 실적을 보여 주지만, 쌀의 수출 동향이나 쌀의 작황 등은 발표가 있을 때마다

수시로 신문에서 다루고 있습니다. 특히 쌀값 동향은 농민은 물론 곡물상이나 쌀을 소비하는 도시민의 주된 관심사였기 때문에, 전국 각지(나아가 일본)의 쌀 시세가 주식 시세와 함께 신문에 거의 매일 보도되고 있었습니다.

당시의 자료나 신문을 조금이라도 읽어 본 사람이라면, 쌀은 통상의 거래를 통해 일본으로 수출된 것임을 금방 알 수 있습니다. 교과서의 서술이 상정하고 있는 것처럼 만약 누군가가 피땀 흘려 생산한 쌀을 강제로 빼앗아 갔다고 한다면, 바보가 아니고서야 가만히 참고 있을 농민도 없겠거니와 그것이 곧 신문에 보도될 뉴스거리가 되었을 것으로 생각합니다.

당시 쌀의 생산량과 수출량의 추이를 그림3-1을 보면서 설명하겠습니다. 쌀의 생산량은 당초 1000만석 정도의 수준에서 기복이 있지만 2000만석이 넘는 수준으로 두 배 높아졌습니다. 산미증식계획을 추진하여 수리시설을 정비하고 비료의 투입을 늘린 결과입니다. 그런데 쌀의 수출량은 당초 미미한 수준에서 출발하여 1000만석 가까이 확대되었고, 많을 때에는 생산량의 절반이 수출되고 있었습니다. 이 시기 조선의 쌀은 가장 중요한 수출품이었고, 조선의 농업은 수출산업이 되었다고 할 수 있겠지요. 생산량에서 수출량을 빼고 수입량을 더해서 구한 국내 소비량은 정체되어 있었는데, 그 사이 인구가 늘었기 때문에 1인당 쌀 소비량은 감소하고 있었음을 알 수 있습니다.

그림3-1 쌀의 생산량·수출량·조선내 소비량 (단위: 천석)

자료: 『한국의 장기통계』(2018).

　　조선의 쌀이 일본으로 많이 수출되면 두 지역의 쌀 시장은 하나
로 묶이게 됩니다. 자연히 조선과 일본의 쌀값은 근접하게 되고 또
긴밀하게 연동할 수밖에 없겠지요. 당초 조선미는 예컨대 돌이 많이
들어가 있는 등 품질 문제 때문에 일본쌀보다 낮은 가격으로 거래되
었습니다. 그렇지만 쌀의 건조 상태나 가공 방식이 개선되면서 일본
의 쌀값에 거의 접근하게 됩니다. 조선 농민의 입장에서 보면, 일본
이라는 대규모 쌀 수출 시장이 생긴 덕분에 유리한 입장에 있었다고
할 수 있겠지요. 그 반면 일본 농민의 입장에서 보면, 조선미가 대량
유입되면서 일본 내 쌀값이 하락 압력을 받았기 때문에 불만을 갖게
됩니다. 조선에 산미증식계획을 추진한 것은 일본의 쌀 부족을 해소
하기 위한 것인데, 쌀 부족이 계속되었다면 괜찮았겠지만, 그렇지 못
한 상황이 되면 조선과 일본 농민들의 이해관계가 충돌하는 경우가

생깁니다. 예컨대 1931년에는 두 지역의 쌀농사가 모두 풍작이어서 쌀값이 급락했습니다. 이러한 상황에서 어떤 갈등이 벌어졌는지 당시 『동아일보』 기사가 잘 보여 줍니다. 당시의 분위기를 생생하게 전달하기 위해 조금 길지만, 이를 인용해 보겠습니다.

> 조선의 입장에서는 그 방법의 여하를 불문하고 이입을 제한하여 털끝만큼이라도 조선미의 일본 유출을 방해한다면, 이를 절대로 용납할 수 없다. … 오늘날에는 일본의 쌀값을 압박하는 최대 원인이 조선미의 일본 유입에 있다는 사정은 조선 농민도 모르는 바 아니다. 그러나 그것은 조선이 자진해서 그렇게 한 것이 아니라, 일본이 그 식량문제를 해결하기 위해 조선에다가 조선 내 필요 이상으로 방대한 산미증식계획을 실시하였기 때문이다. 따라서 이제 와서 조선미의 이입을 막아 산미증식계획의 결과로 야기된 손해를 전부 조선 농민에게만 전가할 이유가 없음을 일본 농민도 알아야 한다. … 여하간 조선 농민의 입장에서는 법률의 제정에 의한 이입 제한에는 물론이고 … 조선미 유출의 자유를 속박하는 어떠한 조치에도 절대 반대할 수밖에 없다. (『동아일보』 1931년 6월 16일, "조선미 이입 제한엔 절대 반대", 문장을 현대어로 손질함).

이상이 인용문입니다. 이 기사에서 읽어 낼 수 있는 것은, 조선미의 일본 유입이 일본의 쌀값을 압박해 왔다는 점, 그리고 일본 농민이 조선미의 일본 유입을 제한하려는 움직임을 보였고, 그에 대해

『동아일보』는 조선 농민의 입장에서 단호히 반대하고 있다는 점입니다. 만약 조선미의 일본 수출이 제한되면, 판매처를 잃은 조선미 가격은 더욱 크게 떨어질 것이고, 조선의 농민이 막대한 손해를 입을 것이 눈에 뻔히 보였기 때문입니다. 이를 거꾸로 보면, 일본이라는 쌀의 대규모 수출 시장이 옆에 있었기 때문에, 조선의 쌀 생산이 크게 늘어났음에도 쌀값은 불리해지지 않았고, 그것이 조선 농민의 소득 증가에 크게 기여했음을 알 수 있습니다. 이는 당시를 살았던 조선의 농민이나 언론인은 너무나 잘 알고 있었던 당연한 상식입니다.

이에 대해 일제가 조선의 쌀을 일본으로 '수탈'하거나 '가져갔다'고 비판하는 교과서의 논리 대로라고 한다면, 조선 쌀의 일본 이입을 제한하려는 조치를 조선인이라면 대환영해야 맞겠지요. 쌀을 더 이상 일본으로 가져가지 못 할 테니까요. 그러나 현실은 이것과 정반대였던 것입니다. 이러한 모순에 빠진 것은 당시의 자료를 한 번이라도 읽었다면 금방 알 수 있는, 쌀을 '수출'한 것을 '수탈'한 것이라고 강변하고 있기 때문입니다.

조선인의 쌀 소비 감소가 곧 생활수준의 하락을 뜻하는가?

쌀을 빼앗아 간 것이 아니고 자발적으로 거래한 것이라고 한다면 조선인의 쌀 소비가 왜 줄었는지는 다른 논리로 설명할 필요가 있겠지요. 요즘은 소득이 늘어나도 1인당 쌀 소비가 계속 줄어들고 있지만, 당시에는 매끼 쌀밥을 먹는 것이 부富의 상징이었습니다. 보통의 농민들은 대부분의 끼니를 조를 비롯한 잡곡으로 때우고 있었습니다. 농민들이 쌀을 생산하고서도 쌀을 제대로 먹기 어려웠던 것은, 쌀을 대량으로 수출하다 보니 귀해져서 가격이 비싸졌기 때문입니다. 특히 소작농의 경우는 생산한 쌀에서 소작료와 그 외의 불가피한 지출을 충당하고 나면 먹을 식량이 부족하게 됩니다. 그러다 보니 비싼 쌀을 팔아서 값이 싼 잡곡으로 바꾸어 소비할 수밖에 없었던 것입니다.

그렇다고 해서 쌀을 수출한 것이 생활수준의 하락을 가져온 원인은 아닙니다. 비유를 하나 들겠습니다. 요즘 송이버섯은 귀하고 하도 비싸서 보통사람들은 좀처럼 먹기 어렵습니다. 그 이유 중의 하나가 일본으로 대량 수출되기 때문입니다. 일본 사람들의 송이버섯 사랑은 유별나서 일본에서도 가격이 매우 높습니다. 한국의 송이버섯 채취 농가가 생산량을 늘렸다고 해도 더 많이 수출하고 나면, 송이버섯의 한국 내 소비가 줄어들겠지요. 그렇다고 해서 한국의 생활수준이 떨어졌다고 얘기하지는 않습니다. 송이버섯을 판 대금으로 다른 소비나 저축이 늘었을 테니까요. 송이버섯이 쌀에 비해 훨씬 더 귀하고 비싸겠지만, 두 얘기는 논리상 아무런 차이가 없습니다.

당시 농민들은 왜 그렇게 가난을 벗어나지 못했나?

만약 쌀이 '수탈'된 것이 아니고 '수출'한 것이고, 그것이 농민의 소득 증가에 오히려 기여했다고 한다면, 이 시기의 농민 특히 소작농은 왜 그렇게 가난에서 벗어나지 못했을까요?

첫째, 당시 농업 생산성의 수준 자체가 낮았기 때문입니다. 토지 면적당 쌀의 생산량을 비교해 보면, 당시 조선은 일본의 2분의 1 정도에 불과했습니다. 현재의 수준과 비교해 보면 더욱 낮았습니다. 당시는 인구의 절반가량이 농업에 종사해서 쌀을 생산했는데, 그렇게 수확한 쌀이 현재는 그 10분의 1에 불과한 종사자가 수확한 생산량에도 미치지 못했습니다. 농업의 생산성이 낮다는 것은 결국 1인당 소득이 그만큼 낮다는 것을 뜻합니다.

둘째, 토지 소유가 워낙 집중되어 있어서 소작농의 지위가 특히 열악했습니다. 그림3-2를 보면, 논의 소작지율이 65~68%로 높았습니다. 즉 논의 3분의 2 가량이 소작농에 맡겨져 경작되고 있었습니다. 밭의 경우는 그보다 비율이 낮았지만, 이 시기 경지의 대부분을 소작농이 경작하고 있었음을 알 수 있습니다. 자신의 토지가 전무한 순 소작농이 1930년대에는 절반을 넘었습니다. 이들 소작농은 지주에게 생산량의 절반 이상을 소작료로 납부해야 했습니다. 이 시기 농촌 인구는 계속 늘어나고 있었기 때문에 경지를 둘러싼 소작인 간의 경쟁이 심할 수밖에 없었고, 지주제가 강고하게 유지되었습니다. 이러한 상황은 일제시기에 좀 더 악화되기는 했지만, 기본적으로 조선 후기로부터 지속되어 온 것입니다.

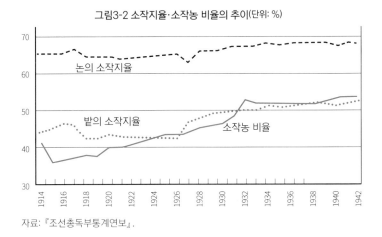

그림3-2 소작지율·소작농 비율의 추이(단위: %)

자료: 『조선총독부통계연보』.

전체 농가 중에서 지주의 비중은 3.6%에 불과했습니다. 그런데 그들은 소작료 수입을 통해 전체 쌀 생산량의 37%를 취득하고 있었습니다. 자가 소비를 제하고 상품화되는 쌀을 기준으로 하면 지주의 몫은 50% 이상으로 늘어납니다. 앞에서 쌀이 수출 상품이 되어 조선의 농민들이 유리해졌음을 언급했지만, 그 혜택은 쌀 판매량이 많은 지주나 자작농에 집중되었고, 소작농에게 돌아간 것은 미미한 수준에 그칠 수밖에 없었습니다.

맺음말

이제 얘기를 마무리할까 합니다. 당시 조선의 농민, 특히 소작농이 가난을 벗어나지 못한 것은 결국 농업 생산성이 낮았고, 토지에 비해 인구가 넘쳐나다 보니 소작농에게 불리한 지주제가 강고하게 존속하고 있었다는, 전통 사회 이래의 함정에서 벗어나지 못했기 때문입니다. 산미증식계획이 쌀의 증산을 어느 정도 가져왔다고 해도 이러한 틀을 깰 정도로 영향을 미치지는 못했습니다. 지주제의 문제는 해방 후에 이루어진 농지개혁을 통해 해소됩니다. 그리고 농촌의 낮은 생산성과 과잉 인구의 문제는 고도 성장기를 거치면서 이농이 급속히 진행되고 농촌의 일손 부족으로 기계화 등이 이루어지면서 비로소 해결되게 됩니다.

그런데 한국사 교과서의 서술은 일제시기 농민의 궁핍을 엉뚱하게도 일제가 쌀을 수탈했기 때문이라고 강변하고 있습니다. 그 영향으로 형성된 일반인들의 통념도 이와 크게 다르지 않습니다. 쌀을 '수탈'한 것이 아니라 '수출'한 것인데도 말이죠. 생산과 수출이 크게 늘고 가격도 불리해지지 않았다면 소득이 올라가는 것은 경제의 상식인데, 이를 뒤집어서 억지를 부리고 있는 셈입니다. 교과서가 '수탈'이나 '반출'이라는 표현을 포기하지 못하는 것은, '수출'이라는 표현으로 바꾸자마자 자신의 일제 비판의 논리가 혼란에 빠진다는 점을 잘 알기 때문이라고 생각합니다. 그들은 거짓말이라도 만들어 내서 일제를 비판하는 것이 올바른 역사교육이라고 착각하고 있는 것입니다. 이러한 엉터리 논리로 이루어지는 교과서의 일제 비판에 대해 과연 세계인의 공감을 얻을 수 있겠습니까?

―――――
참고문헌

김낙년(2002), 『일제하 한국경제』, 도서출판 해남.
주익종(2006), 「식민지 시기의 생활수준」, 박지향 외 편, 『해방 전후사의 재인식』 1, 책세상.
이영훈(2007), 『대한민국 이야기』, 기파랑.
김낙년·박기주·박이택·차명수 편(2018), 『한국의 장기통계』 I · II, 도서출판 해남.

04. 일본의 식민지
지배 방식

김낙년

한국사 교과서에서 일제시기를 어떻게 다루었는가를 보면, 민족운동의 전개를 서술하는 데 대부분의 지면을 쓰고 있습니다. 식민 통치와 경제에 관해서는 「일제의 식민 통치와 경제 수탈」이라는 장을 두어 다루고 있는데, 모든 곳에서 수탈이 자행된 것으로 서술하고 있습니다. 예를 들면, 일제는 토지조사사업을 통해 조선인의 토지를 '수탈'했고, 산미증식계획을 추진하여 쌀도 '수탈'해 갔다고 합니다. 그 외에도 조선회사령을 시행하여 조선인 민족자본이 성장하지 못하도록 억압했다는 것을 강조하고 있습니다. 심지어 우리나라 국사학계를 대표하는 학회의 회장까지 지낸 한 연구자는 이 시기에 조선으로부터 '유출'되거나 '수탈'된 자금의 규모가 국내총생산^{GDP}의 80%가 넘었다고 하는 어처구니없는 주장까지도 하고 있습니다. 만약 그랬다면 조선경제는 형편없이 쪼그라들었을 것은 물론, 조선인의 생존 자체가 불가능했겠지요. 이러한 주장들에 대해서는, 이 시기에 조선인의 사망률이 크게 하락하여 평균 수명도 늘고 조선인 인구도 크게 늘어났다는 사실을 상기하는 것만으로도 의문이 제기될 수 있습니다.

　이러한 교과서의 서술이나 그로부터 형성된 사회 통념은 대부분 사실에 의거하지 않은 허구입니다. 잘못된 인식의 뿌리를 찾아 들어가 보면, 일제의 식민지 지배가 어떤 방식으로 이루어졌는지를 제대로 이해하지 못한 데에 기인한 것이 아닌가 생각합니다. 그래서 여기서는 일제가 식민지 조선을 어떻게 지배하려 했고, 식민지 경제에 실제로 어떠한 변화가 나타났으며, 그에 비추어 우리들의 통념에 어떤 허점이 있는지를 간단히 살펴보기로 하겠습니다.

일본은 식민지 조선을 어떻게 지배하려고 했을까?

　일본의 식민지 지배는 동화주의를 추구했습니다. 식민지에 일본의 제도를 이식하고, 가능한 한 두 지역을 동질화해서 결국에는 일본의 한 지방으로 편입하고자 한 것입니다. 조선을 완전하고 영구하게 일본의 일부로 만들려고 했던 것이지요. 이러한 방침은 일본 열도의 서쪽에 있는 두 섬의 이름을 따서 당시 '조선의 시코쿠四国·큐슈九州화'라고 표현하기도 합니다. 정치면에서 보면 조선인의 정치적 권리가 인정되지 않았고, 조선인에 대한 억압과 차별이 지속되었기 때문에, 이러한 동화주의는 식민지 지배를 합리화하는 구호에 불과했습니다. 그렇지만 경제면에서 보면 일본의 제도가 거의 그대로 조선에 이식되어 지역통합이 이루어진 단계로까지 나아갔다고 할 수 있습니다. 그 내용을 간단히 살펴보겠습니다.

첫째, 화폐가 통합되었습니다. 조선의 화폐제도는 조선은행권을 일본은행권과 1:1로 교환할 수 있도록 운영되었습니다. 두 화폐의 가치가 벌어지지 않도록 조선은행권을 함부로 발행할 수 없었는데, 그것은 조선의 물가 안정에 기여했다고 할 수 있습니다. 그 대신에 조선이 재량적으로 통화 공급을 조정하는 금융정책을 쓸 수 없다는 제약이 생겼습니다.

둘째, 시장이 통합되었습니다. 조선과 일본 간에는 거의 모든 관세가 폐지되었습니다. 몇 개 품목은 예외로 두었지만, 그것도 점차 폐지되었습니다. 그리고 조선과 일본 이외 지역 간의 무역에는 일본의 관세율이 그대로 적용되었습니다. 그 결과 조선과 일본의 시장은 완전히 통합되었다고 할 수 있습니다.

셋째, 일본의 법 제도가 조선에 이식되었습니다. 일본에 시행되는 법령이 모두 조선에 시행된 것은 아니고, 선별하여 시행되었습니다. 예컨대 대표적인 법령으로 1912년에 시행된 「조선민사령」을 들 수 있습니다. 그에 따르면, 일부의 예외 조항을 두면서도 일본의 민법, 상법, 각 시행령, 민사소송법 등 23개의 법률을 조선에 그대로 적용하는 것으로 되어 있습니다. 만약 해당 법령이 일본에서 개정되면, 그 개정된 내용이 자동으로 조선에 확대 적용되게 됩니다. 이를 통해 경제활동을 일본이나 조선의 어느 쪽에서 하든지 차이가 없도록 두 지역의 법적 환경을 접근시킨 것입니다. 다른 한편, 조선인의 정치적 권리에 관련된 「중의원 선거법」을 들 수 있는데, 조선에서는 이를 시행하지 않았습니다. 이렇게 보면 일본의 동화주의는 정치적 권리를 억압하면서 경제면에서는 동화를 지향하는, 편의주의적 접근을 하고 있다고 할 수 있습니다.

이러한 지역통합은 일본제국 전체로 확대되었는데, 현재의 유럽연합인 EU와 닮아 있기 때문에 그것과 비교해 볼 수 있습니다. EU는 참가국이 자신의 경제주권의 제약을 자발적으로 받아들인 결과이지만, 일본의 지역통합은 식민지에 대한 제국주의적 지배의 한 형태라는 점에서 결정적인 차이가 있습니다. 그렇지만 경제적으로 보면, 역내의 각 지역이 완전히 개방되어 상품과 자본과 노동이 보다 자유롭게 이동할 수 있게 되었다고 할 수 있습니다. 그 결과, 역내의 경제변화가 급속히 촉진된다는 점에서는 EU와 동일한 효과를 갖게 되었다고 할 수 있습니다.

식민지 조선 경제에는 어떠한 변화가 일어났을까?

이러한 제도적 환경 속에서 식민지 조선 경제는 큰 변화를 겪게 됩니다. 장기통계를 추계한 최근의 연구 성과 (『한국의 장기통계』)에 의거해서 몇 가지 그래프를 가지고 설명하고자 합니다. 해방 전에 나타난 변화를 해방 후와 비교하여 어느 정도인지 가늠할 수 있도록 지난 100년간의 추이를 제시했습니다.

첫째, 그림4-1은 수출과 수입이 국민총소득^{GNI} 대비로 어느 수준인지를 보여 줍니다. 수출 또는 수입의 의존도를 나타내는 지표라고 할 수 있겠지요. 그에 따르면 일제시기에 10%에서 30%로 빠르게 높아진 것을 알 수 있습니다. 이것은 해방 후 고도 성장기의 수출 의존도 상승에 맞먹는 속도였습니다. 해방 후는 공산품의 수출이 고도 성장을 견인하는 역할을 하였음은 잘 알려져 있습니다. 해방 전은 농산물 수출의 비중이 높다는 차이는 있지만, 수출의 주도로 경제성장이 이루어졌다는 패턴은 해방 후와 다르지 않았습니다.

둘째, 그림4-2는 산업구조의 장기적인 변화를 보여 줍니다. 해방 전에 농림수산업의 비중이 70%에서 40%로까지 하락한 반면, 광공업이나 서비스업, 전기 및 건설업 등의 다른 산업의 비중이 빠르게 높아졌음을 알 수 있습니다. 이러한 추이는 해방 전후의 혼란기에 다소 역전되기도 하지만, 현재까지 이어지고 있다는 것을 볼 수 있습니다.

그런데 이러한 산업구조의 변화는 교과서에서 상정되고 있듯이 조선인과는 무관한 것이었을까요? 셋째, 그림4-3은 조선인과 일본인의 회사와 공장이 얼마나 늘어났는지를 보여 줍니다. 조선인은 실선, 일본인은 점선으로 각각 표시하였습니다. 먼저 공장 수의 추이를 보면, 합병 초기에 조선인 공장 수는 보잘것없었고, 1920년대까지 일본인 공장 수에 미치지 못했지만, 그 후에는 급증해서 일본

인 공장 수를 능가한 것을 알 수 있습니다. 그래프에 1928~1929년
에 공장 수가 하락한 것으로 나와 있는데, 그것은 공장의 정의가 좀
더 좁게 변경되었기 때문이고, 증가 추세는 변함이 없었습니다. 회
사의 경우는 일본인이 우위에 있는 구도는 바뀌지 않았지만, 조선
인 회사 수도 빠르게 늘어나 일본인과의 격차를 좁히고 있음을 알
수 있습니다. 다만 자본금 규모로 보면 일본인 회사가 압도적으로
컸으며, 대규모 자본이나 근대적 기술이 요구되는 산업에서는 일본
인이 주도하고 있었습니다. 그렇지만 이 과정에서 조선인이 배제된
것은 아닙니다. 조선인은 늦게 출발했기 때문에 자본과 기술의 축
적이 일천하다는 불리함을 안고 있었지만, 이를 빠르게 극복하고
있었다고 할 수 있습니다.

그림4-1 수출과 수입의 국민총소득 대비 비율

자료: 『한국의 장기통계』(2018).

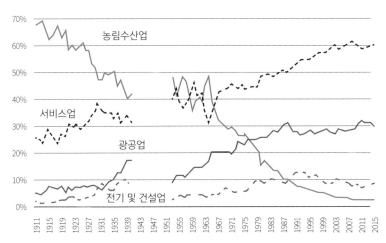

그림4-2 산업구조의 추이

주: 해방 후는 남한, 해방 전은 남북한 전체를 커버한다.
자료:『한국의 장기통계』(2018).

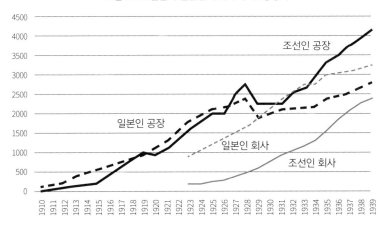

그림4-3 조선인과 일본인의 회사 수 및 공장 수

주: 1928~1929년의 공장 수 감소는 공장의 기준이 더 높게 변경되었기 때문이다.
자료:『조선총독부통계연보』.

그런데 교과서에서는 1911년에 시행된 「조선회사령」으로 일제가 조선인 자본이 성장하지 못하도록 억압했다고 서술하고 있습니다. 조선회사령은 회사 설립을 허가제로 규정한 것인데, 신고제로 되어 있는 일본 민법의 조선 적용에서 예외를 인정한 것입니다. 교과서가 언급하고 있지 않은 것은, 회사령은 조선인만을 규제한 것이 아니라 일본인의 회사 설립도 똑같이 규제하였다는 것입니다. 실제로 회사 설립이 불허된 사례를 보면 일본인도 많았고, 그들의 반발로 인해 1914년 이후에는 규제가 느슨해집니다. 결국 회사령은 1920년에 폐지되어 두 지역의 제도 차이는 없어졌습니다.

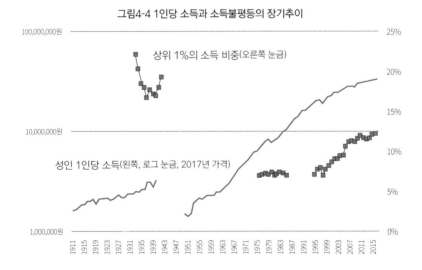

그림4-4 1인당 소득과 소득불평등의 장기추이

주: 성인 1인당 소득은 왼쪽의 로그 눈금이고, 상위 1%의 소득비중은 오른쪽 눈금이다.
자료: 『한국의 장기통계』(2018); World Inequality Database (https://wid.world/).

넷째, 그림4-4는 1인당 소득과 불평등의 지표를 제시한 것입니다. 국민소득[NI]을 20세 이상 성인 인구로 나누어 구한 1인당 소득을 말합니다. 물가상승 분을 배제해서 2017년 불변 가격으로 보인 것입니다. 1인당 국민소득은 실선으로 나타냈고 왼쪽 눈금으로 보면 되는데, 눈금이 1백만 원, 1천만 원, 1억 원으로 10배씩 뛰는 로그 눈금으로 되어 있습니다. 그 경우 1인당 소득의 기울기가 가파를수록 증가율이 높은 것을 뜻합니다. 해방 후 특히 고도 성장기의 기울기는 매우 가파른 것을 알 수 있습니다. 해방 후 전체 기간 동안의 연평균 증가율을 구하면 4.9%로 나옵니다. 그에 비해 해방 전의 1인당 소득은 추계기간 동안 1.8배로 늘어나 연평균 2.2%로 증가한 것으로 나옵니다. 즉, 해방 후의 2분의 1 정도의 수준이었습니다. 이들 소득에는 조선에 거주하고 있는 일본인의 소득도 포함되어 있습니다. 자료의 제약 때문에 이 소득을 민족별로 나누기는 어렵습니다. 다만, 일본인 인구의 비중이 미미했기 때문에 그들의 소득 증가율이 상당히 빨랐다고 가정하더라도 조선인의 1인당 소득도, 연평균 2.2%보다는 낮아지겠지만, 여전히 증가한 것에는 변함이 없을 것으로 생각됩니다.

한편, 소득 불평등 지표로는 성인 인구 상위 1%가 차지하는 소득 비중을 제시했습니다. 데이터 부족으로 공백으로 남겨진 시기가 있지만, 개략적인 추이를 볼 수 있습니다. 이 지표는 네모 표식으로 표시했으며, 오른쪽 눈금을 보시면 됩니다. 그에 따르면 해방 전은 상위 1%가 전체 소득의 20% 전후를 차지할 정도로 불평등이 매우 컸음을 알 수 있습니다. 해방 후에는 7% 정도로 급락했다가 최근에 다시 상승하여 12% 수준으로 높아졌습니다. 해방 전에 비해 해방 후에 불평등이 크게 하락했는데, 그 원인으로는 소득이 높았던 일본인이 모두 철수하였고, 농지개혁으로 인해 지주 계급이 몰락한 것을 들 수 있습니다.

요약해 보면, 해방 전의 조선 경제는 일본을 중심으로 하는 지역 통합체제에 편입되어 있었고, 그로 인해 역내 무역이 활성화되고 산업구조도 빠르게 변하고 있었습니다. 이 과정은 당초 자본과 기술에서 앞선 일본인이 주도하고 있었지만, 조선인이 배제된 것은 아니고 조선인의 공장과 회사도 빠르게 성장하고 있었음을 알 수 있습니다. 해방 후와 비교할 때 일본인과 조선인 간, 또는 조선인 내부에서는 지주와 소작인 간의 불평등이 매우 높은 사회였고, 경제 성장률 또한 해방 후 2분의 1의 속도로 느렸기 때문에 그 성장의 효과가 저변에까지 두루 미치지는 못했다고 할 수 있습니다.

맺음말

이제 마무리를 하겠습니다. 일본은 구 한국 정부의 주권을 강제로 빼앗아 식민지로 지배했습니다. 한 나라의 주권을 문자 그대로 '강탈'했다고 할 수 있겠지요. 일제는 바로 이 점에서 비판과 책임을 면할 수 없다고 생각합니다. 그렇지만 교과서에서는 개인의 재산권마저 유린해서 조선인이 가지고 있는 토지나 식량을 마구잡이로 '수탈'한 것처럼 서술하고 있는데, 그것은 사실이 아닙니다. 당시 실생활에서는 일본인이 조선인을 차별하는 일은 셀 수도 없이 많았겠지만, 민족 간 차별을 제도로 공식화하지는 않았습니다. 당시의 조선 경제는 기본적으로는 자유 거래의 시장체제였고, 민법 등이 시행되어 조선인과 일본인의 구분 없이 개인의 재산권이 보호되고 있었습니다. 만약 '수탈'이 일상화되고 '차별'이 공식화되어 있는 체제라고 한다면, 조선인의 반발로 식민지 통치 자체가 불가능했을 것입니다. 나아가 조선을 일본의 한 지방으로 영구히 편입하고자 했던 식민지 지배의 목표를 거스르는 일이 되었을 것입니다.

앞에서 살펴본 바와 같이 일본이 조선에 시행한 각종 제도와 조선에서 실제로 일어난 경제적 변화에 비추어 보면, 교과서의 서술은 초보적인 상식에도 맞지 않을 뿐만 아니라 당시의 실상을 얼마나 왜곡하고 있는지 알 수 있습니다. 제 강의를 수강한 학생들에게 소감을 물어보면 대체로 이런 반응을 보입니다. "그동안 교과서로 배웠던 것이 사실이 아니라는 점을 받아들이면, 일제를 어떻게 비판해야 할지 모르겠다" 혹은 "그 경우 혹시 일제의 식민지 지배를 정당화해 버리지 않을까 하는 두려움이 든다"라고 합니다. 거짓말과 엉터리 논리로 일제를 비판해 왔고, 또 대다수의 한국인들이 거기에 너무나 익숙해 있다 보니, 그것이 허구임이 드러나게 되면 일제를 어떻게 비판해야 할지도 몰라 당황하게 됩니다.

　허구를 만들어 내서 일제를 비판하는 것이 국내에서는 통용되었을지 모르지만 그것으로 세계인을 설득할 수 있겠습니까? 일본인을 포함한 세계인이 수긍할 수 있는 상식과 역사적 사실에 입각해서 일제를 비판할 수 있는 능력도 키우지 못하는 교육, 이것이 우리나라 민족주의 역사교육이 빠져 있는 함정이고 역설이라고 하겠습니다.

참고문헌

김낙년(2002), 『일제하 한국경제』, 도서출판 해남.
김낙년(2010), 「식민지 조선경제의 제도적 유산」, 『정신문화연구』 33(4).
김낙년(2006), 「식민지 시기의 공업화 재론」, 박지향 외 편, 『해방 전후사의 재인식』 1, 책세상.
김낙년·박기주·박이택·차명수 편(2018), 『한국의 장기통계』 I II, 도서출판 해남.
World Inequality Database (https://wid.world/).

05. '강제동원'의
신화

이우연

역사왜곡의 출발

지금부터 서술할 내용은 일제말기, 1939년 9월부터 1945년 8월 15일까지 약 6년간 전쟁 중에 일본으로 건너가 노동을 했던 73만여 명의 조선인 근로자에 대한 것입니다. 학계에서는 이것을 '노무동원'이라고 부릅니다. 한국의 연구자들은 동원된 조선인들이 대부분 일본 관헌에 의해 강제로 끌려갔다고, 다시 말해 '강제동원'되었다고 주장합니다. 또 일본에서 노예처럼 혹사당했다고, 즉 '노예노동'을 했다고 주장합니다. "밤에 잠자고 있는데, 논에서 일하고 있는데, 헌병순사가 와서 일본으로 끌려가 죽도록 일만 하고 짐승처럼 학대를 당하다가 돈 한 푼 못 받고 돌아왔다"는 주장입니다.

1965년, 일본 조총련계 조선대학의 교원 박경식朴慶植이 이런 주장을 처음으로 했습니다. "일제가 잔혹하게 조선인을 착취했다"고 선동하여 당시 진행되고 있던 한일 국교 정상화를 저지하기 위한 목적에서였습니다. 양국의 국교가 정상화되면 북한이 포위되기 때문입니다.

이러한 주장을 강제연행설이라고 할 수 있습니다. 박경식의 책 제목도 『조선인 강제연행의 기록』입니다. 그로부터 시작된 이 주장은 지금까지 가장 강력한 학계의 통설로 남아 있습니다. 한국의 정부기관과 학교 등 교육기관, 언론계, 문화계 등에 심대한 영향을 주었으며, 그것이 우리 국민들의 일반적인 상식으로 자리 잡기에 이르렀습니다. 하지만 이것은 명백한 역사왜곡입니다. '강제동원'이라는 역사왜곡은 한국의 반일 종족주의를 만들어 내는 데 매우 중요한 역할을 했습니다. 또 반일 종족주의는 이러한 역사왜곡을 더욱 심각하게 만들고 광범하게 퍼뜨렸습니다.

'강제징용'이라는 허구

연구자들은 일본의 노무동원을 '강제동원'으로 한데 묶어 이야기했지만, 그 속에서 가장 널리 알려진 동원방법은 '징용', 또는 여러분들에게 익숙한 표현인 '강제징용'이라는 것입니다. 이 강제징용에 대해 대법원은 2018년 10월 30일, 일본 기업으로 하여금 한국인 한 명당 1억 원의 위자료를 지급하라고 판결하였습니다. 하지만 이 판결 또한 명백한 역사왜곡에 의해 근거한 황당한 판결입니다.

우선 징용은 1944년 9월부터 가장 길게 잡아 1945년 4월경까지 약 8개월 동안 단기간에 실시되었습니다. 그 뒤로는 미 공군이 대한해협을 장악하여 조선인을 일본으로 수송할 수 없게 되었습니다. 그래서 징용으로 일본에 간 조선인은 10만 명 이하였다고 추정됩니다. 징용은 법률이 규정하는 그야말로 강제적인 동원방법이었습니다. 징용을 거부하면 1년 이하의 징역이나 1백 엔 이하의 벌금에 처해졌습니다. 징용 이전에는 1939년 9월부터 실시된 '모집'과 1942년 2월부터 시작된 '관알선'이라는 방법이 있었습니다.

모집과 관알선에는 법률적인 강제성이 없었습니다. 조선인이 응하지 않으면 그만이고, 그 조선인을 처벌할 수 없었습니다. 일본에서 온 기업체 사원들에게 조선인이 내가 가겠다고 의사를 표시하면 심사를 거쳐 일본으로 가는 것이었습니다. 다시 말해 조선인들의 '자발적인 선택'에 맡겨졌습니다. 관알선은 모집과 조금 다른데, 조선총독부가 행정체계를 이용하여 조선인의 일본행을 훨씬 적극적으로 지원하였기 때문입니다.

징용이 실시될 때도 그전과 마찬가지로 많은 조선인이 브로커에게 고액을 주고 작은 배에 목숨을 의지한 채 일본으로 밀항을 시도하였습니다. 당시 조선인 청년들에게 일본은 하나의 '로망'이었습니다. 또 징용 실시 이전에도 그랬지만, 징용된 조선인 중 많은 수가 근로 여건이 더 좋은 곳으로 도망하였습니다. 일본의 청년들이 대부분 전장으로 끌려갔기 때문에 일본에서는 노동력이 부족했습니다. 특히 탄광과 같은 광산에서는 문제가 매우 심각하였고 조선인 중 64%가 그곳에 배치되었습니다. 그런데 조선인들 대부분은 농촌 출신으로 광산의 지하노동을 매우 두려워했던 터라 많은 조선인들이 건축현장과 같은 곳으로 도망했던 것입니다. 따라서 조선인 노무동원을 전체적으로 볼 때, 기본적으로는 자발적이었고 강제적인 것이 아니었습니다. 강제연행이었다고 말할 수 없습니다.

당시에는 강제연행이나 강제징용이라는 말조차 없었습니다. 특히 강제징용이라는, 이번 대법원 선고에 등장했던 이 말은 도대체 무슨 이유로 나온 것인지 알아둘 필요가 있습니다. 우선 강제징용이라는 개념은 원래 있을 수 없습니다. '징용' 자체가 강제이기 때문입니다. 강제징용이라는 말은 우리가 국어 시간에 이야기했던 '역전驛前앞'과 같은 말입니다. '역전앞'에서 '전前'자가 있으므로 '앞'자가 필요 없듯이, 강제징용이라는 말에서도 '강제'라는 말이 필요 없고, 그저 '징용'이라고 하면 되는 것입니다.

사정이 이러한데, 1965년 이래 지금까지 한국의 연구자, 정부, 언론, 시민단체들은 왜 고집스럽게 '강제징용'이라는 말을 사용해 왔을까요? 징용은 전쟁이 끝나기 직전에 단지 몇 개월간 실시되었습니다. 이때 반일 종족주의 역사학자에게는 곤란한 문제가 생깁니다. 1939년 9월부터 1944년 9월에 징용이 시작되기 전까지, 이 5년 동안의 노무동원을 어떻게 파악할 것인가 하는 문제입니다. 반일 이데올로기를 전파하기 위해서는, 징용 실시 이전에도 조선인이 자신의 의사와 관계없이 강제로 끌려갔고, 노무동원 모두가 일제의 강제였다고 주장할 필요가 있었습니다.

징용과 같은 강제성을 1939년까지 거슬러 올라가 그 시기 모두에 적용하여 주장하고 싶었던 것이 저들의 속마음이었습니다. 이렇게 만들어진 말이 '강제징용'입니다. 따라서 이 단어 속에는 단순한 실수라고 말할 수 없는 교묘한 역사적 사실의 과장과 왜곡이 들어 있는 것입니다. 저는 이토록 심각한 개념적 조작을 연구자라는 사람들이 어떻게 벌일 수 있는지, 도저히 이해할 수 없습니다.

한국 교과서의 역사왜곡

일본으로 건너간 조선인, 그 다수가 자발적으로 돈 벌러 일본에 갔던 조선인들의 근로에 대해서, 우리 한국인들은 어떤 생각을 갖고 있습니까? 역시 제일 먼저 생각하는 것이 노예노동·강제노동일 것입니다. 물론 이러한 말도 당시에는 없었습니다. 사실이 아니었기 때문입니다. 한국인들이 가진 왜곡된 역사 인식일 뿐입니다.

성신여대 교양학부에 서경덕 교수라는 분이 있습니다. 이 분이 주로 하는 일은 한국을 세계에 홍보하는 일입니다. 그중에는 일제가 식민지기에 조선인을 얼마나 잔혹하고 악랄하게 지배하고 수탈했는지를 전 세계에 홍보하는 일이 있습니다. 2017년에 개봉된 〈군함도〉라는 영화가 있습니다. 서 씨는 미국 뉴욕에서 가장 번화한 타임스퀘어라는 곳의 대규모 전광판을 이용하여 이 영화를 광고하였습니다. 이를 위해 그는 국민들로부터 2억 원의 성금을 모았습니다.

2015년에 개관한 국립일제강제동원역사관이라는 곳이 부산에 있습니다. 이 역사관 입구에 서면 근로자로 동원되어 목숨을 잃은 조선인들을 추도하는 높은 탑을 볼 수 있습니다. 사진5-1과 동일한 사진이 필자가 오류를 지적할 때까지 그 추모탑 뒤에 붙어 있었습니다. 앞서 서 씨가 뉴욕에서 광고에 이용한 사진과 같은 것입니다. 갈비뼈만 앙상하게 남아 있는 모습이 그야말로 노예처럼 일했던 조선인들, 그들이 얼마나 심한 고초를 겪었는지 보여 주기 위해 붙인 것입니다.

그런데 이 사진은 노무동원된 조선인과 전혀 관계가 없습니다. 1926년 9월 9일, 일본의 『아사히카와旭川신문』에 게재되었던 것입니다. 홋카이도를 개척하는 과정에서 토목건설 현장에 감금된 채 강제노동에 시달리던 일본인 10명의 사진입니다. 요즘 한국으로 치면 '염전노예'와 같은 사람들이었습니다. 특히 갈비뼈가 드러난 우측 두 번째 인물을 주목해 주십시오. 물론 사업자는 검거되었고, 이때 기자가 피해자들을 촬영한 것입니다.

결국 미국까지 가서 일본인을 한국인이라 광고하면서, 우리가 이렇게 당했다며 제3자에게 엉뚱한 선전을 한 결과가 되어 버렸습니다. 이와 같은 한국의 반일 종족주의를 미국인들이 어떻게 받아들일지를 생각하면, 참으로 부끄러울 뿐입니다.

사진5-1 교과서의 '강제노역에 동원된 우리 민족', 자료: 2019년 초등학교 6학년
『사회』, 54쪽.

사진5-2 강제사역되던 일본인들의 모습.
자료: 『아사히카와 신문旭川新聞』 1926년 9월 9일.

더욱 심각한 것은 이렇게 왜곡된 역사가 학생들에게 체계적이고 지속적으로 주입되고, 그로 인해 반일 종족주의가 대를 이어 더욱 심각해진다는 사실입니다. 2009년 교육과정에 따라 2014년까지 8종의 교과서가 간행되었고, 일본의 역사왜곡에 대응한다는 목적으로, 2012년부터 한국사는 다시 고등학교 필수과목이 되었습니다. 그중에서 7종의 교과서에 앞서 언급한 '학대받은 일본인'들의 사진이 조선인 강제징용 또는 강제노동이라는 제목으로 실려 있습니다. 급기야 2019년에는 이 사진이 초등학교 6학년 사회 국정교과서에 게재되었고, 우리 연구자들과 언론의 문제 제기로 인해 해당 부분에 스티커를 붙여 사용하는 웃지 못 할 사고까지 벌어졌습니다.

역사를 왜곡하는 '강제징용 노동자상'

2016년부터는 사회단체들도 역사왜곡 운동에 나섰습니다. 소위 '강제징용 노동자상'이라는 동상을 설치하자는 운동입니다. 이는 민노총과 한노총, 정신대대책협의회 등이 주도하는 '일제하 강제징용 노동자상 설치 추진위원회'에 의

사진5-3 서울 용산역 앞의 '강제징용 노동자상'

해 진행되고 있습니다. 이 동상은 2016년에 서울 용산 기차역 10미터 앞에 처음으로 세워진 뒤, 같은 해에 인천 부평역, 제주와 창원에도 세워졌습니다. 2018년에는 부산에 있는 일본 총영사관 앞에 설치하려다 경찰에 의해 1백여 미터 떨어진 곳으로 밀려났습니다. 2019년 8월 15일에는 북한과 연대하여 서울과 평양에서 동시에 노동자상을 설치한다는 계획을 발표하였습니다. 서울의 설치 장소는 일본 대사관 곁에 있는 위안부 소녀상의 바로 옆자리라고 합니다. 이들 동상의 노동자 모습은 역시 1926년 일본 『아사히카와신문』의 일본인과 매우 흡사합니다.

추진위원회는 일본인으로 의심되는 인물 동상을 전국 도처에 세워 놓고 그것을 학대받은 조선인이라고 주장하면서 한국인들이 숭배할 또 하나의 토템을 세우고 있는 것입니다. 그로써 우리가 얻을 것이 과연 무엇인지, 학교뿐 아니라 전 국민들을 대상으로 반일 종족주의를 고취하는 것 외에 무슨 목적인지 알 수 없습니다. 참으로 엉터리 같은 망상입니다.

노무현 정부는 「국무총리실 소속 일제강점하 강제동원피해진상규명위원회」라는 기관을 설치하고 일본으로 동원되었던 한국인들에게 피해보상을 하였습니다. 보상을 받으려면 증거를 제출해야 했는데, 그중에서 가장 많이 나온 것이 사진입니다. 사진5-4는 1941년 홋카이도北海道에 있는 사크베츠尺別 탄광에서 일했던 정성득 씨가 동료들과 함께 찍은 기념사진입니다. 두 번째 줄에 있는 팔짱을 낀 사람들, 첫 줄에서 가부좌를 틀거나 걸터앉아 있는 이들의 모습은 여유로워 보입니다. 1939~1945년 전쟁 중에 일본으로 온 탄광부, 광부들의 단체사진이 아주 많은데, 대체로 이와 비슷합니다. 조선인은 대부분 료寮라고 부르는 회사에서 제공하는 무료 기숙사에서 같은 고향 출신들과 함께 생활했는데, 그 기념사진들입니다.

쉽게 찾아 볼 수 있는 다른 종류의 사진은 친구와 함께 사진관에 가서 옷을 빌려 입고 촬영한 것입니다. 그 많은 사진에서 우리가 보게 되는 것은 하나같이 건장하고 당당한 조선 젊은이들의 모습입니다. 수백 장이 모두 그렇습니다. 그 어디에서도 '노예'의 모습을 찾아볼 수 없습니다.

사진5-4 조선인 근로자 기념사진
자료 : 일제강점하 강제동원피해진상규명위원회, 『강제동원 기증자료집』, 100쪽.

참고문헌

일제강점하 강제동원피해진상규명위원회, 『강제동원 기증자료집』.
朴慶植(1965), 『朝鮮人强制連行の記錄』; 박경옥 옮김 (2008), 『조선인 강제연행의 기록』, 고즈윈.
이우연(2015), 「전시기 일본으로의 노무동원과 탄광의 노동환경」, 낙성대경제연구소 워킹페이퍼 2015WP-10.

06. 과연
'강제노동'·'노예노동'이었나?

이우연

일본으로 끌려간 조선인들은 노예처럼 일했다

　일제 말기에 적지 않은 조선인이 노무자로 동원되어 일본으로 갔습니다. 위의 소제목은 그에 관한 우리 국민의 상식을 대변하고 있습니다. 흔히들 강제연행설이라 합니다. 안타깝게도 이것이 학계의 일반적 의견이며, 국민적 상식입니다. 강제연행설을 처음으로 주장한 박경식은 "많게는 하루 20시간"을 일했지만, 임금은 "현금으로 주지 않고 모두 저금"시켜서 "송금은 도저히 생각할 수도 없는 수준이었고, 자기 혼자 먹고살기도 힘든 수준"이었다고 주장했습니다. 또 임금 자체가 "일본인 노동자의 절반 정도" 밖에 되지 않는다고 말했습니다. 그에 따르면, 조선인들은 탄광의 갱내坑內노동과 같이 "가장 가혹한 노동"에 시달렸고, 구타, 집단적 린치와 감금이 일

상이었다고 했습니다. 결국 강제노동·노예노동이었다는 것이 핵심
적인 주장이었습니다.

오늘날까지도 거의 모든 연구자들은 똑같은 주장을 반복하고 있
습니다. 일제강점하 강제동원피해진상규명위원회 위원장을 지낸
전기호 교수는 "일본인이 기피하는 힘들고 위험하고 더러운 일을
조선인들이 하도록 강제로 배치하고, 임금에서 소액의 용돈을 뺀
나머지 모두를 강제로 저금하게 하였다"고 하였습니다. 또한 '민족
적 임금 차별'이 분명하다고 주장했습니다. 그와 함께 '채찍과 폭
력', 그리고 '감금'을 통해 "자유와 자율이 전혀 없이" 조선인을 '감
옥적'으로, '노예적'으로 대우했다고 했습니다.

대부분 반일 종족주의 입장에 기초하여 수행된 한국의 연구, 그리
고 일본의 소위 양심적인 지식인, 사회단체 사람들의 주장은 역사적
사실과 전혀 다릅니다. 과장을 넘어서 역사왜곡, 솔직히 말해 '날조'
라고 할 수 있습니다. 임금은 정상적으로 지불되었습니다. 분명 강제
저축이 있었지만, 그것은 일본인도 마찬가지였습니다. 그리고 2년
의 계약기간이 끝나면 정상적으로 이자와 함께 저축액을 모두 인출
했고, 조선에 있는 가족에게 사고 없이 송금할 수 있었습니다.

임금은 기본적으로 성과급이었습니다. 일본인도 마찬가지였습
니다. 따라서 일본인보다 임금이 높은 경우도 많았습니다. 일본인
보다 임금이 낮은 경우는 대부분 조선인들이 탄광 작업의 경험이
없어 생산량이 적었기 때문이었습니다.

업무 중 구타와 같은 전근대적 노무관리가 전혀 없지 않았습니다. 일본인에게도 마찬가지였습니다. 생활은 대단히 자유로웠습니다. 밤새워 화투를 쳐 잠을 설친다거나, 근무가 끝나면 시내로 나가 과음하고 다음날 출근을 못하는 경우도 많았습니다. 어떤 사람은 조선 여인이 있는 소위 '특별위안소'라는 곳에서 월급을 모두 탕진할 정도로 그들은 자유로웠습니다.

사진6-1 '조선인 징용노동자'로 잘못 알려진 1950년대 일본인.
자료: 『산케이신문 産經新聞』 2019년 4월 3일.

사진6-1은 성신여대 서경덕 교수가 뉴욕 타임스퀘어에서 전광판으로 영화 〈군함도〉를 광고하는 데 이용한 것입니다. 엎드려 탄 캐는 조선인의 모습이라며 그가 광고한 것입니다. 이와 같이 반일 종족주의에 경도된, '작업상의 또는 작업배치상의 민족차별'을 주장하는 연구자들의 시각을 잘 알 수 있는 사진입니다. 이 사진 또한 국립일제강제동원역사관에 전시되어 있고, 중학교 교과서에도 게재되어 있습니

다. 이 사진 역시 전쟁 때 일본으로 갔던 조선인의 사진이 아닙니다. 이 사진은 실제로는 일본의 사진작가 사이토 고이치齋藤康一 씨가 1950년대 중반 가난한 일본 서민의 삶을 담는다는 목적으로 치쿠호우筑豊 탄전지대의 한 폐광에서 석탄을 도굴하는 장면을 촬영한 것입니다. 사이토 씨는 그 필름을 지금도 소장하고 있습니다.

한국의 연구기관, 국가기관과 서경덕 씨가 일본인의 초상권이나 사이토 씨의 저작권을 무시한 결과가 되어 버렸습니다. 또 미국까지 날아가 일본인을 한국인이라고 억지를 부리고, 우리가 이렇게 당했다며 엉뚱한 사진을 내걸고 선전한 셈이 되어 버렸습니다. 국제적 망신이 아닐 수 없습니다. 한국의 반일 종족주의를 미국인들이 어떻게 생각할지, 그야말로 부끄러운 일입니다. 사이토 씨는 작년에 국립역사관을 방문해 항의하며 전시 중단을 요구했지만, 역사관 측에서는 강제동원의 실상이 기본적으로 그와 같으므로 계속 전시할 것을 고집했다고 합니다.

작업배치부터 조선인을 차별?

사진6-1과 같은 채탄방식은 19세기 후반 일본 탄광에서 탄을 캐던 방식이었습니다. 그러나 일본의 광업은 20세기에 급속도로 발전하였습니다. 사진6-2는 괭이가 아니라, coal pick, 즉 공기 압축식 착암기를 사용하여 채탄하는 모습으로 1934년의 사진입니다.

1930년대가 되면 일본 탄광 대부분의 갱도는 사람 키를 훨씬 넘는 높이와 5미터 이상의 폭을 유지하는 것이 일반적이었습니다. 그러니 여기에서 굳이 엎드리고 누워서 석탄이나 광석을 캘 이유가 어디 있겠습니까? 아무 근거가 없는 선전·선동으로 역사를 왜곡한 것이라고 말할 수밖에 없습니다.

사진6-2 1934년 공기 압축식 착암기를 사용하는 탄광부.
자료: 일본 오무타시大牟田市, 『大牟田市の100年』, 89쪽.

반일 종족주의 역사학자들은 조선인들을 의도적으로 고되고 위험한 작업에 배치했다고 주장하고 있습니다. 예를 들어, 탄광에서 갱외보다는 갱내, 갱내에서도 가장 어렵고 위험한 일, 다시 말해서 탄을 캐는 채탄부, 갱을 파나가는 굴진부, 갱도가 무너지지 않도록 목재 등으로 구조물을 만드는 지주부支柱夫, 이와 같은 일에 조선인들을 강제로 배치하였다는 것입니다. 그러나 이러한 작업현장에서의 민족차별론은 사실과 전혀 다릅니다.

우선 많은 사람들이 증언하기를, 일본인들과 같은 자리에서 함께 작업했다고 하였습니다. 조선인과 일본인이 각각, 네 명과 세 명, 세 명과 두 명, 이런 방식으로 작업조를 짜서 같이 일했다는 것입니다. 일본인과 조선인이 함께 작업하는데, 어떻게 조선인만 어렵고 위험한 일을 할 수 있겠습니까? 탄광의 근로 실태에 대해 전혀 모르는 사람이나 할 수 있는, 황당한 이야기에 불과합니다.

광업기술의 역사를 보아도 작업배치에 있어서의 민족차별이라는 주장은 전혀 근거가 없습니다. 1930년경부터 일본 탄광에서는 두 가지 큰 기술혁신이 있었습니다. 그 첫째는 장벽식長壁式 채탄이라는 새로운 기술입니다. 과거에는 소수, 다시 말해 2~3명이 한 조를 이뤄 탄맥을 따라 여러 조가 어지럽게 파고들어 가는 방식이었습니다. 따라서 많은 석탄이 미처 채굴되지 못한 채 남아 있게 되었습니다. 그런데 장벽식 채탄법에서는 큰 갱도를 탄맥을 따라 나란히 길게 팝니다. 그 길이가 무려 200미터 이상이 되는 경우도 있었습니다. 이때, 조선인과 일본인 5~7명이 한 조가 되고, 각 조가 약 5~6미터의 간격으로 나란히 서서 일제히 작업하는 것이 장벽식 채탄법입니다. 이 방법에 의해 이전보다 훨씬 효율적으로, 탄맥 전체의 석탄을 모두 캐낼 수 있게 되었습니다.

두 번째 기술혁신은 기계화였습니다. 1929년 세계 대공황 이후,

일본 광업에서도 인건비를 줄이기 위해 기계화를 급속도로 추진하였습니다. 앞서 착암기를 사용하는 모습을 보았는데, 1930년대가 되면 coal cutter, 즉 석탄 재단기裁斷機와 석탄을 옮기는 기계식 컨베이어도 널리 사용되었습니다. 조선인이 배치되었던 1939년 이후 대규모 탄광에서는 이와 같이 기계화가 크게 진전되어 있었습니다.

장벽식 채탄법 하에서 만약 조선인만으로 작업조를 짠다고 합시다. 이때 조선인 작업조가 높은 숙련도를 요구하거나, 또는 위험한 절우切羽를 만나게 되면, 조선인만으로 구성된 작업조가 담당한 절우는 다른 막장들과 다르게 돌출되어 튀어나오게 됩니다. 그러면 전체 작업조가 하나의 큰 컨베이어를 사용하고 있는데, 조선인이 담당하는 막장만 돌출하게 되고, 일자로 놓여 있는 컨베이어를 동시에 일직선으로 탄맥에 따라 옮길 수 없게 됩니다. 따라서 하나의 조선인 작업조 때문에 전체의 채탄 작업에 큰 손실이 발생합니다. 이런 이유로 반드시 조선인과 일본인을 한데 묶어 작업조를 편성할 수밖에 없었습니다.

기계화는 그 자체만으로도 조선인에 의한 독립적인 작업조의 편성을 불가능하게 하였습니다. 그간 농사만 지어 온 조선인들이 기계식 드릴, 압축식 착암기, 소형 굴삭기, 컨베이어를 조종하려면 오랜 시간에 걸친 훈련과 기계에 대한 지식이 필요했습니다. 기계화로 인해 화약, 다이너마이트의 효율성은 크게 높아졌습니다. 끌과 망치 대신에 기계식 드릴로 구멍을 뚫게 되었습니다. 그래서 전보다 훨씬 깊은 구멍을 뚫고, 거기에 폭약을 설치함으로써, 일거에 대량의 석탄을 분쇄해 낼 수 있게 되었습니다. 이것을 발파식 채탄이라고 하며, 이와 같은 기술이 급속히 확산되었습니다. 그에 따라 숙련된 광부의 필요성도 더욱 커졌습니다. 왜냐하면 폭약이 광범하게 이용되면서 갱도가 붕괴되거나, 천장이 무너지는 낙반落盤 등 막장에서 사고가 발생할 가능성도 동시에 높아졌고, 이런 경우에는 다수 광부가 사망하거나 크게 다치는 대규모 탄광사고가 일어날 가능성이 더욱 높아졌기 때문입니다. 이를 막으려면 잘 숙련된 일본인들을 경험이 없는 조선인들과 한데 묶어서 함께 작업하게 할 수밖에 없었습니다.

'근로환경에 있어서의 민족차별'이라는 주장은 많은 경험자들의 증언에 반대됩니다. 또한 석탄 광업에 대한 무지, 또 당시의 기술에 대한 무지로 인해 사실과 부합하지 않거니와 논리적으로도 합당하지 못합니다. 결국 '근로환경에 있어서의 민족차별'이라는 주장은 상상의 산물이며 역사왜곡에 불과합니다.

조선인의 산업 재해율

반일 종족주의에 빠진 노무동원 관계 연구자들이 주장하는 '작업상의 또는 작업배치상의 민족차별'에 대해 그들이 제시하는 근거는 산업재해율, 즉 작업 중 사망률과 부상률에 있어서 조선인 쪽이 일본인보다 높다는 점입니다. 이것은 사실입니다. 1939년 1월부터 1945년 12월까지 사할린을 포함한 일본 본토의 탄광에서 사망한 광부는 모두 10,330명이었습니다.

1943년, 일본 주요 탄광에서의 사망률을 보면 조선인이 일본인보다 두 배 가량 더 높았습니다. 같은 해, 탄광 광부 중 조선인은 11만 3천여 명이었습니다. 일본인은 22만 3천여 명이었습니다. 군인으로 징병된 일본인들은 모두 청장년층이었고, 이것은 탄광에서도 마찬가지였습니다. 탄광으로부터 징병된 일본인들은 갱외부보다는 갱내부, 갱내부 중에서도 비교적 강한 완력을 갖고서 더 위험한 작업에 종사했던 채탄부·굴진부·지주부 출신자가 훨씬 더 많았습니다.

탄광에서 이 빈 자리를 메운 것이 바로 조선에서 건너온 청년들이었습니다. 일본 본사에서 조선으로 파견된 일본인들은 당연히 완력이 세고 위험한 작업도 감당할 수 있는 건장한 조선 청년들을 모집하였기 때문입니다. 그 결과 탄광에서의 작업배치, 즉 직종 분포는 조선인과 일본인 사이에 큰 차이가 있었습니다. 1943년에 일본인은 60%가 갱내부였는데, 조선인은 무려 92%가 갱내부였습니다. 갱내부 중에서도 채탄부, 굴진부, 지주부 3개 작업이 차지하는 비율은 일본인의 경우 38%에 불과하였지만, 조선인은 70% 이상이었습니다. 이 3개 작업을 맡은 조선인의 비율은 일본인보다 1.9배나 높았습니다. 그 결과 가장 위험한 작업을 맡은 조선인들의 비율은 일본인들보다 2배나 높았고, 조선인의 사망률이 일본인의 2배에 가깝게 된 것입니다.

지금까지 말씀드린 상황을 고려하면, 조선인의 재해율 즉, 사망률이나 중상률이 일본인보다 높았던 것은 조선인이 수행하는 작업과 조선 근로자의 육체적 특성이 작용한 결과였습니다. 전쟁 이전에도 일본의 대규모 탄광회사는 조선에서 광부를 모집하여 채용했습니다. 이때도 조선인들의 갱내부 비율과 갱내부 중 3개 중요 작업을 담당하는 광부들의 비율은 1939년부터 1945년까지의 전쟁 기간과 동일하게 일본인보다 훨씬 높았습니다. 젊고 건장한 조선 청년들이 돈을 벌기 위해 일본으로 갔기 때문입니다.

1941년, 홋카이도 6개 주요 탄광의 경우에도 같은 이야기를 할 수 있습니다. A탄광과 F탄광의 조선인은 갱내부가 갱외부보다 1.4배 많았습니다. 6개 탄광의 조선인 사망률과 일본인 사망률 사이의 비율을 계산해 보면, 조선인이 일본인보다 최저 1.3배에서 최대 3.0배 더 높았습니다. 그런데 A와 F탄광에서는 조선인의 사망률이 일본인보다 1.4배 정도 더 높았습니다. 사망률과 중상률의 합계에서도 비슷한 모습을 볼 수 있습니다. 갱내부 비율이 높으면 높을수록, 또 갱내부 중 3개 중요 작업 종사자가 차지하는 비중이 높을수록, 사망이나 부상과 같은 재해가 발생하는 비율이 높았습니다. 요컨대 조선인의 재해율이 높은 것은 인위적인 '민족차별'이 아니라, 탄광의 노동수요와 조선의 노동공급이 맞아 떨어진 불가피한 결과였습니다.

상대적으로 조선인의 높은 재해율에 대해 일본의 책임을 묻기 위해서는 조선인을 험한 곳으로 고의로 떠밀었다고 주장할 것이 아니라, 왜 전쟁을 일으켰는지에 대한 책임을 물어야 할 것입니다. 더 나아가, 그 한 세대 앞서 조선을 식민지로 삼은 그 조상들의 행동에 대해 책임을 물어야 할 것입니다. 전시기 '작업배치상의 민족차별' 문제는 인위적인 것이 아니라, 노동수요와 노동공급이 맞아떨어진 자연스러운 결과일 뿐입니다.

참고문헌

朴慶植(1965), 『朝鮮人强制連行の記錄』; 박경옥 옮김 (2008), 『조선인 강제연행의 기록』, 고즈윈.
이우연(2015), 「전시기 일본으로의 노무동원과 탄광의 노동환경」, 낙성대경제연구소 워킹페이퍼 2015WP-10.
전기호(2003), 『일제시대 재일 한국인 노동자 계급의 상태와 투쟁』, 지식산업사.

07. 조선인 임금 차별의 허구성

이우연

정치적 목적의 임금 차별론

여기에서는 "조선인에게 임금을 차별 지급하였다"는 주장에 대해 살펴보겠습니다. 고등학교 필수과목인 한국사 교과서에서는 이 문제에 대해 다음과 같이 쓰고 있습니다. "임금도 제대로 지급하지 않고 혹사시켰다", "임금은 일본인 노동자의 절반 정도였으며 그 중 상당 부분은 공제되어 실제로 받는 돈은 얼마 되지 않았다". 간략히 말씀드려서 이와 같습니다. 하지만 이것은 사실과 다릅니다. 또 하나의 역사왜곡입니다.

일본인, 조선인 가릴 것 없이 임금은 정상적으로 지불되었습니다. 임금의 평균을 계산해 보면, 일본인보다 조선인이 낮은 경우가 많이 있습니다. 하지만 일본인보다 훨씬 많은 임금을 받는 조선인도 무척 많았습니다. 왜 이런 일이 생겼을까요? 당시 임금은 기본적으로 성과급이었습니다. 예를 들어, 석탄 1톤을 캐면 얼마, 1톤을 운반하면 얼마, 이와 같이 계산되었습니다. 하지만 단가^{單價}, 1톤을 캐면 주는 단가나, 1톤을 운반함에 따르는 단가는 일본인과 조선인 사이에 전혀 차이가 없었습니다. 따라서 회사는 민족을 막론하고 각 근로자가 일한 만큼, 작업 한 만큼 임금을 지불했고, 조선인은 받아야 할 만큼을 받았습니다.

전쟁 중의 경제를 전시경제라고 합니다. 전시경제 하에서는 어느 나라나 시중에 현찰이 넘쳤습니다. 이것은 일본뿐만 아니라 제2차 세계대전에 참가했던 모든 국가가 마찬가지였습니다. 왜냐하면 전쟁 수행을 위해 정부가 막대한 규모의 현금을 시중경제에 살포했기 때문입니다. 따라서 기업, 특히 탄광이나 비행기회사와 같은 군수 기업은 현금이 대단히 풍족했습니다. 문제는 현찰이 아니라 현물이 었습니다. 전쟁으로 인해 물자가 부족했기 때문입니다. 기업 입장에서 가장 중요한 것은 정부가 요구하는 대로 생산량을 늘리는 것이었습니다. 일본의 청장년은 모두 군인으로 동원되었습니다. 산업 현장에서는 노동력이 부족하여 정부가 요구하는 생산량을 맞추는 것이 대단히 어려웠습니다. 따라서 기업 입장에서는 인력이 곧 이윤이 되었던 것입니다.

회사가 보유한 노동력을 효율적으로 이용하여 생산량을 증가시키면 그만큼 이윤이 늘어났습니다. 이러한 상황에서 조선인에게 공연히 임금을 주지 않거나, 일본인과 임금을 차별한다면, 그것은 기업에는 참으로 어리석은 행동이겠지요. 그와 같은 차별은 조선인들의 노동의욕을 저하시키고 생산을 감퇴시켜 스스로 손해를 초래하기 때문입니다. 이러한 전시경제의 상황을 염두에 두면, 임금이나 근로환경 등 조선인을 둘러싼 여러 문제에 대해 이해하기가 훨씬 쉽습니다.

> "임금은 없는 것이나 마찬가지였다. 설사 있었다고 해도 조선인을 크게 차별하고 일본인보다 훨씬 적은 임금을 주었다."

이런 주장은 일본의 조총련계 지식인, 또는 소위 '양식적'인 일본 지식인들에 의해 1960년대부터 시작되었습니다. 그를 이어받아 한국의 연구자들도 똑같은 주장을 지금까지 단순 반복하고 있습니다. 노무현 정부 하에서 일제강점하 강제동원피해진상규명위원회 위원장을 지낸 전기호 교수를 비롯하여 식민지기 노무동원을 '연구'한다는 연구자들은 지난 54년간 같은 말을 반복하면서 이 문제에 대해 단 한 번도 진지하게 검토하지 않았습니다. 이것은 어찌 보면 기이하다고 할 수밖에 없습니다.

1960년대 이래 조총련계 조선인, 일본에 있는 좌파 지식인들, 즉 강제징용·강제연행과 강제노동·노예노동을 주장해 온 많은 사람들이 그와 관련된 자료를 수집하고 그것을 자신들의 이름으로 편찬해 냈습니다. 하지만 그들이 자신의 이름으로 펴낸 그 자료집 속에 있는 자료들을 과연 신중하게 검토했는지, 저는 심각한 의문을 갖고 있습니다. 다음과 같은 자료들 때문입니다.

1939년부터 1945년까지 조선인에 대한 여러 차례의 조사가 있었습니다. 그 결과를 보면, 월급에서 밥값과 저금, 세금 등 여러 항목을 공제하고도 월급의 45% 이상이 현금으로 조선인에게 직접 지급되었습니다. 조선인들은 바로 이 돈으로 술을 사 마시거나, 조선 여인들이 있는 소위 '특별위안소'에 출입하거나, 조선에 있는 가족들에게 송금했습니다. 이 사실은 제가 새로 찾아낸 자료에서 발견한 것이 아니라는 점을 강조하고 싶습니다. 강제징용 또는 강제연행과 노예노동을 주장하는 바로 그 연구자들이 발굴하고, 편집하고, 출판한 자료집들 속에 모든 내용이 들어 있습니다.

전기호 교수도 일본광업주식회사의 자료를 근거로 '임금의 민족차별'을 주장했습니다. 그것을 보면, 일본인 임금이 조선인보다 30% 높은 곳도 있지만, 거꾸로 조선인이 일본인보다 30% 더 높은 광산도 있습니다. 이처럼 임금 실태는 다양했지만, 전기호 교수는 더 이상 자세히 설명하지 않고, '민족적 임금 차별'을 거듭 강조하는 데 멈추고 있습니다.

이렇게 자세한 자료를 보면서도 '민족적 임금 차별'만 일방적으로 주장하게 된 것은 연구자들의 사고가 기본적으로 반일反日이라는 정치적 목적에 치우쳐 있기 때문입니다. 그래서 임금에서도 역시 조선인을 차별했다는 인식이 한국인들에게 상식이 되어 버렸습니다. 이러한 역사인식의 시작은 역시 박경식의 주장이었습니다. 54년 전에 그가 이용하던 자료들을 지금의 연구자들도 아무런 문제의식 없이 그대로 옮겨 쓰고 있습니다. 박경식의 해석은 추호의 의심도 없이 그대로 받아들여지고 있습니다. 다만, 변화가 있다면 임금의 민족차별이라는 결론을 미리 정해 놓고, 그에 부합하는 숫자를 찾아내 삽입하는 정도입니다.

조선인-일본인 임금 격차의 실태

박경식은 홋카이도 한 탄광의 예를 제시하였습니다. 자료에는 D 탄광이라고 기록되어 있습니다. 임금을 30원 미만부터 20원 간격으로 130원 이하까지 여섯 개 구간으로 나누고, 조선인과 일본인이 각각 어떻게 분포하는지 보여 주는 자료입니다. 이 자료에서 박경식은 일본인 중 82%가 50원 이상의 월급을 받고 있지만, 조선인은 75%가 50원 미만이라는 점에 주목했습니다. 그리고 이것을 근거로 하여 민족적 임금 차별을 주장했습니다. 물론 이 자료는 그가 편찬한 자료집 속에도 그대로 들어 있습니다.

그러나 저는 이 주장을 받아들일 수 없습니다. 박경식이 이용한 바로 그 자료의 불과 두 페이지 앞을 보면, 위의 임금 분포 현황을 이해하는 데 반드시 필요하고 중요한 자료가 게재되어 있습니다.

같은 탄광에서 5년 이상 장기간 근속한 일본인은 전체 일본인의 31%였습니다. 반면 조선인은 전혀 없습니다. 조선인은 아무리 길다고 해도 근속기간이 3년 미만이었습니다. 조선인의 계약기간이 2년이었기 때문입니다. 그 결과, 근속기간이 2년 이하인 탄광부는 조선인 중 무려 89%나 되지만, 일본인 중에는 43%에 불과했습니다.

임금은 성과급이었고, 조선인들은 대부분 탄을 캐는 채탄부였습니다. 채탄은 아무나 할 수 있는 일이 아닙니다. 기술이 필요했습니다. 기술, 즉 숙련은 경험을 통해서만 얻을 수 있었습니다. 조선인은 대부분 농촌 출신이었고, 그들에게 탄광노동은 매우 낯선 두렵고 고된 일이었습니다. 따라서 2년이라는 계약이 종료되면, 조선인 대부분은 계약을 연장하지 않고 바로 귀국했습니다. 조선인과 일본인의 임금 차이는 이러한 근속기간의 차이, 경험과 숙련도의 차이에서 발생한 것입니다. 결코 인위적인 차별의 결과가 아니었습니다.

박경식은 임금 차별을 주장하기 위해 '임금 분포표'는 이용하면서, 그의 편견과는 맞지 않는 '근속기간 분포표'는 외면하였습니다. 그가 이 표를 보지 못했다면, 연구자로서 무척이나 게을렀다고 할 수밖에 없습니다. 그러나 '근속기간 분포표'의 위치를 생각해 보면, 그가 이 '근속기간 분포표'를 보지 못했다고 하는 것은 도저히 납득할 수 없는 일입니다.

그는 분명히 이 표를 보았을 것입니다. 다만, 자신의 주장을 뒷받침할 수 없는 자료, 자신의 주장을 오히려 훼손할 수 있는 자료이기에 자신의 저서에서는 공개하지 않았을 것이라고 생각합니다. 이러한 행위는, 연구자로서는 도저히 있을 수 없는, 연구윤리로 볼 때 일종의 사기이며 역사왜곡, 나아가 악의적 선동입니다. 그 결과 한국인들은 '민족적 임금 차별'이라는 또 하나의 왜곡된 역사인식을 갖게 되었고, 반일 종족주의는 그만큼 심화되었습니다. 연구자의 편향된 역사인식이 어떻게 한 나라의 국민 모두를, 그것도 공교육을 통해 체계적으로 또 지속적으로, 심각하게 오도할 수 있는 것인지를 보여주는, 아주 부끄럽고 뼈아픈 사례입니다.

어느 탄광 『임금대장』으로 본 조선인-일본인 임금

최근에 제가 발굴한 중요한 자료를 소개하겠습니다. 사진7-1에서 보시는 것은 일본 나가사키長崎 근처, 당시 일본질소라는 재벌에 속한 에무카에江迎탄광의 1944년 5월 『임금대장賃金臺帳』입니다. 회사내 문서입니다. 이 자료는 석탄을 운반하는 운탄부運炭夫94명, 곧 조선인 51

사진7-1 日本窒素 江迎炭鑛, 『1944년 5월 賃金臺帳』 표지.

명과 일본인 43명에 관한 것입니다. 그 94명의 노동과 보수에 대한 1개월의 기록을 모두 담고 있습니다. 광부 1인당 1장씩 작성되었습니다. 이러한 문서는 지금까지 발견된 적이 없습니다. 지극히 상세한 정보를 담고 있는 귀중한 자료입니다.

10시간 노동의 기본급이 조선인은 평균 1원 72전, 일본인은 1원 70전이었습니다. 조선인이 오히려 약간 높았습니다. 큰 차이는 아닙니다. 그런데 월수입은 조선인 평균이 100원, 일본인은 116원으로 차이가 있었습니다. 일본인의 초과 근로시간이 조선인보다 많았기 때문에 8원의 차이가 생기고, 나머지 7원 가량은 가족수당에서 발생했습니다. 조선인은 대부분 단신으로 기숙사에서 생활했습니다. 가족이 없었습니다. 일본인들은 대부분 가족이 있었습니다. 그 가족들에 대하여 가족수당이 지급되었습니다.

공제금은 조선인이 58원으로 일본인보다 26원 정도 많았습니다. 조선인과 일본인 사이의 가장 큰 차이는 이 공제금이었습니다. 첫째로 삼시 세끼 밥값이 중요했습니다. 조선인은 대부분 기숙사 생활을 했고, 일본인들은 가족과 함께 사택이나 개인주택에서 거주했습니다. 그래서 기숙사에 식대로 지불해야 하는 금액이 일본인보다 13원이나 높았습니다.

공제금에서 두 번째로 중요한 것은 저금이었습니다. 그러나 큰 차이는 아니었습니다. 조선인은 평균 26원, 일본인은 18원을 저축하였습니다. 그동안 연구자들은 이 강제저축으로 조선인들이 일본인들과 달리 큰 피해를 입었다고 주장해 왔습니다. 이는 사실과 다릅니다. 일본 정부는 전쟁을 위해 시중에 풀려나간 다량의 화폐로 인해 인플레가 발생하는 것을 걱정하였습니다. 제2차 세계대전에 참가했던 나라라면 모두 다 마찬가지 문제였습니다.

일본은 저축을 강제하는 방법으로 인플레를 예방하려고 하였습니다. 방법은 다르지만, 다른 참전국들도 모두 마찬가지였습니다. 예를 들어 미국에서는 국민들에게 전쟁채권을 강매하였습니다. 일본에서는 당시에도 '강제저축'이라는 말이 쓰였습니다. 그것은 조선인과 일본인 사이에 차이가 없는 일본 정부의 '국책사업'이었습니다. '강제저축'이 있었지만, 일본인에게 저축을 강요하는 데는 한계가 있었습니다. 동거 가족의 생계에 현금이 필요했기 때문에, 저축할 수 있는 여력에 한계가 있었던 것입니다. 그래서 저축이 조선인보다 적게 되었습니다.

수입액과 공제금에서 조선인과 일본인 사이에는 제법 큰 차이가 있었습니다. 현금으로 인도引渡되는 금액은 조선인 42원, 일본인 84원이었습니다. 일본인은 초과 근로가 많았고 대부분이 가족이 있어서 더 많은 현금이 필요했습니다. 그런데 조선인은 기숙사 식대를 공제한 데다가 저금도 더 많이 했습니다. 이로 인해 인도금액에서 큰 차이가 나타났습니다. 그럼에도 불구하고 조선인은 임금의 4할 이상을 직접 건네받았고, 그 돈으로 소비를 하거나 송금할 수 있었습니다. 조선에 있는 가족들이 송금 받은 돈으로 빚을 갚거나 전답을 샀다는 증언이 많은 것도 이와 같은 사정 때문입니다.

　당시 조선인 탄광부들의 임금은 어느 정도의 수준이었을까요? 조선의 다른 직종이나 일본의 다른 직종에 비교하면 그것이 얼마나 되는지 알 수 있습니다. 표7-1에서 보듯이 그 결과는 놀랍습니다. 우선 1940년을 기준으로 서울의 남자 월급과 비교하면, 탄광부의 평균 임금은 방직공의 5.2배, 교사의 4.6배, 회사원의 3.5배, 은행원의 2.4배였습니다. 일본에 있는 일본인 임금에 비해도 매우 높은 수준이었습니다. 1944년, 조선인 탄광부의 임금은 일본인 대졸 사무직 초임의 2.2배, 순사 초임의 3.7배나 되었습니다.

표7-1 조선인 탄광부와 다른 직종 임금의 비교

연도	비교 직종	월수입(원)	배율
1940	서울 방직(면가공) 남공	14.00	5.2
1940	서울 남자 교원	15.96	4.6
1940	서울 남자 회사원	21.00	3.5
1940	서울 남자 은행원	30.80	2.4
1944	일본 순사 초임	45.00	3.7
1944	일본 사무직 대졸 초임	75.00	2.2

자료: 大內規夫(1945), 『炭鑛における半島人の勞務管理』.

　탄광부의 임금이 높았던 것은 그것이 오늘날의 3D업종에 해당한다는 점, 더욱 중요하게는 전쟁으로 인해 탄광에서 필요로 하는 건장한 청장년층이 극히 부족해졌다는 점, 끝으로 전쟁을 위해서는 석탄 증산이 필수불가결했다는 사실에서 그 이유를 찾을 수 있습니다.

끝으로 전쟁으로 인한 하나의 역사적 아이러니에 대해 이야기해 두고 싶습니다. 조선인이 일본의 탄광에서 일한 것은 1910년대에도 종종 발견되는 모습이었습니다. 1920년대가 되면 그 수가 부쩍 늘어납니다. 이때 조선인의 임금은 일본인의 절반 정도로 보입니다. 이렇게 컸던 차이가 전쟁과 함께 조선인이 일본으로 동원됨과 동시에 크게 감소하였습니다. 전쟁으로 인해 조선인의 임금이 이전보다 훨씬 높은 수준이 되었던 것입니다. "같은 일을 하는데, 조선인이 오히려 더 많이 받는다"거나 "조선인이 일은 못하는데, 임금은 일본인보다 오히려 더 높다"는 불만이 일본인들 속에서 터져 나왔습니다. 위와 같은 배경이 있었기 때문입니다. 이렇게 역사는 단순하지 않습니다. 모순과 역설로 가득찬 것이었고, 우리 조상들의 삶도 그러했습니다.

참고문헌

朴慶植(1965), 『朝鮮人强制連行の記錄』; 박경옥 옮김 (2008), 『조선인 강제연행의 기록』, 고즈윈.
이우연(2016), 「전시기(1937-1945) 일본으로 노무동원된 조선인 탄·광부의 임금과 민족간 격차」, 『경제사학』 61.
정혜경(2013), 『징용 공출 강제연행 강제동원』, 선인.

08. 육군특별지원병,
이들은 누구인가?

정안기

1938년 4월 일본은 세계 식민지 역사상 최초로 조선인 육군특별지원병제를 시행했습니다. 종래 한국 근현대사에서 육군특별지원병제는 조선인의 병력 자원화를 위한 일제의 광범위하고 철저한 강제동원이었고, 지원자의 출신과 동기도 남한의 가난한 농민층에 한정된 호구지책으로 간주했습니다. 하지만 전쟁의 와중에서 육군특별지원병을 지원한다는 것은 한 개인의 입장에선 죽기 아니면 살기의 선택이었습니다. 이런 사생결단을 두고 단순히 강제동원으로 치부하는 것은 역사적 사실을 극히 단순화하거나 왜곡하는 소치에 불과합니다. 과연 육군특별지원병은 자신의 생명과 권리마저 일제에 내맡기는 그렇게 무기력하고 타율적인 존재였을까요.

육군특별지원병제란?

1938년 2월 23일 일본 정부는 조선인의 황민화와 병력 자원화를 목적으로 칙령 제95호 「육군특별지원병령」을 공포했습니다. 특별지원병제는 종래 일본 병역법 적용에서 배제되어 왔던 제국신민, 말하자면 조선인과 대만인을 대상으로 병역을 부여하는 일본 최초의 식민지 군사동원이었습니다. 당시 일본은 호적법 적용의 제국신민(일본인)에 한정해서 병역의무를 부여하는 속인주의 원칙을 채용했습니다. 조선인의 지원병역은 본인의 자발적 의지에 따른 병역부담으로 징병제의 의무병역과 명확히 구별되었습니다.

1910년 조선은 한일병합으로 제국일본의 일개 지방으로 편입되었습니다. 그래서 조선인은 일본인에 적용하는 일본 호적법이 아닌 별도의 지역적地域籍 혹은 민족적民族籍 을 갖는 '조선인'으로 규정 받게 되었습니다. 그 때문에 조선인은 일제의 신민이 되었지만 정식의 일본 국민은 아니었고, 참정권과 병역의무도 결여한 2등 국민에 지나지 않았습니다. 육군특별지원병령 제1조는 지원 대상자를 '(일본) 호적법 적용을 받지 않는 연령 17세 이상 제국신민의 남자'로 규정했습니다. 육군특별지원병은 일본 병역법에서 규정하는 만 17세 이상 만 20세 미만의 일본인을 대상으로 지원병역을 부여하는 '육군현역지원병'과 구별되는 '특별한 존재'였습니다.

만 17세 이상, 6년제 보통학교 졸업 이상, 신장 1.6미터 이상의 조선인 남자는 누구나 육군특별지원병 모집에 응모할 수 있었습니다. 하지만 지원자 모두가 육군특별지원병으로 선발되는 것도 아니었습니다. 도지사, 조선총독부, 조선군사령부가 실시하는 신체검사, 학과시험, 면접시험이라는 3차에 걸친 엄격한 선발 전형을 통과해야 했습니다. 제2차 조선총독부 전형을 통과한 합격자는 일본군 입영에 앞서 조선총독부 육군병지원자훈련소를 수료하지 않으면 안 되었습니다. 육군병지원자훈련소 입소 와중에 제3차 조선군사령부 전형을 통과한 합격자는 수료와 동시에 병적을 취득하고 일본군에 입영했습니다.

지원병역을 부담하는 이들의 신분과 복무는 의무병역을 부담하는 일본인 징병자와 무차별했습니다. 그럼에도 일본이 거액의 재정지출을 감수하면서까지 육군특별지원병제를 시행하고자 했던 이유는 무엇이었을까요? 일본은 육군특별지원병제가 조선인의 황민화를 위한 정신적 기반을 확충하는 동시에 아시아에서 일본의 사명을 이해시키고, 천황제 국가 일본에 대한 충성심을 불러일으키는 데 크게 유용할 것이라 기대했기 때문입니다. 바꾸어 말하면, 육군특별지원병제를 통해서 동화주의 식민통치 이데올로기의 제도적 완성을 추구했습니다. 반면, 제도 성립의 또 다른 주체였던 국민협회國民協會, 동민회同民會, 시중회時中會 등의 '조선인 정치세력'은 육군특별지원병제를 징병제 시행과 연계해 조선인의 참정권을 확보하는 정치적 포석으로 삼고자 했습니다. 육군특별지원병제는 조선인 사회의 동의와 협력 없이는 성립할 수 없는 식민지 군사동원이었습니다.

육군특별지원병이란?

그렇다면 육군특별지원병은 어떤 존재였을까요? 육군특별지원병이란 1938~1943년에 걸쳐 시행된 육군특별지원병제에 의해 양성된 식민지 출신의 일본군 병사를 말합니다. 육군특별지원병은 표8-1과 같이 정원 1만 6,500명에 대해서 지원자 80만 3,317명으로 약 49대 1의 치열한 지원자 경쟁률을 기록했습니다. 이러한 성과는 '제대로 된 조선인의 국민됨'을 환기하고 발신發信해서 지원자 동원에 앞장섰던 '조선인 문화 엘리트'들의 적극적인 협력 덕분이기도 했습니다. 육군특별지원병제의 성공에 자기도취한 일본은 1942년 같은 제도를 대만으로까지 확대했습니다. 이어서 1943년 조선과 대만에서 해군특별지원병제와 학도지원병제, 1944년 조선 그리고 1945년 대만에서 징병제 시행을 개시했습니다.

표8-1 육군특별지원병의 선발 전형과 추계 (단위 : 명, 배)

연도	모집인원	지원자	적격자	입소자	입영자	지원배율
1938	400	2,946	1,381	406	395	7.4
1939	600	12,348	6,247	613	591	20.6
1940	3,000	84,443	33,392	3,060	3,012	28.1
1941	3,000	144,745	44,884	3,277	3,211	48.2
1942	4,500	254,273	69,761	5,017	4,917	56.5
1943	5,000	304,562	69,227	5,330	5,223	60.9
합계	16,500	803,317	224,892	17,703	17,350	48.7

자료: 정안기(2018 A).

이들 지원자의 대부분은 '보통 이상의 생계를 영위'하는 중농층 가계의 차남 이하였습니다. 중농층은 전근대 양반 출신의 상류층과 달리 출세 지향성이 강한 상민常民 출신이었고, 가계 경제력 확충과 자식들의 근대교육에도 보다 힘써 왔던 역동적인 조선인 계층이었습니다. 이들 지원자의 약 72%는 남한 출신의 강건한 청년들이었습니다. 이들이 육군특별지원병을 지원했던 것은 시대착오적인 반상班常의 신분 차별 등 전근대 이래 남한지역 향촌 사회에 내재한 특별한 모순 때문이었습니다. 육군특별지원병은 이들에게 향촌 사회의 신분 차별로부터 탈출이자 입신출세의 지름길이었습니다. 그래서 이들은 혈서 지원과 함께 수년에 걸친 재수 지원도 마다하지 않았습니다.

제2차 조선총독부 전형을 통과한 지원자는 이른바 '황국신민의 도장道場'으로 불리던 조선총독부 육군병지원자훈련소에 입소했습니다. 이들의 생활은 오전 6시부터 오후 10시까지 학과 교육, 정신교육, 내무생활로 짜인 촘촘한 그물망이었습니다. 육군병지원자훈련소는 몸과 마음으로 충군애국을 실천하는 병영 생활의 복사판이자, 비국민을 국민으로 포섭·개조하는 '국민 만들기의 공장'이었습니다. 여기서 이들은 근대사회에 적응하는 시간, 신체, 언어의 엄격한 규율화와 함께 이른바 '군대적 평등성'을 자기화했습니다. 개성, 인격, 자의식을 부정하는 군대적 평등성과 불편부당不偏不黨의 능력주의를 실천하는 육군병지원자훈련소를 거치면서 '정강精剛한 제국

사진8-1 조선지원병 자료 『사진주보』 제22호. 1938.7.13.

의 첨병'으로 훈육·단련되었습니다.

1939년 5월 조선군 제20사단 소속 육군특별지원병 제1기생은 중일전쟁에 참전했습니다. 이들의 전과는 당초 식민권력과 '조선인 정치세력'의 기대를 크게 넘어섰습니다. 1943~1945년 이들은 아시아태평양전쟁에도 동원되었습니다. 조선군 제20사단 소속의 육군 특별지원병은 부산항으로부터 약 6,000킬로미터나 떨어진 머나먼 뉴기니에 파병되었습니다.

뉴기니는 일본군 병사의 약 95%가 전사했던 '지옥의 전장'이었습니다. 육군특별지원병은 일본군 병사와 함께 인간의 접근을 불허하는 열대밀림, 해발 3,000~4,000미터의 고산지대, 광활한 습지대를 누비며 분투했습니다. 이들은 보급마저 끊겨버린 극한의 전장 환경과 생물학적 한계를 돌파하는 생존투쟁의 와중에서 전문적인 군사지식과 풍부한 실전경험을 쌓았습니다.

해방 이후 이들은 군사영어학교 등의 군사학교를 거쳐 한국군 장교로 변신했습니다. 일본 육군사관학교 출신으로 육군참모총장을 역임했던 장창국張昌國 장군의 증언과 같이 이들은 '명령에 대한 절대적 복종, 임무 완수의 강한 책임감과 충성심'으로 무장한 '제대로 된 상무尙武집단'이었습니다. 6·25전쟁기 이들은 최일선 부대장으로 화력과 병력의 열세에도 불구하고 국제 공산세력의 남침기도를 저지·분쇄하는 데 발군의 역량을 발휘했습니다. 전쟁의 전체적인 흐름마저 바꾸어 놓은 영웅들이었습니다. 대표적인 인물은 춘천대첩의 임부택林富澤 장군, 이화령의 불사신 함병선咸炳善 장군, 낙동강 전선 기계·안강전투의 송요찬宋堯讚 장군이었습니다.

육군특별지원병 군사 경력자들의 용전분투는 한강 방어선과 낙동강 방어선 구축, 그리고 유엔군의 참전을 위한 절체절명의 시공간을 확보하는 데 결정적으로 기여했습니다.

제국의 첨병, 조국의 간성

이들은 20세기 '전쟁의 시대'에 태어나 일본군에 투신했습니다. 이들은 태어나면서부터 일본 신민이었고, 그것도 참정권과 병역의

무를 결여한 2등 국민에 지나지 않았습니다. 이들은 '망국노亡國奴'라는 편견과 차별, 고난과 역경을 극복하면서 지식과 기술, 근면성과 책임감을 체득한 근대인으로 성장했습니다. 이들은 1948년 새로운 조국 대한민국을 건립하고 6·25전쟁기 국제 공산세력으로부터 그의 조국을 지킴으로써 오늘날 대한민국 성취의 기초를 닦은 공로자들이었습니다.

이들은 반일 종족주의가 상투적으로 매도하는 '반민족행위자'였는지 모릅니다. 하지만 이들은 1950년대 '자유인의 공화국' 대한민국의 자유와 인권을 수호하는 데 헌신한 애국자들이었습니다. 말하자면, 육군특별지원병은 식민지기 일본에 충성하는 '제국의 첨병'이었지만, 1945년 이후에는 또 다른 조국 대한민국에 진충보국盡忠報國하는 '조국의 간성干城'이었습니다. 육군특별지원병은 자신의 생명과 권리마저 일본에 내맡기는 무기력하고 타율적인 '반민족행위자'만은 아니었습니다.

참고문헌

정안기(2018 a), 「전시기 육군특별지원병제의 추계와 분석」, 『정신문화연구』 41(2).
정안기(2018 b), 「1930년대 육군특별지원병제의 성립사 연구」, 『한일관계사연구』 61.
정안기(2018 c), 「한국전쟁기 육군특별지원병의 군사적 역량」, 『군사연구』 146.

09. 학도지원병,
기억과 망각의 정치사

정안기

학도지원병제란?

1944년 1월 20일 조선인 학도지원병 3,050명은 특별지원의 형식
으로 일본군에 입영했습니다. 해방 이후 학도지원병 출신자들은 자신
들을 '민족의 십자가를 걸머진 젊은 지식인'이었다고 주장했습니다.
재일교포 출신의 한국 근대사 연구자 강덕상姜德相은 학도지원병을 '지
원을 가장한 강제동원'으로 규정했습니다. 2018년 1월 대한민국 행정
안전부는 「일제의 조선인 학도지원병 제도 및 동원부대 실태 조사 보
고서」(이하, 행안부 보고서)를 발표했습니다. 행안부 보고서는 일본군을
탈영해서 광복군에 투신했던 학도지원병을 독립유공자로 서훈·현창
하는 한편, 이들의 학도지원을 독립운동으로 격상시켜야 한다고까지
주장했습니다. 과연 학도지원이 일제의 기만에 찬 강제동원이었고, 민

족의식으로 충만한 독립운동이었을까요?

1943년 10월 20일 일본 육군성은 전문학교와 대학의 법문계法文系에 재학 중인 조선인 학도를 대상으로 학도지원병을 모집하는 「1943년도 육군특별지원병 임시채용 규칙」을 공포했습니다. 1943년 8월 조선인 징병령이 정식으로 공포된 상황에서 학도지원은 일본인의 학도출진과 동일한 국민의무의 이행으로 간주되었습니다. 조선총독부는 1943년 10월 25일부터 11월 20일까지 지원자 접수와 12월 11일부터 20일까지 적성검사를 거쳐 입영학도를 선발했습니다. 학도지원병 합격자는 1943년 12월 예비 군무교육을 거쳐 1944년 1월 20일 일본군에 입영했습니다.

학도지원병제의 성립은 일본인 학도출진과 달리 조선인을 대상으로 한 징병제가 실시되기 이전이었기 때문에 법제적 강제성을 결여했습니다. 그래서 조선인 학도지원병은 '특별지원'의 형식을 빌려야 했습니다. 일본 정부의 입장에서 조선인의 학도지원은 동일한 제국신민에 대한 국민의무의 차별 또는 역차별을 해소하기 위한 고육지책이기도 했습니다.

학도지원의 총수와 실태

종래 강덕상의 연구와 행안부 보고서는 학도지원 적격자 6,203명 가운데 4,385명이 일본군에 입대했다고 주장했습니다. 이는 학도지원의 실태와 선발 과정을 전체적으로 살피지 못한 문제점을 안고 있습니다. 1944년 일본 정부의 자료에 따르면, 학도지원 적격자는 모두 6,101명이었습니다. 그 가운데 4,610명이 지원을 하고, 1,491명이 지원을 회피하였습니다. 그리고 지원한 사람 가운데 실제 적성검사를 받은 사람은 4,217명, 91%였습니다. 그리고 적성검사를 받은 사람으로서 합격자는 3,117명이었습니다. 그 가운데 정식 입영자는 질병 및 기타 사유 67명을 제외한 3,050명이었습니다.

이 같은 학도지원의 실태는 그것이 종래 알려진 것처럼 무조건 강제된 것이 아니었음을 이야기하고 있습니다. 적격자로서 지원을 하지 않은 사람도 24%나 되었고, 지원을 하고서도 적성검사를 회피한 사람도 있었고, 적성검사에 불합격한 사람도 많았습니다. 실제로 경성제국대학생으로서 학도지원을 했다가 적성검사를 거부한 서명원은 "1차 신체검사를 한 뒤 2차에 빠졌기 때문에 마감일을 넘길 수 있었다. 마감일을 넘기고 징용을 가면 그만이었다"고 회고하였습니다. 당시는 전시기였으며, 젊은이들은 군대에 가든 공장에 가든 강요받은 분위기였습니다. 서명원은 어느 쪽이든 선택은 자기의 몫이었음을 회고하였던 것입니다. 다시 말해 학도지원병제는 단순히 '지원을 가장한 동원'으로만 단정하기 힘든, 지원자들의 분별력 있는 판단과 욕망이 개재된 복잡한 과정이었습니다.

천재일우의 기회

학도지원병은 입영 이후 간부후보생을 자원해 일본군 초급장교로 입신할 수 있는 특혜가 주어졌습니다. 당시 조선인 청년들에게 일본군 장교가 된다는 것은 하늘의 별과 같은 선망의 대상이었습니다. 학도지원은 군인으로 변신해서 경제적 안정과 사회적 지위를 보장받는 입신출세의 지름길이었습니다. 그래서 당시 세간에서는 학도지원을 '천재일우의 기회'라고도 했습니다. 간부후보생에 채용되면, 이들은 6개월의 집체교육을 거쳐 갑종(장교)과 을종(하사관)으로 구분되었습니다. 이 가운데 갑종 간부후보생은 재차 육군예비사관학교의 6개월 집체교육과 견습사관 생활을 거쳐 예비역 육군 소위로 임관했습니다.

학도지원병의 간부후보생 지원은 입영학도 3,050명 중 1,869명으로 61.3%의 지원율을 기록했습니다. 간부후보생 합격자는 갑종 403명과 을종 460명으로 합계 863명이었고, 합격률은 46.2%였습니다. 이들 합격자는 간부후보생 교육기간에 걸쳐 높은 전사율을 기록했던 남방전선 파병도 유보되었습니다. 간부후보생 합격자의 집체교육은 한여름의 찌는 듯한 무더위 속에서 실시되었습니다. 그럼에도 이들은 방독 마스크를 착용한 10킬로미터 무장구보를 완주하는 정신력을 발휘했습니다.

둔갑하는 학도지원병

다음은 행안부 보고서에서 광복군 혹은 독립투사로까지 둔갑하는 학도지원병의 탈영에 관해서입니다. 이들의 탈영은 '광역한 분산배치'를 특징으로 하는 중국 관내에 주둔하는 일본군에서 집중적으로 발생했습니다. 총탈영 인원은 197명이었고, 입영학도 3,050명의 약 6.5%에 달했습니다. 탈영자의 대부분은 엄격한 내무반 생활, 격렬한 군사훈련, 빈번한 토벌작전에 시달렸던 이등병과 일등병 계급이었습니다.

이들의 성공적인 탈영은 점령지가 점선으로 이어진 중국이었기에 가능한 일이었습니다. 조선이나 일본이었다면 상상하기 어려운 일이었습니다. 탈영 원인은 가혹한 사적 제재가 횡행하는 병영 생활의 부적응, 간부후보생 탈락의 비관, 참전에 따른 죽음의 공포 때문이었습니다. 학도지원병 탈영자의 정신세계는 충만한 민족의식이 아니라 적나라한 생존본능으로 채워져 있었습니다.

1920년 전후 출생의 학도지원병은 당시 2500만 명의 조선인 가운데서도 최고의 고등교육을 받은 행운아들이었습니다. 이들은 1960~1980년대 한국의 정치, 경제, 사회, 문화, 종교 등 각계각층에서 유력 지도층을 형성했습니다. 언론인 겸 정치인 장준하張俊河를 위시하여 고려대 총장 김준엽金俊燁, 국무총리 강영훈姜英勳, 야당 정치인 이철승李哲承, 한국인 최초의 추기경 김수환金壽煥, 육군참모총장 장도영張都暎, 방송작가 한운사韓雲史 등 이들의 명부는 대한민국 인명사전을 방불케 합니다.

기억과 망각의 정치

해방 이후 학도지원병 출신자들은 학도지원을 공통분모로 1·20 동지회를 결성하였습니다. 그들은 그들이 대한민국의 발전을 주도했다는 자긍심으로 가득한 이른바 '1·20사관'을 가공해냈습니다. 이들의 회고록은 학도지원에 깔린 입신출세의 명예욕, 보다 평안한 군대 생활, 목숨부지의 적나라한 욕망을 은폐했습니다. 이들은 오로지 일본을 '공공의 적'으로 삼은 민족투사의 면모만을 강조하는 터무니없는 기억을 생산하고 널리 유포하였습니다.

이들 학도지원병은 일제의 기만과 선동에 넘어간 바보천치도 아니었지만, "쇠사슬에 묶여 일본군에 끌려갔다"는 강제동원 피해자 또는 '조국의 광복을 위하여 헌신했던 민족의 투사'는 더욱 아니었습니다. 이들은 태어나면서부터 일본 국민이었고, 유년기부터 근대교육을 받으며 성장한 사실상 첫 세대였습니다. 그 점에서 학도지원병제는 조선인 엘리트의 근대성을 전시총동원체제로 내화하는 제도적 경로였다고 하겠습니다.

당초 그들은 그들의 적나라한 출세 욕망을 일본제국에 대한 충성심으로 포장하였습니다. 그들은 국가의 명령에 대한 복종, 충성, 희생 등 국가주의 정신세계로 얼룩진 충량한 황국신민이었습니다. 조선인 유력자와 자산가층의 출신으로서 이 학도지원병은 친일 엘리트 세대를 대표했습니다.

해방 이후 학도지원병 출신자들이 구현한 기억과 망각의 정치는 하나의 커다란 허위의식이었습니다. 그들은 불과 몇 사람의 학도병에게서 관찰되는 반일 지사로서의 행위를 그들의 집단 지향인양 분식하였습니다. 당초 학도지원 행위에 깔린 입신출세의 욕망은 그것으로 훌륭하게 은폐하였습니다. 그러한 기억과 망각의 정치사는 그들이 지도층으로 군림한 한국인의 집단 심성마저 왜곡했을지 모릅니다. 오늘날 한국인의 역사의식을 구속하는 반일 종족주의는 그들의 위선적 기억에서 그 형성의 단초를 구할 수 있습니다. 2018년 정부가 나서서 그들의 학도지원을 독립운동으로까지 격상해야 한다고 주장한 것은 역사가 정치에 의해 얼마나 심각하게 오염될 수 있는지를 보이는 교과서적 사례라고 하겠습니다.

참고문헌

강덕상 지음, 정다운 옮김(2016), 『일제 강점기말 조선 학도병의 자화상』, 선인.
조 건(2016), 「일제 말기 학병들의 중국지역 일본군 부대 탈출과 항일 투쟁」, 『한국독립운동사연구』 56.
행정안전부 과거사관련업무지원단(2017), 「일제의 조선인 학도지원병 제도 및 동원부대 실태 조사 보고서」.

10. 애당초 청구할 게 별로 없었다

- 청구권 협정의 진실

주익종

청구권 협정에 관한 오해

1965년 한일 청구권請求權 협정에 관해서는 수많은 오해와 이설이 난무합니다. 흔한 비판으로, 박정희 정부가 서둘러 타결 짓느라 청구권의 극히 일부밖에 관철시키지 못 했다고 하면서 굴욕·매국외교였다고 합니다. 35년간 지배당한 우리가 받은 청구권 금액, 무상 3억 달러가 불과 3~5년 점령당했을 뿐인 동남아 나라들에 비해 너무 적다고도 하지요. 필리핀은 일본으로부터 5억 5000만 달러를, 인도네시아는 2억 2300만 달러를 받았으므로 단순 비교하면 그럴 듯한 이야기입니다. 심지어 한국 대법원은 최근 일본에 대한 개인 청구권이 소멸되지 않았으므로 새로 배상하라는 판결도 내렸습니다. 한마디로 정리한다면, 일본이 제대로 배상·보상을 하지 않았고, 그래서 한국은 더 청구할 게 있다는 인식입니다. 아마도 현재 대다수 한국인의 생각이 그럴 것입니다.

그러나 이는 틀렸습니다. 애당초 한국 측이 청구할 게 별로 없었습니다. 그리고 한일협정으로 일체의 청구권이 완전히 정리되었습니다. 이게 팩트입니다.

청구권 협정은 한일 간 상호 재산, 채권채무의 조정

우선, 한국이 일본에 청구할 게 별로 없었다는 것을 살펴보겠습니다. 과거 청구권 교섭 때, 한국이 식민지 피해에 대한 배상을 주장할 수 있었다면, 큰 금액을 청구할 수도 있었을 것입니다. 예를 들어 3·1운동 때 제암리교회 방화사건으로 많은 한국인이 죽었습니다. 일제 말 조선어학회사건으로 한글학자들이 부당하게 구속·고문을 받았습니다. 쌀을 강제로 공출 당하기도 했고, 징용령과 징병령이 발동되기도 했습니다. 이렇게 식민지배 아래서의 부당한 피해는 한두 가지가 아닙니다. 그에 대해 배상을 받는다면 막대한 금액이 될 것입니다. 그러나 국제법, 국제 관계에 식민지배 피해에 대한 배상 같은 건 없었습니다. 한국이 배상 받으려고 해도 그렇게 할 수 없었습니다.

그렇게 된 것은 태평양전쟁의 전후처리 조약, 즉 1951년 9월 체결된 연합국과 일본 간 평화조약, 샌프란시스코조약 때문입니다.

아래 표에서 보는 것처럼, 이 조약의 제4조에는 한일 양국 간 재산 및 청구권을 특별조정한다고 했습니다. 아울러 미군정이 한국내 일본인 재산을 몰수한 것을 승인한다고도 했습니다. 제14조에서는 연합국이 일본에 대한 전승배상금을 포기한다고 했습니다.

표10-1 샌프란시스코 강화조약 한국 관계 조항

제2조	(a): 일본은 한반도 독립을 승인하고 모든 권리를 포기
제4조	(a): 양국 간의 재산 및 청구권을 특별조정(special arrangement)함 (b): 재한 일본인 재산에 대해 미국이 취한 조치의 승인 　※ 1945.09.25. 군정령 2호 재한 일본인 재산 동결 　　 1945.12.06. 군정령 33호 미군정이 취득 　　 1948.09.11. 한미재정협정으로 한국 정부에 이양
제14조	(a): 각 나라에 있는 일본인 재산 몰수(일부 예외) 및 연합국이 희망할 경우는 　　 일본 생산물과 용역으로 인한 추가 배상 협상 권리 부여 (b): 연합국은 연합국과 연합국 국민의 기타 청구권을 포기함

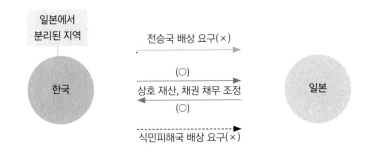

그림10-1 한일 간 청구권 특별 조정

그림10-1에서 보는 것처럼, 이 평화조약에서 한국은 일본에 대한 전승국도 아니고 일본의 식민지 피해국도 아니었습니다. 단지 '일본에서 분리된 지역'이었습니다. 이게 아주 중요합니다. 이 한국의 국제법적 지위가 청구권 교섭의 틀을 결정했습니다. 전승국이나 식민지 피해국이라면 일방적 배상을 요구할 수 있었을 겁니다. 그러나 한국은 과거에 일본의 일부였다가 이제 일본에서 분리되었으므로 양국 국가와 국민 간에 재산 및 청구권을 상호 정리하게 되었습니다. 한국과 일본은 상호 간에 민사상 재산의 반환, 채권의 상환을 처리하라는 게 샌프란시스코조약에서 말한 '특별조정'의 뜻입니다. 한국만 청구권을 가진 게 아니라 일본에도 청구권이 있었습니다.

이승만 정부도 이러한 흐름을 알았기에 1949년 봄과 가을에 「대일배상요구조서」를 작성하면서 피해 배상이 아니라 재산 반환에 대한 청구를 계획했습니다. 그리고 1951년 가을 이승만 정부는 한일회담을 앞두고 그를 대일 8개항 요구로 정리했습니다.

표10-2의 8개항 중 1번은 한국에서 가져간 고서적, 미술품, 골동품, 기타 국보, 지도원판, 지금地金·지은地銀의 반환이라는 겁니다. 여기서 지금·지은이란 한국 내에서 채굴되어 정련된 금과 은 덩어리로서 일본에 반출된 것을 말합니다. 그걸 반환하라고 요구한 겁니다.

4번을 보면 1945년 8월 9일 현재 한국에 본사 또는 주된 사무소가 있는 법인의 재일재산의 반환으로 되어 있습니다. 8월 9일은 일본이 항복하기로 내부적으로 결정한 날인데요. 그날 기준으로 해서 한국에 본사나 주된 사무소가 있는 회사가 일본에 갖고 있던 재산을 반환하라는 것입니다.

표10-2 **한국 측 대일 8개항 요구**

1	한국에서 가져간 고서적, 미술품, 골동품, 기타 국보, 지도원판, 지금 지은의 반환
2	1945년 8월 9일 현재 일본 정부의 대조선총독부 채무의 변제
3	1945년 8월 9일 이후 한국에서 이체 또는 송금된 금원(金員) 반환
4	1945년 8월 9일 현재 한국에 본사 또는 주된 사무소가 있는 법인의 재일 재산의 반환
5	한국법인 또는 한국 자연인의 일본국 또는 일본 국민에 대한 일본국채 공채, 일본은 행권, 피징용 한국인 미수금 기타 청구권 변제
6	한국법인 또는 한국 자연인 소유의 일본법인의 주식 또는 기타 증권을 법적으로 인정할 것
7	전기 제 재산 또는 청구권에서 생긴 제 과실 반환
8	전기 반환 또는 결제는 협정 성립 후 즉시 개시하여 늦어도 6개월 이내에 종료할 것

5번은 한국법인 또는 한국 자연인의 일본국 또는 일본 국민에 대한 일본국채·공채, 일본은행권, 피징용 한국인의 미수금 기타 청구권을 변제하라는 것입니다. 즉, 한국에 있는 법인이나 한국인 개인이 갖고 있는 상기 재산을 반환하라는 것입니다.

얼핏 보면 한국이 받을 게 꽤 많아 보이죠? 이 8개항 요구의 성격에 관한 한국 측 설명부터 보겠습니다. 한일회담 청구권위원회 첫 회의에서 한국 측 대표 임송본林松本은 다음과 같이 설명했습니다.

대한민국은 36년간 일본의 점령에서 발생하는 불쾌한 과거의 기억에 의하여 촉구되는 모든 청구권의 충족을 일본에 대해서 요구하는 의도는 없으며, 단지 한국에 합법적으로 속하며 그리고 장래의 한국의 생존을 위하여 충족되어야 하는 재산에 대해서만 그 청구권을 요구하는 것이다.

즉, 한국은 식민지배 기간 입은 피해에 대한 배상이 아니라 본래 한국 측 재산의 반환을 청구한다는 입장이었습니다.

그러자 일본은 재한 일본인 재산에 대한 역청구권을 제기했습니다. 헤이그육전법규(1899, 1907)라는 국제법이 있어서, 교전 당사국 간에도 사유재산의 몰수를 금하고 있었습니다. 미국, 일본이 태평양전쟁을 벌일 때에도 미국이 미국 내 일본인의 재산을 몰수해서는 안 된다는 겁니다. 하지만 미국은 1942년 행정명령으로 미국 내 일본계 주민(미 국적자 + 일본 국적자) 12만 명을 강제수용소로 보내 3년 넘게 노동을 시키면서 사실상 사유재산을 몰수한 일이 있습니다. 종전 후 1945년 말 남한에서도 미군정이 일본인 재산을 몰수했습니다. 일본이 한반도에 남기고 간 재산은 1946년 가격으로 52억 달러를 넘어서 한반도 총 재산의 85%에 달했고, 그중 22억 달러는 남한에 있었습니다. 거기에는 민간인 재산도 상당했습니다. 이 재산을 1948년에 한국 정부가 넘겨받았지요. 그를 반환하라는 게 일본의 요구였습니다. 일본은 한국의 대일 청구권과 일본의 재한 재산 청구권을 서로 '특별조정'하자고 요구했습니다. 만약 일본의 역청구권이 인정된다면, 그리고 일본 측 청구권 금액이 한국 측 청구권 금액보다 더 크다면, 오히려 한국이 돈을 지급해야 했습니다.

청구권 교섭 - 무상 3억 달러로 타결된 경위

일본의 역청구권 주장 때문에 회담은 교착상태에 빠졌습니다. 한국 측에선 절대로 수용할 수 없는 요구였지만, 일본 측에선 샌프란시스코 조약의 조항대로 한 겁니다. 양국의 요청에 미국이 중재 의견을 냈습니다.

표10-3 **일본의 역청구권에 대한 미국 측 중재 의견**

국무장관 애치슨의 답신(1952년 4월 29일자)
"미군 정부가 취한 관련 조치와 평화조약 4조(b)항으로 인해 한국 내 일본인 재산은 몰수된 것이며 따라서 일본은 그 재산들에 대해서 아무런 권한도, 요구도 할 수 없으나, 그러한 처분은 평화조약 제4조(a)항이 규정한 양국 간의 특별조정과는 관련이 있다(relevant)."

미합중국의 입장 표명의 재 제출(1957년 12월 31일자)
"한국에 대해 재한 일본인 재산의 완전한 지배 권한을 부여한 것이 취득 조항과 이양 협정의 취지이다.
재한 일본인 재산의 취득으로 인해 한국의 대일청구권은 어느 정도 충족되었기에, 평화조약 작성자는 그와 같은 문제를 당사자 간의 조정에 맡기도록 했다.
평화조약 4조(a)에서 규정된 '특별조정'이라 함은 재한 일본인 재산이 취득되었다는 것이 고려된다는 것을 생각한 것이며, 한일 간의 특별조정은 한국의 대일청구권이 재한 일본인 재산의 인도로 어느 정도 소멸 또는 충족되었는가를 결정하는 과제를 동반한다."

첫 번째 자료는 1952년 4월 29일자 국무장관 애치슨의 답신입니다. 그를 보면, 한국 내 일본인 재산은 몰수된 것이며 따라서 일본은 그 재산들에 대해서 아무런 권한 주장도 요구도 할 수 없다고 되어 있습니다. 역청구권은 없다는 겁니다. 그런데 이렇게 몰수된 처분은 평화조약 제4조(a)항이 규정한 양국 간의 특별조정과는 관련이 있다고 했습니다. 이 관련이 있다는 말이 무슨 뜻일까요?

이것이 좀 더 명확하게 표현된 게 1957년 12월 31일자 미국 측 답신입니다. 그걸 보면, 재한 일본인 재산의 취득으로 인해 한국의 대일청구권은 어느 정도(to some degree) 충족되었다고 했습니다. 과연 어느 정도 충족된 것인지는 한국과 일본 양측이 논의해서 결정하라는 게 미국 측 권고였습니다. 정리해 보면, 미국의 의견은 일본이 옛 재한 일본인 재산에 대한 반환을 요구할 수는 없고, 다만 그것이 한국에 귀속된 것을 고려해서 양국간 청구권을 '특별조정'하라는 것이었습니다.

이렇게 미국이 중재 의견을 내자 일본은 역청구권 주장을 철회했습니다. 이제 한국 측의 대일 8개항 요구를 검토하는 일이 남았습니다. 한일 양측이 한국의 8개항 요구의 세부 사항을 실제로 토의한 것은 장면張勉 정부 때인 1960년의 제5차 회담부터입니다. 장면 정부 때는 그중 다섯 번째 항까지 설명하다 말았고, 5·16 후 박정희 군사정부 때 다시 양측이 8개항에 관해 토의합니다.

이 박정희 군사정부 때의 6차 회담에서 일본은 한국 측 청구권 주장을 하나하나 반박합니다. 예를 들어 제1항의 금지금 249톤과

은지금 67톤 반환 요구에 대해, 일본 정부는 그것이 일반적인 상업 거래로서 조선은행이 적정가격으로 적법하게 대가를 지불하고 사들였다는 이유로 거부했습니다. 실상 한국 측도 한국의 경제적 기반을 닦는 데 도움이 된다는 의미에서 정치적으로 지금·지은의 반환을 요구한 것이라 인정했습니다.

제3항의 1945년 8월 9일 이후 한국으로부터 일본에 이체, 송금된 금원의 반환 청구에 대해서, 일본 정부는 종전에 즈음해 일본 회사가 본지점 사이에 행한 각종 거래에 대해 한국 정부가 원상회복을 요구할 권리가 없으며, 미군정의 일본인 재산 귀속조치는 한반도에서만 적용되는 것이라고 반박했습니다.

또 제5항 요구 중 피징용 노무자의 미수금에 관해서 일본 정부는 마땅히 지급하겠으나, 한국 측이 요구한 금액(2억 3700만 엔)에는 중복집계(1억 6000만 엔)가 되어 있어 그를 감액해야 한다고 밝혔습니다. 그렇게 되면 노무자 미수금은 7700만 엔 정도가 됩니다. 또 피징용자 보상금과 관련해선, 일본 국민과의 형평상 살아 돌아온 생환자에 대해서 보상하는 것은 불가능하며, 사망자와 부상자에 대해선 당시의 국내법에 따라 보상금을 지불했는데 미지불된 경우는 피징용 미수금에 포함시켜 지불하겠다고 답변했습니다.

이렇게 한국 측 청구권 주장을 하나하나 따져 보니, 박정희 정부의 7억 달러 주장에 대해 일본이 인정하는 금액은 최대 7000만 달러에 불과했습니다. 10:1의 격차가 있었습니다. 애당초 한국은 청구할 게 별로 없었던 겁니다.

그런데 10년을 끈 청구권 협정을 7000만 달러로 타결할 순 없었습니다. 이에 대해선 일본도 동의했습니다. 한일 양국은 과소한 청구권 금액을 경제원조로 벌충하기로 합의했습니다. 그래서 1962년 11월 김종필金鍾泌-오히라大平 회담에서 무상 3억 달러, 유상 2억 달러 방식으로 타결했습니다. 명목상 일본은 경제협력 자금을 주고 한국은 청구권 자금을 받는 것으로 했습니다. 상이한 양측의 입장을 절충한 것이었지요.

이처럼 한일 간 청구권 협정은 민사상 재산권과 채권을 상호 특별 조정하는 교섭이었습니다. 한국 측의 대일 8개항 요구를 검토해 보면, 한국 측이 실제 청구할 게 얼마 안 되었습니다. 한국 측이 약 22억 달러어치의 재한국 일본인 재산을 이미 취득한 점도 고려해야 했습니다.

따라서 박정희 정부가 역대 정부와 달리 굴욕·매국 외교를 한 게 아닙니다. 박정희 정부는 이승만-장면 정부 이래의 요구 사항대로 일본과 교섭했습니다. 청구권 협정은 결국 소액의 순 청구권 자금에 훨씬 더 큰 경제협력 자금을 더하는 식으로 타결될 수밖에 없었습니다. 이는 양국 간 최선의 합의였습니다.

점령기간이 3년에 불과한 필리핀이 5억 5000만 달러를 받았는데 왜 35년 지배당한 한국이 받은 돈이 3억 달러에 불과하냐는 식의 비교도 무지의 소치입니다. 돈의 성격이 다릅니다. 필리핀은 전쟁 배상금을 받은 것이므로 기간이 짧아도 금액이 클 수 있었습니다. 점령기간과 식민지배 기간의 연수를 단순 비교할 일이 아닙니다.

개인 청구권까지 모두 정리되었는데도…

이제, 한일협정으로 일체의 청구권이 완전히 정리되었다는 걸 확인해 보겠습니다. 청구권 협정문 제2조 3항에는 "향후 한일 양국과 그 국민은 어떤 청구권 주장도 할 수 없다"고 명백히 규정되었습니다. 또 한국 정부는 이 협정으로 개인 청구권이 소멸했음을 여러 차례 밝혔습니다.

표10-4 개인 청구권에 대한 한국 정부 설명

한국 이규성 공사와 일본 외무성 조약국 사토 탐사관의 면담
"아측으로서는 이동원-시이나 합의 사항에 의하여 일단 개인관계청구권이 소멸되었다는 것이 확인되었고…"
(1965.4.17. 이규성 수석대표가 외무부장관에게 보낸 전문)

1965년 조약과 협정에 관한 한국 정부의 공식 해설
재산 및 청구권 문제의 해결에 관한 조항으로 소멸되는 우리의 재산 및 청구권의 내용을 보면… 피징용자의 미수금 및 보상금에 관한 청구, 한국인의 대일본 정부 및 일본 국민에 대한 각종 청구 등이 완전 그리고 최종적으로 소멸케 되는 것이다
(『대한민국과 일본국 간의 조약 및 협정 해설』, 대한민국 정부, 1965.7)

1965년 4월 17일 한국 측 이규성李圭星 수석대표가 일본 외무성 담당자와 면담할 때, "아측으로서는 이동원李東元-시이나椎名 합의 사항에 의하여 일단 개인관계청구권이 소멸되었다는 것이 확인되었고…"라고 일본 측에 말했습니다.

또 1965년 7월에 한국 정부가 대한민국과 일본국 간의 조약 및

협정에 관한 해설서를 냈습니다. 그 책에는, 재산 및 청구권 문제의 해결에 관한 조항으로 소멸되는 우리의 재산 및 청구권의 내용을 보면, 피징용자의 미수금 및 보상금에 관한 청구, 한국인의 대일본 정부 및 일본 국민에 대한 각종 청구 등이 완전 그리고 최종적으로 소멸케 되는 것이라고 해 놓았습니다.

그럼에도 최근 한국 대법원은 완전한 청구권 정리 합의에 위배되게, 일본 기업이 그 징용 노무자의 정신적 피해에 대해 위자료를 지급하라고 판결했습니다. 청구권 협정이 재산상 채권 채무관계만을 다루었고 '손해와 고통'에 따른 청구권 문제는 다루지 않았기 때문에 이 개인 청구권이 살아 있다고 했습니다.

과연 대법원 판결문대로 청구권 협정에서 한국인 노무자의 '손해와 고통'은 다루지 않았을까요. 그렇지 않습니다. 대법원의 판단과 달리 청구권 협정에서는 징용 노무자의 정신적 피해 문제가 다루어졌습니다. 장면 정부 때인 제5차 회담에서 한국 측은 "일본이 다른 나라 국민을 강제로 징용하고 정신적·육체적으로 고통을 준 데 대하여 상당한 보상을 하라"고 요구한 바 있습니다. 즉, 부상자나 사망자가 아닌 생존귀환자에 대한 보상 요구였습니다. 이에 대해 일본 측은 일본 정부가 징용 후 살아 돌아온 일본인에 대해 보상을 하지는 않았다면서, 당시 한국인은 일본의 국민이었으므로 마찬가지로 생존자에 대해서는 보상할 수 없다고 거부했습니다. 박정희 군사정부 역시 생환자 1인당 200달러의 보상금을 요구했지만, 일본은 같은 이유로 그를 거부했습니다. 즉, 징용 노무자의 정신적 피해 보상 문제가 청구권 회담 때 논의되었으나 반영되지 못한 채 협정이 맺어졌습니다.

이렇게 말하면, 징용 노무자의 정신적 피해 문제를 정식으로 거론한 게 아니다, 지나가는 식으로 슬쩍 이야기를 꺼냈다가 일본이 반발하자 접은 거라고 하는 이도 있겠습니다. 그래서 청구권 협정에서 제대로 다루지 않은 노무자의 정신적 피해 문제를 새로 제기할 수 있다는 게 바로 한국 대법원의 입장입니다.

하지만 한국은 일본과 국교를 정상화하면서 그 한 선결 문제로서 청구권 문제를 다룬 것이고, 그때 식민지배 피해에 대한 배상·보상이 아니라 한국 측 재산의 반환을 요구하기로 스스로 결정했습니다. 징용 노무자의 정신적 피해는 당초부터 청구하지 않기로 한 것입니다. 그런 원칙에서 13년간 교섭해서 협정을 맺었고 그를 국회에서 비준 동의했으며, 또 이를 역대 한국 정부가 다 준수해 왔습니다.

2012년과 2018년 한국의 사법부는 이걸 뒤집었습니다. 오랜 시간을 들여 양국 정부가 합의하고 국민이 동의했으며 그 후 수십 년간 준수해 온 것을 사법부의 몇몇 판사들이 뒤집는 게 정당할까요? 한국 사법부의 이런 행동을 '사법 적극주의'라 부릅니다만, 국제적으로는 사법부가 외교 문제에 있어서는 이와 같은 일은 하지 않아야 한다는 '사법 자제의 원칙'이 널리 통용되고 있습니다.

결론입니다. 식민지배에 대한 피해 배상·보상이 아니고는 한국이 애당초 일본에 청구할 게 별로 없었고, 그를 확인하는 선에서 1965년 청구권 협정이 체결되었습니다. 이는 한일 간 최선의 합의였습니다. 한일협정을 폐기하지 않는 한, 한국이 무언가 못 받은 게 있으므로 일본은 더 내놓아야 한다고 주장할 수 없습니다. 한국인은 1965년 청구권 협정으로 일본과의 과거사가 매듭지어졌음을, 과거사가 청산되었음을 인정해야 합니다. 이게 글로벌 스탠더드입니다.

참고문헌

이원덕(1996), 『한일과거사 처리의 원점 - 일본의 전후처리 외교와 한일회담』, 서울대출판부.
이근관(2013), 「한일청구권협정상 강제징용 배상청구권 처리에 대한 국제법적 검토」, 『서울대학교 법학』 54(3).
장박진(2014), 『미완의 청산 – 한일회담 청구권 교섭의 세부 과정』, 역사공간.
주진열(2018), 「1965년 한일청구권협정과 개인청구권 사건의 국제법 쟁점에 대한 고찰」, 『서울국제법연구』 25.

11. 후안무치하고 어리석은
한일회담 결사반대

주익종

  1964년 봄 야당 정치인 윤보선尹潽善(민정당)과 박순천朴順天(민주당) 등은 대학생들과 더불어 박정희 정부의 한일회담 추진을 결사반대 했습니다. 한일회담이 굴욕매국 외교라는 이유에서였습니다. 대학 생들이야 잘 몰라서 그랬다고 할 수도 있지만, 과거 민주당 정권 출신 야당 인사들이 한일 국교 정상화를 굴욕매국 외교라고 매도한 것은 후안무치한 일이었습니다.

  제가 이렇게 강한 표현을 쓰는 것은 이 야당 인사들 역시 자신들 이 정권을 잡고 있던 때에는 똑같이 한일 국교 정상화를 추진했기 때문입니다.

장면 정부의 청구권 교섭

반일 기조가 강한 이승만 정권이 무너진 후 민주당 정권이 세워지니 한일 관계는 급속히 화해 국면으로 전환되었습니다. 민주당 정권의 첫 외무장관 정일형鄭一亨은 8월 24일 신외교 방침의 하나로, 하루 속히 대일외교를 정상화하겠다고 밝혔습니다. 일본도 발 빠르게 움직였습니다. 9월 6일 일본 고사카 젠타로小坂善太郎 외상이 내한했습니다. 건국 후 처음 있는 일본의 공식 사절단이었습니다.

이어서 10월부터 제5차 한일회담이 열려서 이후 7개월 간 회담이 진행되었습니다. 청구권, 어업, 재일 한국인의 법적 지위 등 분과별로 실무 레벨의 회담도 진행됐습니다. 이중 청구권위원회는 과거와 달리 33회의 회의에서 실질적 토의에 들어갔습니다. 회담에서 일본은 한국 측에 재한 일본인 재산 취득을 고려해서 청구권을 조정해 달라고 했습니다.

그림11-1 장면 정부의 청구권 회담

앞에서 소개했습니다만, 옛 일본인 재산의 취득으로 한국의 청구권이 어느 정도 충족되었다는 미국 측 중재 의견이 있었습니다.

일본의 주장에 따르면, 한국의 청구권 금액이 대폭 줄어듭니다. 그림11-1의 왼편을 보면 한국이 8개항 청구권을 요구했지만, 재한 일본인 재산을 이미 취득했으므로, 양자가 상쇄되어, 한국의 청구권 금액은 제로가 되거나 극히 소액이 될 수밖에 없었습니다.

이에 장면張勉 정권은 그림 오른쪽과 같은 논리로 대응했습니다. "원래 한국은 식민지하 한국인의 고통, 손해에 대한 배상까지 요구하려 했는데, 재한 일본인 재산 취득 사실을 고려해서 8개항만 요구했다"는 겁니다. 오른쪽 원의 회색 부분이 식민지배하 한국인의 고통, 손해에 대한 배상을 가리킵니다. 한국은 재한 일본인 재산을 취득했으므로 초록색 부분인 8개항만 요구한다는 게 장면 정권의 대응 논리였습니다.

이는 8개항 요구를 지키려고 만들어 낸 논리였지만, 실은 엄청난 자충수였습니다. 왜냐하면, 재한 일본인 재산의 취득으로 이미 식민지배에 따른 고통, 손해를 배상받았다는 말이 되기 때문입니다. 일본이 한국의 주장을 받아들였다면, 식민지배 피해를 이미 배상·보상받은 것이 되어서, 8개항 청구권이 하나씩 논파당할 경우 일본에서 받을 금액이 형편없이 쪼그라들 것입니다. 또 추가로 독립축하금이나 경제원조자금을 받기도 어려웠을 것입니다.

또 회담에서는 8개항 중 제5항까지 개별 항목을 검토했는데, 장면 정권은 개별 항목에 대해 일본 측을 납득시킬 만한 근거를 제시하지 못했습니다. 예를 들어 제5항 한국 법인과 개인의 재산 청구권과 관련해서, 한국 측은 피징용 생존자, 부상자, 사망자, 행방불명자, 군인군속 전체에 대한 보상을 요구했습니다. 일본이 다른 나라 국민을 강제로 징용하고 정신적·육체적으로 고통을 준 데 대하여 상당한 보상을 하라는 거였습니다. 이에 대해 일본 측은 징용 당시 한국인은 일본의 국민이었으므로 생존자에 대해서는 보상할 수 없고, 부상자와 사망자 등에 대해선 이미 피해 당시 보상이 이루어졌다고 반박했습니다. 또 한국 측이 피징용 노무자의 미수 급료와 수당으로 2억 5000만 엔을 요구한 데 대해 일본 측이 그 산출 근거를 물었지만, 한국 측은 답변하지 못했습니다.

장면 정권의 한일회담은 재개한 지 7개월 만에 5·16쿠데타로 중단되었습니다만, 설령 쿠데타가 일어나지 않아 회담을 계속했더라도 그 청구권 주장은 일본 측에 하나하나 반박 당했을 겁니다. 그를 이은 박정희 군사정부의 청구권 주장도 일본 측을 납득시키지 못하고 하나하나 반박 당했습니다. 청구권 금액과 관련해서 한일 양국의 입장에는 약 10:1의 격차가 있었습니다. 이에 '청구권 순변제 + 무상 원조'라는 명목으로 형식을 바꾸고 금액을 상호 조정해서 무상 3억 달러라는 합의에 도달했습니다. 5·16이 일어나지 않아 장면 정권이 교섭을 계속했더라도 같은 방식으로 타결했을 겁니다.

1960년대 야당의 한일회담 무조건 반대

박정희 정권은 1963년에는 민정 이양 과정의 혼선과 대통령 선거 때문에 한일회담을 진척시키지 못했습니다. 그해 12월 민정으로 재출범한 박정희 정부는 본격적으로 한일협정 조인을 추진합니다. 이제 야당이 된 과거 장면 정권 인사들은 이때부터 본격적으로 한일협정 반대에 나섭니다. 국회가 구성되고 나니 소수 야당도 강력한 저항과 비판을 할 수 있게 되었습니다.

1964년 3월 6일, 4개 야당이 '대일 저자세 외교 반대 범국민 투쟁위원회'를 결성했고, 9일에는 여기에 사회·종교·문화 단체 대표까지 포함해서 200여 명이 '대일 굴욕외교 반대 범국민 투쟁위원회'를 결성해서 회담반대운동을 조직적으로 전개합니다. 명칭에서 보는 것처럼, 이들은 한일회담에 대해 '굴욕매국외교'라는 프레임을 씌웠습니다. 투쟁위원회 의장은 윤보선이 맡았습니다. 투쟁위원회는 한일회담의 즉시 중지, 일본의 반성, 민족정기 고취를 슬로건으로 내걸고, 그 대안으로 재산청구권 15억 달러와 배상금조 12억 달러 등 도합 청구권 27억 달러, 평화선 40해리 전관수역을 제시했습니다. 일본이 결코 받아들일 수 없는, 자신들도 민주당 정부 때 제기한 바 없는 황당한 요구였습니다. 이 투쟁위원회는 3월 15일부터 회담 저지를 위한 전국 유세에 돌입합니다. 표11-1에서 보는 것처럼, 야당 의원이나 재야인사는 무책임한 발언도 서슴지 않았습니다.

표11-1 **야당 한일회담 반대 연설** - 3월 15일 부산 강연회(경남중 운동장)

연사	주요 발언
김영삼	"대대로 침략자인 일본은 평화선마저 뺏으려 하고 있다."
김도연	"한국은 일본의 경제적 식민지가 된다."
윤보선	"정부는 어업협정에서 12해리 전관수역을 주장하는 것 같지만, 실은 10년 뒤에는 6해리선까지 일본 어선에 어로활동을 허용하는 흥정을 하고 있다."
장준하	"일본 자금으로 한국의 부흥은 불가능하다. 한일협정은 한국을 일본의 시장으로 확보하기 위해서다."

자료: 『동아일보』 1964년 3월 16일.

그리고 3월 24일에는 서울에서 4·19 이후의 첫 대규모 학생 시위가 벌어지고, 각 지방도시에도 파급됩니다.

이에 대해 박정희 대통령이 아래와 같이 3월 26일 특별담화로 이들을 간곡히 설득했습니다. 특별담화의 일부를 소개합니다.

> 나와 정부는 학생에 못지않게 국가와 민족만을 위해 털끝만큼의 사심도 없이 회담에 임하고 있음을 나와 정권의 생명을 걸고 역사 앞에 맹세한다. 회담에 만약 흑막이 있다면, 관련자는 역적으로 처단할 것을 약속한다. 대학생들의 우국충정과 주장을 마음에 새겨 우리의 주장이 관철되도록 노력하라고 대표단에 훈령을 보냈다. (박정희 대통령 3월 26일 특별담화문 중 언급)

그리고 일본에 갔던 김종필金鍾泌을 본국에 소환했습니다. 박 대통령은 3월 30일에는 서울시 소재 11개 대학 학생 대표를 면담해 대일 외교에 관해 학생들과 의견을 주고받기까지 했습니다. 그렇지만 5월부터는 학생 시위가 더 확대되었을 뿐 아니라 박정권 타도를 표방하기 시작했습니다. 서울대생들은 5월 20일 '민족적 민주주의 장례식'을 열어 한일회담은 '민족적 긍지를 배반하고 일본 예속화를 촉진하는 굴욕적 회담'이라 비판했습니다. 이 데모 때 서울대 미학과 학생이던 훗날의 저항시인 김지하金芝河가 박정희 정부를 시체로 조롱하는 조문을 쓰기도 했지요. 6월 3일에는 서울의 학생 시위에 일반 시민까지 가담해서 치안이 마비되는 상태에 이르렀습니다. 결국 박정희 정부는 그날 저녁 서울 일원에 비상계엄을 선포해 군을 투입하고 대학에는 휴교령을 내립니다. 바로 6·3사태입니다.

그 후 한일회담은 1년이나 지연되었습니다. 시간만 끌었을 뿐입니다. 하지만 1965년에도 야당은 또 한일회담 저지에 나섭니다. 5월에 통합 야당 민중당을 만들어서 저지운동을 합니다. 야당의 맹목적 반대에 직면한 박정희 정부는 8월 여당 단독으로 한일협정의 국회 비준을 강행합니다. 이에 야당은 의원직 사퇴로 맞서는데, 특히 윤보선은 끝까지 의원직 사퇴를 고집해서 결국 야당까지 분열시키기에 이릅니다.

5·16이 없었더라면 민주당 정부도 결국 박정희 정부와 같은 방식대로 한일협정을 체결했을 겁니다. 그럼에도 이들은 야당이 되었다고 해서 정부의 외교를 '굴욕매국외교'라 매도하면서 막무가내로 반대했습니다. 사실 1964년에 박정희 정부는 경제개발에 쓸 외

화가 절실히 필요했습니다. 하지만 야당은 자신들의 당리당략만을 위해 반일 감정을 선동 조장하면서 정부의 정상적인 정책 추진을 막았습니다. 그들도 과거 자신들이 집권했을 때에는 역시 한일 국교 정상화를 서두른 바 있습니다. 일례로 장면은 1961년 1월 1일자 『동아일보』와의 회견에서 새해 안으로 한일 국교 정상화가 반드시 이루어질 것이라 강조하며, 무턱대고 일본 정부나 국민과 감정적으로 대립하는 것은 실수라고 말한 바도 있습니다. 요즘 문재인 정부가 보이는 "내로남불– 내가 하면 로맨스, 남이 하면 불륜"과 똑같습니다. 한마디로 후안무치하다는 비난을 받아 마땅합니다.

누가 진짜 굴욕적이었나

한편, 윤보선 등 한일회담 반대자들은 한일협정이 되면 한국이 일본의 지배를 다시 받을 거라고 예언했습니다. 윤보선은 1965년 3월 27일 부산 강연에서 "한일회담은 이 나라를 망하게 하는 정말로 큰 일이다. 한일회담이 되면, 우리는 즉각 일본에 정치적·경제적으로 예속될 것"이라 비판했습니다. 당시 많은 사람들이 한일 국교 정상화 후 일본 공업제품과 기업이 한국을 휩쓸 것이라고 염려했습니다.

그런데 한일회담이 되면 우리가 즉각 일본에 정치적·경제적으로 예속된다니, 이렇게 자신 없고 패배주의적인 태도가 또 어디 있겠습니까? 박정희 대통령은 한일협정 조인 다음날인 6월 23일 특별

담화를 냈습니다. 거기서 박 대통령은 다음과 같이 한일회담 반대
론자들을 논박했습니다.

"오늘의 국제 정세는 우리에게 일본과의 국교 정상화를 강력히 요구한다."
"어제의 원수라도 오늘과 내일을 위해 필요하다면 손을 잡아야 하는 것
이 국리민복國利民福을 도모하는 현명한 의식이다."
"우리의 주체의식이 건전하면 한일 국교 정상화는 좋은 결과를 가져온다."
"일본의 군사적 경제적 침략을 자초한다? 그처럼 자신이 없고 피해의식
과 열등감에 사로잡힌 비굴한 생각이야말로 굴욕적인 자세다."

윤보선과 박정희 두 사람의 말 중 누구 말이 맞았나요? 지금 한
국 경제가 일본에 예속되어 있습니까? 아니면 그동안에라도 예속
되었다가 얼마 전에 해방되었나요?

오랫동안 우리는 대일 무역적자를 경제적 예속의 한 지표로 봤습
니다. 지금도 한국은 일본에 대해 무역적자를 보고 있습니다만, 한
국 경제의 대일 예속을 문제 삼는 사람은 없습니다. 왜인가요. 한국
이 경제발전을 통해 일본과의 격차를 대폭 줄였기 때문이지요. 무
역적자 여부가 중요하다면, 오늘날 중국은 한국에 경제적으로 예속
되어 있다고 해야 할 것입니다.

한국이 일본과 국교 정상화를 한 후 일본이 지급한 무상 3억 달
러가 10년간 연 3000만 달러씩 들어왔습니다만, 미국 원조금액보

다 훨씬 적었습니다. 그보다 더 중요한 것은 한국과 일본 간에 무역 통상과 경제협력이 활발하게 이루어진 것입니다. 당장은 일본의 자본, 기술, 설비, 중간재를 들여와 조립가공한 후 미국에 수출하는 무역이 발달했습니다. 한미일 3각 무역구조라고도 합니다. 그 덕분에 경공업 공산품 수출이 급증했습니다.

그 후 한국은 일본의 설비와 중간재에 의존하는 데 머물지 않고 적극적으로 공업 구조를 고도화해 갔습니다. 즉, 중화학공업화를 추진했습니다. 여기서 일본 정부와 기업의 협력이 크게 도움이 되었습니다. 포항제철이라는 한국 최초의 종합제철소가 세워진 것은 일본의 자금·기술 협력 덕분이었습니다. 당시 일본의 제철업은 세계 최고 수준의 경쟁력을 갖고 있었는데, 포항종합제철소는 일본 기업 기술진의 협력으로 세워졌습니다. 일본 정부는 종합제철업을 통해 한국 경제가 강해지는 게 일본에도 좋다는 인식으로 협조했습니다. 또 현대중공업은 일본 조선소로부터의 기술 학습에서 큰 도움을 받았습니다.

물론 일본이 한국을 도와주었다는 이야기만은 아닙니다. 일본도 한국과의 경제협력으로 플랜트 수출 등 이익을 봤지요. 한마디로 한국 경제와 일본 경제 모두 한일 국교 정상화로 큰 이익을 봤습니다. 한일 국교가 정상화되면 한국은 일본의 정치적·경제적 식민지가 된다는 한일회담 반대론자들의 예언은 어리석은 소견이었을 뿐입니다.

한일회담 반대론자들은 양육강식의 제국주의 시대가 끝났고 선

후진국 협력의 새 시대가 열렸다는 것을 전혀 몰랐습니다. 문 밖에 나가면 사자에게 잡아먹힌다며 안에서 꼼짝도 안한 것과 같습니다. 문 밖에 나가야 일용할 양식을 구할 수 있지요. 문 밖에는 사자만 있는 게 아니라, 곡식과 과일이 자라나고, 소와 말, 양과 염소가 뛰어놀고 있었습니다. 우리가 살려면 문 밖으로 나가야 했습니다. 한일협정으로 우리는 대문을 열어젖혔고, 그 덕분에 오늘날 선진국과 어깨를 나란히 할 수 있게 되었습니다.

참고문헌

이원덕(1996), 『한일과거사 처리의 원점 - 일본의 전후처리 외교와 한일회담』, 서울대출판부.
장박진(2014), 『미완의 청산 – 한일회담 청구권 교섭의 세부 과정』, 역사공간.
양윤세·주익종(2017), 『고도성장 시대를 열다 – 박정희 시대 경제개발사 증언』, 해남.

2부

종족주의의
상징과 환상

12. 백두산
신화의 내막

이영훈

백두산 체험

한국인이면 누구나 동의하듯이 백두산은 민족의 산입니다. 민족의 발상지로서 거룩한 산입니다. 저는 어릴 적부터 백두산을 영산靈山이라고 배웠습니다. 백두산 꼭대기를 영봉靈峯이라고 했습니다. 제가 어릴 때 학교에서 받은 교과서 뒷장에는 "백두산 영봉에 태극기 날리자"라고 적혀 있었습니다. 1991년 저는 백두산에 오른 적이 있습니다. 정상에 올라서자마자 눈앞에 펼쳐진 천지天池에 저는 감동했습니다. 가슴이 심하게 울렁거렸습니다. 청옥 물빛이 너무나 아름다워서만은 아닙니다. 그곳이 민족의 발상지, 거룩한 성소, 신령한 봉우리이기 때문이었습니다.

그런데 바로 그날부터 저는 회의하기 시작했습니다. 백두산을 중국에서는 장백산이라고 부릅니다. 하산하는 길에 장백산 입구에 세워진 안내판을 자세히 읽으니 15세기까지도 화산 활동을 했다는 겁니다. 말하자면 아주 오래 전의 백두산 천지 그곳은 화산의 분화구였습니다. 용암이 벌겋게 끓어오르는 분화구였습니다. "그런 곳에 하늘에서 단군이 내려오셨다니, 그것 이상한데"라는 회의였습니다. 그때부터 저는 무슨 자료를 읽다가 백두산 이야기가 나오면 유심히 메모해 두기 시작했습니다. 그리고선 알게 되었습니다. "아, 백두산이 민족의 영산으로 된 것은 20세기의 일이구나"라고 말입니다. 그 이야기를 지금부터 하겠습니다.

소중화의 상징

조선왕조 1776년의 일입니다. 이조판서와 대제학을 지낸 서명응徐命膺이 백두산에 올랐습니다. 그는 한동안 백두산 정상의 경관에 취해 있다가 다음과 같이 말했습니다. "아직 이 하늘 아래의 큰 연못에 이름이 없는 것은 나로 하여금 이름을 짓게 하고자 함이 아닌가." 그러고선 태일택太一澤이라고 이름을 지었습니다. 태太는 태극을, 일一은 삼라만상은 하나라는 뜻입니다. 서명응은 당대의 최고 성리학자답게 뻥 뚫린 화산의 분화구와 그에 담긴 물을 보고 만물이 태극에서 솟았다는 성리학의 원리를 연상하였습니다.

그보다 조금 앞서 박종朴淙이란 함경도 경성의 어느 선비가 백두산에 올랐습니다. 그리고선 말하기를 "곤륜산 아래로는 비록 중국의 산이라도 백두산에 미치지 못한다. 이로써 백두산이 곤륜산의 적장자가 되고 중국의 오악은 단지 그 서자가 될 뿐이다"라고 했습니다. 박종에게 백두산은 천하의 으뜸인 곤륜산의 적장자였습니다. 그의 백두산 인식은 조선은 소중화小中華라는 역사의식과 궤를 같이합니다. 3000년 전 중국에서 건너온 기자箕子가 동방의 문명을 열었습니다. 그래서 소중화입니다. 박종은 뒤이어 다음과 같이 말했습니다. "백두산이 곤륜산의 적장자여서 땅이 이미 중국의 정통을 계승했으니 하늘이 기자와 같은 성인을 우리나라에 내려 주신 것이 어찌 우연이겠는가."

더 자세히 소개하지 않겠습니다만, 이 같은 백두산 인식은 19세기 말까지 면면하게 이어졌습니다. 백두산은 신비롭고 중요한 산이었습니다. 서명응과 박종이 그 높고 험한 산을 오른 것은 그 때문이었습니다. 그런데 그 신비로움과 중요함이 무엇이냐 하면 삼라만상의 근원으로 태극과 같거나 천하 으뜸인 곤륜산의 적장자와 같은 것 바로 그것이었습니다. 다시 말해 성리학적 자연관과 역사관의 상징으로서 신비롭고 중요했던 것입니다. 오늘날의 한국인이 품고 있는 민족의 영산으로의 백두산 이미지는 아직 아니었습니다.

민족의 아버지와 어머니

백두산이 민족의 영산으로 바뀌는 것은 식민지기의 일입니다. 망국노亡國奴가 되어 일제의 억압과 차별을 받게 된 역사가 그 배경이었습니다. 조선인은 일제하에서 비로소 민족을 알게 되었습니다. 우리는 기자의 자손이 아니라 단군의 자손이다. 우리는 한 핏줄이다. 오랜 세월 혈통도 언어도 문화도 함께한 운명의 공동체이다. 그러한 의식이 바로 민족입니다. 조선시대에는 민족이란 말도 없었고 그에 상응하는 의식도 없었습니다. 민족이란 말이 일본에서 건너오고 그에 상응하는 의식도 생겨나니 그에 걸맞은 상징이 필요했습니다. 그렇게 해서 떠오른 것이 바로 백두산입니다.

백두산 신화를 만들어 내는 데 중요한 역할을 한 사람을 꼽자면 저는 최남선崔南善이라고 생각합니다. 1927년 최남선은 백두산을 탐사했습니다. 그리고선 『백두산근참기白頭山覲參記』란 책을 지었습니다. 책 제목에서 보듯이 최남선에게 백두산은 이미 성지였습니다. 그는 백두산 천지에 올라 울면서 소리쳤습니다.

백두산은 우리 종성의 근본이시며, 우리 문화의 연원이시며, 우리 국토의 초석이시며, 우리 역사의 포대이시다. 삼계를 헤매는 비렁뱅이 아이가 산 넘고 물 건너 자애로운 어머니의 온화한 얼굴을 한번 뵙기 위해 왔습니다. 한아버지, 한어머니, 저올시다. 아무것도 없는 저올시다.

그리고선 기도하였습니다. "우리 민족은 다시 살아날 것이다", "믿습니다. 믿습니다. 압시사. 압시사. 백두천왕 천지대신이여". 이렇게 백두산은 최남선에 이르러 민족의 아버지와 어머니로 탈바꿈하였습니다.

사진12-1 최남선(1890~1957)과 그의 발상 '맹호기상도'.

그러한 인식의 전환에는 전통문화의 저변을 관통하는 어떤 흐름이 작용하였습니다. 우리 민족은 오래전부터 땅에는 길하거나 흉한 기맥이 흐른다고 생각했습니다. 그러한 국토관은 15~19세기에 걸쳐 점점 강해졌습니다. 각 세기의 지도를 살피면 18~19세기가 될수록 산맥의 지도로 바뀌고 있음을 볼 수 있습니다. 어떤 기운이 산맥을 따라 국토를 관통한다는 감각이지요. 그러한 국토 감각은 19

세기까지만 해도 앞서 지적한 대로 성리학적 자연관이나 세계관으로 표출되었습니다. 20세기에 들면 그러한 감각은 어떤 유기적 신체로 형상화합니다. 예컨대 한반도는 중국을 향해 포효하는 호랑이와 같다는 식입니다. 그런 식으로 그려진 그림이 역사책에 자주 나오는 '맹호기상도猛虎氣像圖'입니다. 일설에 의하면 최남선의 발상이라고 합니다. 그러한 신체 감각에서 호랑이의 날카로운 이빨에 해당하는 곳이 다름 아닌 백두산입니다. 최남선이 백두산에 올라 울고 외치고 기도한 것은 바로 그 때문이었습니다.

백두 광명성의 출현

해방 후 백두산은 남한과 북한에서 공히 민족의 영산으로 받들어졌습니다. 어릴 적부터 저는 백두산 꼭대기를 영봉으로 알았습니다. 한국인 모두가 그러하였습니다. 누가 억지로 조작한 것은 아닙니다. 백두산 이미지가 정치적 신화로 조작되는 것은 1987년부터입니다.

북한을 먼저 소개하겠습니다. 그해 북한은 백두산 일대에서 항일 전사들의 구호가 새겨진 나무가 발견되었다고 발표하였습니다. 구호의 내용은 "민족의 영수 김일성金日成 장군 만세"처럼 김일성에 대한 찬양이었습니다. 그 아들 김정일金正日이 태어난 날 밤 백두산 천지에 광명성이 솟았음을 증언하는 구호도 있었습니다. 그러한 구호

「口号木」3 種 (「朝鮮画報」1990 年 4 月号)

사진12-2 북한에서 발굴되었다는 구호목.

사진12-3 백두 밀영에 참배하는 북한 주민.

목口號木이 백두산 일대를 넘어 멀리 황해도까지 8만 5,000그루나 발굴되었다는 겁니다. 구호목은 북한 정부가 김일성 부자를 우상화하기 위해 사람들을 동원하여 나무껍질을 벗기고 그 속살에다 화학약품으로 새긴 것입니다. 어느 탈북자는 저에게 자기 삼촌이 그 일에 동원된 적이 있다고 이야기해 주었습니다.

나아가 김일성은 백두산 꼭대기 어느 지점에 통나무집을 짓고 여기가 항일 빨치산의 밀영이라고 소리쳤습니다. 아들 김정일이 태어난 곳도 바로 여기라고 했습니다. 그리고선 사람들에게 그 밀영과 통나무집을 참배하도록 강요하였습니다. 뒤편 산봉우리의 이름을 '정일봉'으로 짓기도 했습니다. 그 모두가 뻔뻔스러운 조작입니다. 1942년 김정일이 태어난 곳은 소련령 하바로프스크입니다. 그것은 천하가 아는 사실입니다. 그렇지만 누구도 그렇게 말하지 못합니다. 두렵기 때문입니다. 순진한 아이들은 그것을 사실로 믿습니다. 날조가 신화로 변하면서 마성魔性의 권력으로 군림하는 과정입니다. 오늘날 북한은 그 같은 신화로 유지되는 신정체제의 국가입니다.

남북 공명의 정신사

신화의 날조가 북한만의 시대착오적 현상이라고 생각하면 큰 오산입니다. 비슷한 현상은 남한에도 있습니다. 남과 북의 정신문화는 친근한 모습으로 공명합니다. 같은 민족이기 때문입니다. 남한에서 벌어진 그와 유사한 현상을 시인 고은高銀에게서 찾을 수 있습니다. 한동안 한국 언론이 노벨 문학상 수상자로 기대했던 잘 알려진 인물이지요. 1987년 북한이 구호목을 발견했다고 발표한 바로 그해에 고은은 『백두산』이란 장편 서시를 발표했습니다.

이 서시는 양반 감사댁 아씨와 꼴머슴 김돌만의 동반 도주로 시작합니다. 신분을 초월하여 사랑을 한 청춘남녀는 철령의 어느 바위 동굴에서 아기장수 바우를 출산합니다. 추격대에 쫓긴 세 식구는 백두산 밀림에 숨어듭니다. 어느 날 돌만은 백두산 상봉에 올라 바우를 천지에 세 번 담급니다. 누구도 범할 수 없는 아기장수 바우의 액운을 씻는 의례였습니다. 이제 바우의 나라가 백두산에서 열릴 것이다. 그 김바우가 벌이는 독립투쟁과 혁명의 드라마가 장편 서시 『백두산』입니다.

그 김바우가 누군지 독자 여러분은 이미 짐작했을 터입니다. 김바우는 북한의 수령 김일성입니다. 시인은 그렇게 이야기하고 있지 않지만, 20세기의 한국사는 그렇게 여길 수밖에 없는 맥락입니다. 시인이 전혀 의식하지 못했을 수도 있습니다. 백두산에 세워질 김바우의 나라는 시인의 내면에서 자연스럽게 솟아난 것일 수 있습니다. 그편이 더 공정한 비평일지 모르겠습니다. 어쨌든 그 나라는 현실의 북한일 수밖에 없습니다. 그래서 남과 북의 정신세계는 무의식에서 공명하는 것입니다. 그래서 어떠냐고, 좋지 않으냐고 말하지 마십시오. 저는 그러한 산중에 고립된, 동굴에 은닉된, 산적의 세계를 거부합니다. 자유로운 개인, 독립하는 개체, 충일한 개성, 고양하는 예술, 과학하는 정신, 협력하는 사회, 경쟁하는 기업, 세계와 통상하는 나라, 그러한 아름다움이, 다시 말해 근대 문명이 거기에 없기 때문입니다.

백두산 천지의 네 사람

사진12-4 백두산 천지에 오른 문재인 대통령 부부(2018년 9월 20일).

2018년 9월 문재인文在寅 대통령은 북한의 3대 세습 통치자 김정은金正恩과 평양에서 정상회담을 하였습니다. 그리고선 사진에서 보듯이 백두산 천지에 올랐습니다. 이미 설명했듯이 그곳은 북한 신정체제의 토대를 이루는 신성한 공간입니다. 거기에 남한의 대통령이 올라 백두혈통의 계승자와 손을 마주 잡고 파안대소하는 모습은 어떠한 운명을 우리에게 예보하는 것일까요. 사진 속 문 대통령의 웃음은 보는 이로 하여금 더없이 착잡한 생각을 하게 합니다. 백두산 신화의 마력은 저토록 강렬한 것일까요.

지난 2000년 평양에 간 김대중 대통령은 장차 남북한이 연방제로 통일할 것을 약속했습니다. 사진 속의 네 사람은 그 약속을 다짐하며 웃고 있는지 모르겠습니다. 잘 알려진 대로 문 대통령과 그의 지지세력은 그러한 속내를 숨기지 않고 있습니다. 그들의 소원대로 연방제 통일이 이루어졌다 칩시다. 벌써 남한 주민의 적지 않은 무리가 공공연히 백두혈통을 칭송하고 있습니다. 그들은 떼를 지어 백두산 밀영의 통나무집으로 참배차 몰려갈 것입니다. 그보다 훨씬 더 많은 사람은 공포에 질린 얼굴로 그 행렬에 동원될 것입니다. 저는 사진 속의 웃음에서 그런 운명을 예감합니다. 백두산에 뿌리박은 박달 겨레 여러분, 하루빨리 그 불길한 신화로부터 해방되시길 바랍니다.

참고문헌

崔南善(1927), 『白頭山觀參記』, 漢城圖書株式會社.
高銀(1987), 『白頭山』, 創作과 批評社.
김지남 외(1998), 『조선시대 선비들의 백두산 답사기』, 혜안.
이영훈(2006), 「백두산 이야기」, 박지향 외 편, 『해방전후사의 재인식』 1, 책세상. 25~32쪽.

13. 독도,
반일 종족주의의 최고 상징

이영훈

참된 지식인은 세계인

독도는 오늘날 한국인을 지배하는 반일 종족주의의 가장 치열한 상징입니다. 남북한을 통틀어 민족주의의 최고 상징을 들자면 아무래도 백두산입니다. 그런데 백두산은 조선시대부터 나름의 큰 상징으로 내려온 것입니다. 거기선 반일 종족주의가 직접 드러나지 않고 저변에 잠복해 있습니다. 독도는 그렇지 않습니다. 차츰 설명하겠습니다만, 조선시대에는 독도에 관한 인식이 없었습니다. 독도는 대한민국 성립 이후, 그것도 지난 20년 사이에 급하게 반일 민족주의의 상징으로 떠오른 것입니다. 독도는 한국과 일본이 다투는, 한국의 입장에선 양보가 불가능한 상징입니다. 그런 만큼 그에 대한 이의 제기는 대중으로부터 세찬 공격을 받을 위험성이 큽니다.

그렇지만 저는 대중의 인기에 신경을 써야 하는 정치인이 아닙니다. 한 사람의 지식인입니다. 지식인이 대중의 눈치를 보며 할 말을 않거나 글의 논조를 바꾼다면, 그 사람은 지식인이라 할 수 없습니다. 참된 지식인은 세계인입니다. 세계인으로서 자유인입니다. 세계인의 관점에서 자신이 속한 국가의 이해관계조차 공평하게 바라보아야 합니다. 그러한 자세는 정치인에게도 마찬가지로 요구됩니다. 그래야 국제사회가 평화롭고 각 나라도 평안해집니다. 저는 한 사람의 지식인으로서 우리 헌법이 보장하는 양심의 자유, 사상의 자유, 학문의 자유를 믿고 제 소신에 따라 발언할 뿐입니다.

『삼국사기』의 우산국과 울릉도

오늘날 한국 정부나 국민이 독도를 두고 역사적으로 한국의 고유 영토였다고 주장하는 한 가지 근거는 독도가 우산于山이란 이름으로 신라 이래 역대 왕조의 지배를 받아 왔다는 사실입니다. 『삼국사기三國史記』 신라본기新羅本紀 지증왕智證王 13년(512년)에 다음과 같은 내용의 기사가 나옵니다.

우산국于山國이 (신라에) 귀의하였다. 매년 토산물을 공납하였다. 우산국은 명주溟州의 동쪽 바다에 있는 섬이다. 혹은 울릉도鬱陵島라고 한다. 땅의 크기는 백 리이다. 험준한 것을 믿고 신라에 불복하였다. 이찬^{伊湌} 이사부^{異斯夫} 장군이 정벌하였다.

사람들은 이 기사에 나오는 우산이 오늘날의 독도를 가리킨다고 주장하지만, 솔직히 말해 심한 비약입니다. 여기서 우산이란 울릉도에서 성립한 나라[國]의 이름일 뿐입니다. 그 울릉도에 오늘날의 독도가 포함되었는지는 이 기사만으론 알 수 없는 일입니다. 그럴 수도 있고 안 그럴 수도 있습니다. 그럼에도 우리 한국인은 우산을 무조건 독도라고 단정하고 있습니다. 일종의 '폐습'이라고도 하겠습니다. 어느 일본인 학자가 그렇게 지적했는데, 따지고 보면 틀린 말이 아닙니다.

『세종실록지리지』의 우산과 무릉

독도 고유영토설의 가장 널리 알려진 근거는 1451년 『세종실록지리지^{世宗實錄地理志}』 강원도 삼척도호부 울진현^{蔚珍縣}에 나오는 다음과 같은 기사입니다.

우산과 무릉^{武陵} 두 섬은 현의 동쪽 바다 가운데 있다. 두 섬은 서로 떨어짐이 멀지 않다. 날씨가 좋으면 바라볼 수 있다. 신라 때는 우산국이라 칭했는데 울릉도라고도 하였다.

여기서도 언급되어 있듯이 신라 때는 우산국=울릉도의 관계였습니다. 그러했던 것이 이제는 우산과 무릉이란 두 섬으로 분리되었습니다. 무릉은 울릉의 별칭입니다. 이 변화를 어떻게 해석해야 합니까. 한 가지 해석은 다음과 같습니다.

> 울릉도는 원래 두 섬으로 이루어졌다. 둘을 합해서 울릉도 또는 우산국이라 불렀다. 언제부턴가 따로따로 불리기 시작하여 하나는 울릉도, 다른 하나는 우산도가 되었다.

다른 한 가지 해석은 다음과 같습니다.

> 우산은 원래 나라 이름이었는데, 언제부턴가 그것을 섬으로 간주하는 오해가 생겼다. 그러니까 우산도는 실재하지 않은 환상의 섬이다.

저는 두 번째 해석이 타당하다고 생각합니다. 첫 번째 해석에 따라 우산도가 오늘날의 독도라고 하면 다음과 같은 모순이 생깁니다. 『삼국사기』와 『세종실록지리지』가 지적하듯이 신라 때는 우산국이란 나라가 있었습니다. 『고려사』에 의하면 우산국은 11세기 초까지 존속하다가 사라졌습니다. 이후 어느 섬이 그 나라의 이름을 땄다고 칩시다. 그 섬은 우산국의 중심부이거나 우산국 사람이 살았던 섬입니다. 그런데 다 알다시피 독도는 사람이 살 수 있는 환경이 아닙니다.

땅도 없고 물도 없기 때문입니다. 국제법에서는 그런 곳을 섬이라 하지 않습니다. 바다에 솟은 큰 바위일 뿐입니다. 반면 울릉도에는 사람이 살았습니다. 우산국의 중심은 울릉도였습니다. 6세기의 우산국이 울릉도에서 동남으로 87킬로미터 떨어진 바위섬을 그의 강역으로 했는지는 알 수 없는 일입니다. 어쨌든 그 바위섬이 나라 이름을 계승할리는 없습니다. 우산국의 중심부도 아니었거니와 사람이 사는 곳도 아니었기 때문입니다. 그래서 모순이라 한 것입니다.

15세기 초까지도 한 개의 섬

여러 자료를 검토하면 조선왕조 15세기 초만 해도 울진현 동쪽에 우산과 무릉 두 섬이 있다는 인식은 없었습니다. 1402년 권근權近 등 조선왕조의 엘리트 관료들이 '혼일강리역대국도지도混一疆理歷代國都之圖'라는 지도를 그렸습니다. 지도13-1은 그 지도에 나타난 울진현 동쪽 바다입니다. 보다시피 울진포 바깥 바다 속의 섬은 울릉도 하나뿐입니다. 그 점에서 나중에 소개하는 조선시대의 지도와 큰 차이를 보입니다. 그렇게 원래 섬은 하나였으며, 그 이름은 울릉도였습니다. 그런데 그 섬은 '우산도'라 불리기도 했습니다. 1417년의 『태종실록』을 보면 김인우金麟雨라는 관리가 '우산도'를 탐사하고 돌아와 인구가 15호에 86명이라고 보고하는 기사가 나옵니다. 그 우산도가 곧 울릉도였습니다. 언젠가 우산국이 사라지자 울릉도는 우산도로

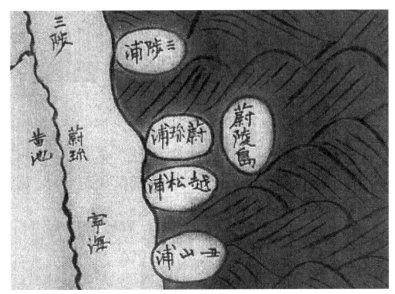

지도13-1 혼일강리역대국도지도(混一疆理歷代國都之圖) 중의 울릉도 (1402년).

도 불렀던 것이지요. 김인우의 보고를 접한 태종太宗은 우산도의 주민을 모두 육지로 옮기기 시작합니다. 조선왕조는 전국의 섬에서 인구를 비우는 이른바 공도空島정책을 실시했습니다. 그 일환이었습니다. 바로 그 당시의 『태종실록』을 보면 '우산무릉등처于山武陵等處' 식으로 두 지명을 병기하고 있습니다. 본명과 별명을 편하게 나열한 것에 불과했다고 보입니다. 그런데 그런 식의 표기가 반복되다 보니 다른 이름의 두 섬이 있다는 오해가 생기기 시작했습니다.

　당초 아무렇지 않게 생겨난 오해는 세월이 흐르면서 그럴듯한 환상으로 부풀려집니다. 앞서 소개한 『세종실록지리지』의 기사가 바로 그것입니다. 섬의 인구를 비운 1417년부터 벌써 34년의 세월이 흘렀습니다. "두 섬은 서로 떨어짐이 멀지 않다. 날씨가 좋으면 바라볼 수 있다"가 바로 그 환상의 기술입니다. 두 섬의 거리가 멀지 않으면 서로 바라보임이 당연한데, 굳이 "날씨가 좋으면"이라는 단서를 붙인 것 자체가 상상의 산물이라고 할 수 있습니다. 뒤이어 19세기까지 그려진 많은 지도를 보면 그 점을 쉽게 확인할 수 있습니다.

팔도총도

1530년에 편찬된 『신증동국여지승람新增東國輿地勝覽』에 팔도총도八道總圖라는 지도가 있습니다. 이 지도는 환상으로 생겨난 우산도를 그린 최초의 지도입니다. 지도13-2는 팔도총도에서 강원도 앞바다만 따낸 것입니다. 우산도는 울릉도의 절반 크기로 울릉도 서쪽의 멀지 않은 곳에 자리 잡고 있습니다. 한국의 외교부는 이 지도를 제시하면서 우산이 곧 독도라고 주장해 왔습니다. 중·고등학교 한국사 교과서도 그렇게 가르치고 있습니다. 그렇지만 저는 그에 동의하지 않습니다. 독도는 울릉도 동남 87킬로미터의 바다에 위치하기 때문입니다. 이 지도를 근거로 독도 고유영토설을 주장하는 것은 우리 학생들에게 동서남북을 혼동하도록 가르치는 폭거와 같습니다. 차라리 독도를 포기할지언정 그렇게 난폭하게 교육할 수는 없다고 생각합니다. 국제적으로도 수치입니다. 인터넷을 검색하면 적지 않은 일본인들이 한국 외교부 홈페이지에 실려 있는 이 지도를 보고 "한국

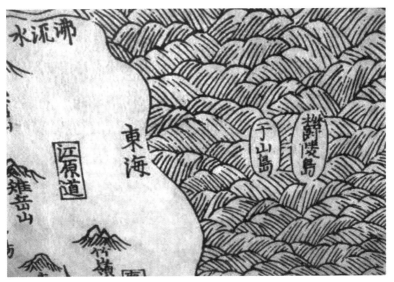

지도13-2 팔도총도(八道總圖) 중의 울릉도와 우산도 (1530년).

정부는 동서남북도 구분하지 못하는가"라고 조롱하고 있습니다.

떠도는 섬

이후 19세기까지 많은 지도가 그려졌습니다. 거기서 우산도의 위치는 각기 상이합니다. 몇 가지 예를 제시하면 지도13-3과 같습니다. 첫째 그림에서 우산도의 위치는 울릉도 서쪽인데 꽤 거리가 멉니다. 둘째 그림에서 우산도는 울릉도에 안겨 있는 꼴입니다. 셋째 그림에서 우산도는 울릉도 남쪽입니다. 넷째 그림에서 우산도는 울릉도의 서남쪽인데 꽤 거리가 멉니다. 다섯째 그림에서 우산도는

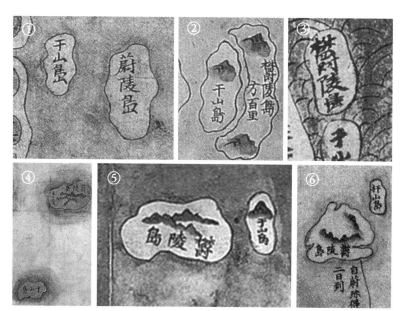

지도13-3 16~19세기 여러 지도 중의 울릉도와 우산도.

울릉도의 동쪽이고, 여섯째 그림에서는 울릉도의 동북입니다. 울릉
도와 비교된 우산도의 크기도 가지각색입니다.

이케우치 사토시池內敏라는 일본인 연구자가 모두 116장의 지도
에 그려진 우산도의 위치를 추적한 적이 있습니다. 그에 의하면 17
세기까지 우산도의 위치는 대개 울릉도의 서쪽이었습니다. 18세기
가 되면 남쪽으로 이동하는 추세를 보입니다. 이후 19세기에는 동
쪽으로 나아가 북동쪽으로 옮아가는 추세를 보입니다. 그렇게 우산
도는 조선시대에 걸쳐 떠도는 섬이었습니다. 환상의 섬이기 때문이
었습니다. 당연히 그 섬은 울릉도 동남 87킬로미터에 위치한 독도

가 아니었습니다. 독도로 비정해도 좋을 만큼 근사한 방향과 위치에 우산도를 그린 지도는 단 한 장도 없습니다. 다시 말해 조선왕조는 독도의 존재를 인지하지 못했습니다. 모든 섬에서 사람을 강제로 비웠는데, 사람이 살 수 없는 먼 바다의 바위섬에 관심을 둘 이유가 없었던 것입니다.

안용복 사건

18세기 이후 여러 지도에서 우산도의 위치가 울릉도의 서쪽에서 남쪽으로, 그리고 동쪽으로, 나아가 북동쪽으로 떠돈 것과 관련해서는 17세기 말의 안용복安龍福 사건을 고려할 필요가 있습니다. 앞서 지적한 대로 조선왕조는 1417년 이래 울릉도를 비웠습니다. 17세기가 되면 일본 어민들이 이 섬을 죽도竹島라고 부르면서 해마다 정기적으로 찾아와 고기도 잡고 나무도 벌채하였습니다. 이윽고 그들은 울릉도를 일본의 영토로 간주하기 시작했습니다. 1693년 동래부東萊府의 안용복이 일행과 함께 울릉도에 고기를 잡으러 갔다가 일본 어민들과 충돌하였습니다. 사료에 따라 다릅니다만, 안용복은 일본 어민에게 잡혀서인지 아니면 그들을 따라서인지 일본으로 가서 울릉도가 조선의 영토임을 주장합니다. 그리고선 대마도對馬島를 거쳐 동래부로 돌아옵니다. 이 사건을 계기로 조선 정부와 일본 막부幕府 간의 외교석 교섭이 벌어집니다. 일본은 울릉도가 조선의 영토임을 인정하고 일본 어민이 울릉도로 건너가는 것을 금지합니다.

그런데 그 사실을 알지 못한 안용복은 1696년 다시 울릉도를 거쳐 일본으로 갑니다. 그리고선 울릉도뿐 아니라 일본인이 송도松島라고 부르는 섬, 다름 아니라 오늘날의 독도도 조선의 영토라고 주장합니다. 안용복은 그 근거로 그가 소지한 강원도 지도를 제시합니다. 앞서 소개한 우산도와 울릉도를 그린 지도의 한 종류였다고 여겨집니다. 당시는 독도라는 이름은 없었습니다. 안용복은 일본인이 송도라 부르는 그 섬을 보고, 그가 지도에서 익숙하게 보아온 우산도라고 간주한 것입니다. 그런데 일본은 안용복을 상대하지 않고 조선으로 추방했습니다. 강원도 양양으로 돌아온 안용복은 한성으로 압송되어 감옥에 갇힙니다. 사헌부는 함부로 월경한 죄가 크니 사형에 처해야 한다고 주장했습니다. 영의정이 나서서 일본이 울릉도 항해 금지 조치를 내리게 한 공로가 있다고 변호하여 안용복은 유배형에 처해졌습니다.

요컨대 안용복은 스스로 우산도를 목도했다고 믿은 한국사 최초의 유일한 사람이었습니다. 일본 어민이 그 섬을 송도라 부르면서 자기네 영토로 간주하는 것을 보고, "아니야, 그건 우리의 우산도야"라고 주장한 것입니다. 오늘날의 독도였습니다. 그런데 조선 정부는 안용복의 그런 주장에 하등의 관심을 표하지 않았습니다. "그래, 우산도를 발견했어? 그것 어디 있는 거야?" 그런 식으로 관심을 표한 다음, 관리를 파견하여 섬을 탐사하지 않았습니다. 조선왕조는 울릉도에만 관심이 있었지 우산도에는 하등의 관심을 표하지 않았습니다.

1699년 이후 조선왕조는 3년마다 관리를 울릉도에 파견해 혹 일본 어민이 와 있는지를 감찰하였습니다. 이후 여러 지도에서 울진현과 울릉도 사이에 그려진 우산도가 사라졌습니다. 그사이에 아무런 섬이 없다는 것이 저절로 명백해졌기 때문입니다. 그럼에도 우산도란 섬에 대한 환상은 없어지지 않았습니다. 18세기 이후 우산도가 울릉도 남으로 나아가 동으로 떠돈 것은 그러한 이유에서였습니다.

우산도의 종착지

1881년 일본인이 울릉도를 불법 침입했습니다. 이를 계기로 1882년 고종高宗은 이규원李奎遠을 감찰사로 파견하여 울릉도를 자세히 탐사하게 했습니다. 1883년부터는 울릉도에 사람을 들여보내 살게 했습니다. 무려 466년 만의 일이었습니다. 이규원을 파견하면서 고종은 "울릉도 근방에 송도, 죽도, 우산도가 있다는데, 거리가 얼마인지를 조사하라"고 명합니다. 그러면서 또 말하기를 "송도, 죽도, 우산도 모두를 합쳐 울릉도라고도 하니 자세히 살피라"고도 합니다. 이로부터 1882년까지도 조선왕조의 울릉도에 대한 이해는 혼란을 면치 못했음을 알 수 있습니다. 나중에 울릉도에서 돌아온 이규원은 우산노를 찾시 못했다고 보고했습니다. 딩시 그가 세밀하게 그린 울릉도 지도에는 죽도라는 부속 섬은 있어도 우산도는 없었습니다. 다시 말해 이규원은 동남 87킬로미터 바다에 놓인 바위섬을 알지 못했거나, 알았더라도 그것을 울릉도의 부속으로 간주하지 않았던 것입니다.

그럼에도 우산도에 대한 환상은 없어지지 않았습니다. 1899년 대한제국의 학부가 대한전도大韓全圖라는 지도를 제작하였습니다. 지도 13-4는 그 지도의 울릉도 부분입니다. 우산도는 울릉도 동북에 붙은 조그만 섬으로 그려져 있습니다. 17년 전 이규원이 죽도라고 한 바로 그 섬이었습니다. 오늘날에도 죽도라 불리는 그 섬입니다. 앞서 소개한 대로 18세기 이래 여러 지도에서 우산도의 위치가 울릉도의 동북으로 옮겨가고 있었습니다. 거기에 어떤 조그만 섬이 실재한다는 정보가 영향을 미쳤다고 보입니다. 그 섬이 언제부터 죽도로 불렸는지는 모르겠습니다. 어쨌든 1899년 학부는 대한전도를 제작하면서 그 섬을 우산도로 간주하였습니다. 17년 전 이규원의 우산도를 찾지 못

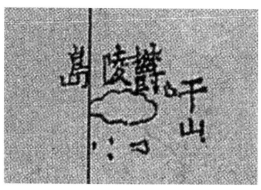

지도13-4 대한전도大韓全圖 중의 울릉도와 우산(1899년).

했다는 보고는 큰 영향을 미치지 못했습니다. 그만큼 오래 이어져 온 우산도에 대한 환상은 쉽게 없어지지 않았던 셈입니다.

환상 판명

1883년에 개방된 이래 울릉도의 인구는 1900년까지 1,000명으로 증가하였습니다. 일본인도 많이 살았는데, 주로 강치잡이를 위해서였습니다. 이에 1900년 대한제국은 칙령 41호를 내려 울릉도를 군으로 승격하고 군수를 파견하였습니다. 그때 군의 영역을 정하기를 "울릉 전도와 죽도竹島와 석도石島를 관할한다"고 했습니다. 죽도는 오늘날의 죽도 그것입니다. 문제는 석도입니다. 그것을 두고 오늘날의 한국 정부나 학자들은 독도라고 주장하고 있습니다. 한국이 독도 고유영토설을 주장할 때 또 하나의 강력한 근거로 제시되는 것이 바로 이 석도=독도설이라 하겠습니다. 과연 그러합니까?

그보다 앞서 이 칙령 41호에 의해 우산도가 그 종적을 감추었다는 사실에 주목할 필요가 있습니다. 이후 우산은 어느 자료에도 나타나지 않습니다. 15세기 초 울릉도를 비우면서 생겨난 우산도가 이리저리 떠돌다가 결국 소멸한 것입니다. 그 1년 전의 대한전도에까지 이어져 온 섬이었습니다. 그 유서 깊은 섬을 대한제국이 더 이상 언급하지 않게 된 것은 그것이 환상의 섬임을 이윽고 깨달았기 때문입니다. 그 외에 달리 해석할 방도가 있을까요. 대한제국의 칙령 41호는 우산도는 환상의 섬이라고 공포한 것과 다를 바 없다고 생각합니다.

대한제국은 새로운 행정구역을 선포하면서 울릉도와 부속 도서를 조사했을 겁니다. 그 결과 죽도와 석도를 군역으로 지정하였습니다. 죽도는 오늘날의 죽도 그대로입니다. 죽도 이외에 오늘날 울릉도에 부속한 섬을 찾으면 관음도觀音島입니다. 그 외에는 사람이 사는 섬이 없습니다. 그래서 칙령 41호의 석도는 오늘날의 관음도였다고 할 수 있습니다. 그런데도 한국 정부나 학자들은 석도가 독도라고 주장하고 있습니다. 일종의 자가당착이라고 생각합니다.

독도 고유영토설에 의하면 독도는 오래전부터 우산으로 불려왔습니다. 그 우산이 1899년과 1900년 사이에 갑자기 석도로 이름을 바꾸었다는 겁니다. 저는 이러한 주장을 도무지 납득할 수 없습니다. 앞서 제시한 대로 우산은 여러 지도에서 떠도는 섬이었습니다. 1882년에는 우산을 찾으라는 왕명까지 내려졌습니다. 그래도 못 찾았습니다. 드디어 1900년 대한제국은 그 우산을 포기하였습니다. 다시 말해 대한제국은 1900년까지 독도를 몰랐습니다. 그런데 그해에 새롭게 나타난 석도가 독도라니요. 그렇다면 우산은 왜 버렸습니까. 그래서 자가당착이라 한 것입니다.

석도의 실체

한국 정부와 학자들이 석도가 오늘날의 독도라고 주장하는 논리는 다음과 같습니다. "석도石島의 석石은 돌을 의미하므로, 석도를 우리 음으로 읽으면 '돌섬'이 된다. 그런데 경상도나 전라도의 방언에서 '돌'은 '독'이라고도 한다. 그래서 석도를 경상도와 전라도 방언으로 읽으면 '독섬'이다. 그 '독섬'을 '홀로 독獨'이란 한자와 '섬 도島'란 한자를 빌려 표기하니 곧 독도獨島다."

이 주장 역시 심한 자가당착입니다. 너무 궁색한 논리의 중첩이라 참담하기까지 합니다. 객관적으로 보아 독도는 돌섬이라기도보다 바위섬입니다. 돌과 바위는 다릅니다. 그러니까 석도는 처음부터 독도와 무관한 섬이었습니다. 그리고 특정 음을 표기하기 위해 글자를 빌리는 차자借字 현상은 어떤 뜻을 정확히 대변할 글자가 없을 때 나타나는 현상입니다. 우리 한국사는 오랜 한자 문명권입니다. 돌섬이란 뜻을 한자로 표현할 때 '石島'로 표현하기는 조금도 어렵지 않습니다. 돌섬은 경상도와 전라도에서도 한자로 표기될 때 어김없이 '石島'였습니다. 그 정도야 한자를 얼마라도 아는 유식자라면 조금도 어렵지 않은 문자생활이었습니다. 굳이 확실치도 않은 방언을 빙자하여 '돌섬'을 '독섬'으로 바꾼 다음 '홀로 독'이란 엉뚱한 한자를 빌려 표기할 필요가 없었습니다.

돌섬, 곧 석도가 독도와 무관함을 증명할 한 장의 지도를 제시하

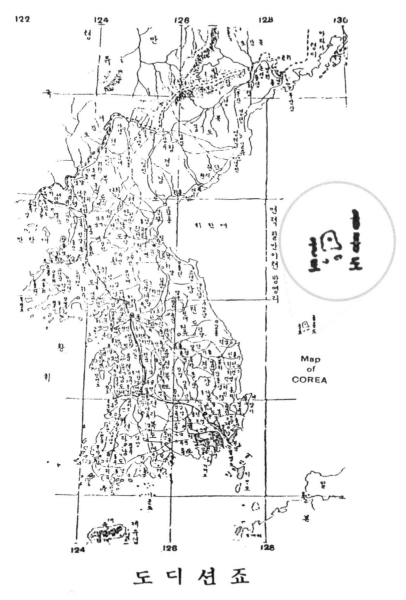

도 디 션 죠

지도13-5 죠션디도와 울릉도 부분 (1911년).

겠습니다. 1911년 미국 로스앤젤레스의 교민들이 출간한 이승만의 『독립정신』이란 책에 실려 있는 '죠션디도'입니다. 전국의 지명이 한글로 표시되어 있습니다. 미국 교민들의 조국 조선에 대한 그리움이 담겨 있는 지도라고 하겠습니다. 지도13-5는 그 '죠션디도'와 울릉도 부분을 확대한 것입니다. 울릉도 바로 남쪽에 '돌도'가 붙어 있음을 볼 수 있습니다. 이 '돌도'가 곧 석도입니다. 다만 울릉도 동북에 있어야 할 섬을 남에다 그린 것은 착오라고 하겠습니다. 어쨌든 칙령 41호 중의 석도가 동남 87킬로미터 해상의 독도가 아님은 이 지도의 발견으로 더없이 명확해졌다고 생각합니다. 저는 왜 지금까지 수많은 독도 연구자들이 이 지도에 주목하지 않았는지를 의아스럽게 생각합니다.

일본의 독도 편입

1883년부터 울릉도에 살기 시작한 조선인들은 멀리 동남 해상으로 어로를 나가면서 거기에 홀로 있는 섬을 가리켜 '독도獨島'로 부르고 쓰기 시작했다고 짐작됩니다. 독도를 울릉도의 부속 도서로 간주하는 주민의 공동 인식도 자연스럽게 생겨났다고 보입니다. 그렇지만 대한제국의 중앙정부가 독도를 객관적으로 인지하거나 관리를 보내 탐사한 적은 없습니다. 그러기 위해서는 국토의 사방 경계를 명확히 할 목적에서 전국을 과학적으로 측량하고 지도를 그릴 필요가 있었는데, 솔직히 말해 대한제국의 역량과 수준을 넘는 일이었습니다. 그 결과 1900년 울릉 군역을 획정할 때 독도는 제외되고 말았습니다.

주지하듯이 1904년 일본은 독도를 자국의 영토에 편입하였습니다. 어떤 계기로 독도의 내력을 조사한 다음, 그것이 조선왕조에 소속한 적이 없음을 확인하고서였습니다. 2년 뒤 1906년 그 사실을 우연히 알게 된 울릉군수가 "본군 소속의 독도가 일본으로 편입되었습니다"라고 보고합니다만, 중앙정부는 그에 대해 별다른 반응을 보이지 않았습니다. 이미 일본에 외교권을 뺏긴 보호국이라서 그러했다는 변명은 곤란합니다. 제3국과 외교를 할 권리를 빼앗겼을 뿐이지 자신의 국토와 인민에 대한 지배권은 살아 있는 독자의 국가였습니다. 대한제국이 일본에 이의를 제기하지 않은 것은 독도에 대한 인식이 없는 가운데 일본의 행위를 그리 중요하게 여기지 않았기 때문입니다.

바로 여기가 국가 간 영토 분쟁의 '결정적 시점(critical point)'이라고 합니다. 일본이 독도를 자국의 영토로 편입할 때 그것을 인지한 대한제국은 분쟁을 제기하지 않았습니다. 그로 인해 오늘날 한국 정부가 독도 문제를 국제사법재판소로 가져가자는 일본 정부의 주장을 받아들일 수 없는 처지임은 모두가 잘 아는 사실입니다. 솔직히 말해 한국 정부가 독도가 역사적으로 그의 고유한 영토임을 증명하기 위해 국제사회에 제시할 증거는 하나도 존재하지 않은 실정입니다. 독자 여러분은 불쾌하게 들을지 모르겠습니다만, 국제사법재판소의 공평무사한 법관들은 그렇게 판단할 것입니다. 저는 한 사람의 지식인으로서 그 점을 지적하지 않을 수 없습니다.

한국의 독도 편입

마지막으로 1948년 대한민국 성립 후의 경과를 간략히 소개하겠습니다. 1951년 9월 일본과 연합국 간의 강화조약이 맺어졌습니다. 그 조약으로 일본의 영토 경계가 결정되었습니다. 당시 한국 정부는 회담의 주관자인 미국에 독도를 일본 영토에서 분리해 달라고 요청했습니다. 그러면서도 그에 합당한 근거를 제시하지는 못했습니다. 한국 정부의 요청을 받은 미 국무부는 주미 한국대사관에 독도가 어디에 있는 섬인지를 물었습니다. 대사관의 직원은 독도의 위치와 내력을 정확하게 설명하지 못했습니다. 1951년 8월 미 국무부는 한국 정부에 다음과 같이 회신하였습니다. 읽으면 등골이 서늘할 정도로 정확한 대답이었습니다.

독도, 다른 이름으로는 다케시마竹島 혹은 리앙쿠르암Liancourt Rocks으로 불리는 것과 관련해서 우리 정보에 따르면, 통상 사람이 거주하지 않은 이 바윗덩어리는 한국의 일부로 취급된 적이 없으며, 1905년 이래 일본 시마네현島根県 오키隠岐 섬 관할 하에 놓여 있었다. 한국은 이전에 결코

이 섬에 대한 권리를 주장하지 않았다.

주지하듯이 1952년 1월 이승만 대통령은 평화선을 발표하여 독도를 한국 영토로 편입했습니다. 이 같은 미국의 입장에 반발하였던 셈입니다. 이후 한일 간에 독도 분쟁이 시작되었습니다. 미국은 한국에 통보한 자신의 입장이 있음에도 불구하고 두 나라의 분쟁에 개입하지 않았습니다. 두 나라와의 관계가 모두 소중한 가운데 영토 분쟁이 이성과 법리의 문제라기보다 감성과 흥분의 대상인 경우가 많기 때문입니다.

이 곤란한 문제를 두고 이승만 정부 이후의 역대 정부는 현명하게 대처해 왔습니다. 독도가 우리의 영토라는 입장을 고수하면서도 상대방을 자극하는 공격적 자세는 자제해 왔습니다. 일본 정부도 마찬가지였습니다. 그런 자세에서 1965년 양국 간의 국교를 정상화하고 우호적 관계를 증진해 왔습니다. 김대중 정부가 한일 간의 어업협정을 개정하면서 독도를 포함한 바다를 양국의 공동어로구역으로 설정한 것도 마찬가지였습니다. 일단의 민족주의자들이 어업협정의 개정을 비난했습니다만, 김대중 정부는 그에 휘둘리지 않고 현명하게 대처하였습니다. 그런데 2003년 노무현 정부부터 달라졌습니다. 노무현 정부는 독도에 대해 공격적인 자세를 취하였습니다. 독도에 여러 시설을 설치하고, 주민을 입주시키고, 민간의 관광을 권장하였습니다. 그러자 일본 정부가 항의하고 그것이 다시 한국 정부와 국민의 강경한 대응을 부르는 악순환이 증폭되었습니다. 이후 한국 사회가 독도를 어떻게 감각했는지를 소개하겠습니다.

내 조상의 담낭

2005년의 일입니다. 한국시인협회 시인들이 독도까지 가서 시낭송회를 개최한 적이 있습니다. 그때 발표된 고은高銀의 시를 소개하겠습니다. 먼저 1987년에 발표된 그의 『백두산』이라는 장편 서시부터 소개하겠습니다. 『백두산』에서 고은은 우리 국토를 백두산을 정수리로 하는 신체로 노래하였습니다. 그런데 독도에 대해서는 언급하지 않았습니다. 국토의 동쪽 끝을 노래하면서 울릉도 성인봉을 살짝 언급했을 뿐입니다. 다시 말해 1987년까지만 해도 고은의 국토 감각에서 독도는 그리 중요하지 않았습니다. 그런데 분쟁이 본격화한 2005년의 시낭송회에서 고은은 독도에 대해 다음과 같이 노래했습니다.

> 내 조상의 담낭 독도
> 네 오랜 담즙으로
> 나는 온갖 파도의 삶을 살았다.

독도가 우리 몸의 없어서는 안 될 부위로 창출된 것입니다. 당시

낭송된 여러 시는 나중에 『내 사랑 독도』라는 시집으로 출간되었습니다. 부제가 훨씬 더 자극적입니다. "독도 바위를 깨면 한국인의 피가 흐른다"입니다. 독도가 반일 민족주의 상징으로 떠오르자 국토를 관류하는 한국인의 혈맥이 독도 바위에까지 뻗치었던 것입니다. 일제가 전국의 혈맥을 찔렀다 하여 1995년 김영삼 정부로 하여금 전국의 산지에 박힌 쇠말뚝을 뽑는 엉터리 소동을 벌이게 한 그 주술적 정신세계가 10년 뒤 비슷한 계기와 상징을 통해 정확하게 재생된 것입니다. 그렇게 독도는 한국인을 지배하는 반일 종족주의의 가장 치열한 상징으로, 가장 신성한 토템으로 부상하였습니다.

이런 저열한 정신세계로는 독도 문제에 대한 해결이 불가능하다고 생각합니다. 김대중 정부까지 이어진 역대 정부의 냉정한 자세로 되돌아갈 필요가 있습니다. 1951년 미 국무부가 밝힌 대로 독도는 커다란 바윗덩어리에 불과합니다. 땅이 있고 물이 있어서 사람이 사는 섬이 아닙니다. 국제사회가 영해를 가르는 지표로 인정하는 섬이 아닙니다. 그것을 민족의 혈맥이 솟은 것으로 신성시하는 종족주의 선동은 멈추어야 합니다. 냉철하게 우산도와 석도의 실체를 살펴야 합니다. 도발적인 시설이나 관광도 철수해야 합니다. 그리고선 길게 침묵해야 합니다. 그사이 일본과의 분쟁은 낮은 수준에서 일종의 의례로 관리되어야 합니다. 최종 해결은 먼 훗날의 세대로 미루어야 합니다. 그렇게 할 수 있다면, 그러한 판단력과 자제력에서 한국은 선진사회로 진보해 갈 것입니다. 독도를 응시하면 한국사의 속살이 보입니다. 독도에 관한 성찰은 우리에게 그러한 역사적 과제를 제시하고 있습니다.

참고문헌

許英蘭(2002), 「독도 영유권 문제의 성격과 주요 쟁점」, 『한국사론』 34.

이상태(2007), 『(사료가 증명하는) 독도는 한국 땅』, 경세원.

박진희(2008), 『한일회담 –제1공화국의 대일정책과 한일회담 전개과정-』, 선인.

池内敏(2012), 『竹島問題とは何か』, 名古屋出版會.

손승철(2017), 『독도, 그 역사직 진실』, 景仁文化社.

14. 쇠말뚝 신화의
진실

김용삼

"일제가 조선 땅에서 인물이 나는 것을 막으려고 전국 명산에 일부러 쇠말뚝을 박아 풍수침략을 했다는 거 아닙니까!"

그동안 우리 사회에는 이런 말이 전설처럼 떠돌았습니다. 과연 그럴까요? 이것은 사실이 아닙니다. 모두 거짓말입니다. 일제가 박았다는 쇠말뚝이 모두 가짜라는 사실은 제가 『월간조선』 1995년 10월호에 썼던 「대한민국의 국교는 풍수도참인가?」라는 기사를 통해 밝혀냈습니다. 이 기사가 보도된 후 독립기념관이 전시하던 쇠말뚝을 치웠는데, 이 내용을 구로다 야스히로黑田勝弘 기자가 취재해 『산케이신문産経新聞社』 사회면 톱기사로 보도하였습니다.

우리 사회에 쇠말뚝 신드롬을 몰고 온 계기는 김영삼 정부가 들어선 후 1995년 2월, '광복 50주년 기념 역점추진사업'으로 쇠말뚝 제거 사업을 추진하면서였습니다. 그 전까지는 주로 민간 차원인 '우리를 생각하는 모임'이라는 단체와 서경대 경제학과 서길수 교수가 쇠말뚝 제거 사업을 추진해 왔습니다. 그런데 문민정부라고 선언한 김영삼 정부가 느닷없이 나서면서 쇠말뚝 뽑기가 일종의 국책사업으로 격상된 것입니다.

정부가 나서기 전까지 민간인들이 '일제 쇠말뚝'이라 하여 제거한 실적을 보면 북한산에서 17개, 속리산 문장대에서 8개, 마산 무학산 학봉에서 1개가 제거된 것이 전부였습니다. 하지만 민간인들이 제거한 쇠말뚝은 일본인들이 풍수침략을 위해 박았다는 어떠한 증거도 없이 그저 믿거나 말거나 하는 차원에서 뽑아낸 것이 거의 전부였습니다.

북한산 쇠말뚝은 1984년 백운대 산행을 나섰던 민간단체가 등산객들로부터 '왜인들이 서울 정기를 말살하기 위해 박은 철주鐵柱'라는 설명을 듣고 제거한 것입니다. 문제의 이 쇠말뚝이 독립기념관의 일제침략관에 전시되어 우리 사회에 '쇠말뚝 신드롬'을 확산시키는 계기가 되었습니다. 그러나 백운대 쇠말뚝 제거에 참여했던 풍수가나 서길수 교수, 쇠말뚝 제거 단체인 '우리를 생각하는 모임'의 구윤서 회장 등 어느 누구도 백운대 주변에 박혀 있던 쇠말뚝이 일제가 풍수침략용으로 박은 것이란 사실을 합리적이고 객관적이며 과학적으로 입증할만한 근거를 제시하지 못했습니다. 그저 소문과 구전이 확실하니 "일제의 소행임이 분명하다"는 수준이었습니다.

역술인, 지관을 쇠말뚝 전문가로 동원

독립기념관도 백운대 쇠말뚝을 과학적으로 조사·연구·분석하지 않고 기증자들의 말만 믿고 전시했습니다. 이처럼 거의 미신 수준에서 떠돌던 증언을 근거로 김영삼 정부가 광복 50년을 맞아 덜컥 일을 저질러 버린 것이 쇠말뚝 제거 사업이었습니다.

청와대의 지시를 받은 내무부가 전국의 각 시군읍면에 공문을 보내 기세등등하게 사업을 시작하면서 심각한 문제가 발생했습니다. 지방 행정관청은 자기 마을에서 발견된 쇠말뚝이 풍수침략을 위해 일본이 박은 것이란 사실을 입증해 줄 전문가가 없었기 때문입니다. 결국 지방 행정기관은 동네에서 풍수를 좀 볼 줄 안다는 지관地官이나 역술인, 속칭 점쟁이들을 쇠말뚝 감정 전문가로 동원했습니다.

1995년 2월 15일부터 8월 14일까지 6개월간 전국에서 접수된 주민신고는 모두 439건, 이중에서 일제가 박은 쇠말뚝으로 밝혀져 제거된 것은 18개였습니다. 제가 월간조선 기자 시절 전국 18곳의 쇠말뚝 제거 현장을 찾아가 주변 사람들, 공무원, 전문가들에게 확인한 결과 일제가 박은 쇠말뚝으로 밝혀진 것은 하나도 없었습니다. 사례를 몇 가지 소개합니다.

금오산에서 제거된 쇠말뚝을 감정한 전문가는 대구의 역술인 민승만 씨였습니다. 그는 금오산 쇠말뚝이 박혀 있는 장소가 풍수적으로 명당이라고 했습니다. 용이 하늘로 용솟음치는 듯한 곳에 누워 있는 부처의 이마 부분에 쇠말뚝이 박혀 있었다는 겁니다. 제가 그에게 "그렇다면 이 쇠말뚝이 일제가 박았다는 과학적이고 객관적인 증거가 무엇인지"를 묻자 그는 "증거는 없지만 금오산은 풍수적 관점에서 대단히 중요하기 때문에 일제의 소행으로 추정한 것"이라고 말하더군요. 제작 시기도 겉 부분의 부식 정도로 추정만 했을 뿐 다른 검증절차는 거치지 않았다고 실토했습니다.

경북 김천시 봉산면 광천리의 눌의산에서 발견된 쇠말뚝도 금오산 사례와 똑같이 대구 역술인 민승만 씨가 금오산과 비슷한 이유로 일제 쇠말뚝으로 감정했습니다. 충북 영동군 추풍령면 마암산 운수봉에서도 쇠말뚝이 제거됐는데 영동군청 담당 공무원은 "일제가 박았다는 근거가 없어 긴가민가하면서 뽑았다"고 실토했습니다.

의혹투성이의 쇠말뚝은 1995년 6월 5일 오후 성대한 산신제와 함께 제거되었습니다. 푸닥거리 비슷한 산신제와 쇠말뚝 제거행사는 일본 NHK, TBS 동경방송이 취재를 나와 촬영을 해 갔다고 합니다. 충북 단양군 영춘면 상1리 남한강 북벽 입구에서도 세 개의 쇠말뚝이 발견됐습니다. 제보자들은 1894년 무렵 영춘면에서 의병과 일본군 간에 큰 전투가 벌어졌는데, 항일운동이 다시 일어나지 못하도록 일제가 장군소 앞에 쇠말뚝을 박은 것이라고 주장했습니다.

주민 다수결에 의해 '일제가 박은 쇠말뚝'으로 결정

그런데 전 영춘면장이자 현지 주민인 우계홍 씨는 저에게 "그것은 일제가 박은 게 아니라 해방 후에 주민들이 북벽 아래 뱃줄을 묶기 위해 박아놓은 것"이라고 증언했습니다. 우계홍 씨는 "군청 사람들에게 이 사실을 여러 차례 설명했지만, 아무리 얘기해도 귀담아 듣지 않는 바람에 일제가 박은 쇠말뚝으로 둔갑하고 말았다"고 허탈해 했습니다. 강원도 영월군 남면 토교4리 조울재에서도 쇠말뚝이 제거됐습니다. 이 쇠말뚝은 1995년 6월 13일에 발견됐는데, 광복 50주년 기념 이벤트 행사로 분위기를 띄우기 위해 두 달을 미뤘다가 광복절 전날인 8월 14일에 드라마틱하게 제거됐습니다.

제가 현장에 가서 확인을 해보니 제거된 쇠말뚝은 길이가 볼펜보다 조금 큰 정도였습니다. 명당의 혈을 지르기 위해 박았다고 보기에는 크기가 너무 작았던 것이죠. 제보자들은 임진왜란 당시 명나라 장수 이여송이 박았다는 설과, 일제가 한일합방 후 박았다는 설 등 두 가지가 있었는데, 일제가 박았다는 사람이 더 많아 제거했다고 설명했습니다. 주민들의 다수결에 의해 '일제가 박은 쇠말뚝'으로 결정된 것입니다.

강원도 양구군에서는 모두 세 개의 쇠말뚝이 제거됐습니다. 이 지역 쇠말뚝은 제일 긴 것이 2미터 58센티미터, 지름 2.5센티미터나 되는 대형이라는 게 특징이었습니다. 그런데 제거된 쇠말뚝의 상태를 보니 쇠붙이에 문외한인 제 눈으로 봐도 겉면에 녹이 슬지 않고 너무나 생생하고 깨끗한 것으로 보아 최근에 만든 것이 분명해 보였습니다.

쇠말뚝이 너무 새 것이라서 혹시 일제 쇠말뚝이 아니면 어떡하나 걱정이 된 사람들이 "전문가들의 고증을 받은 후에 제거하는 것이 좋겠다"는 의견을 냈으나 무시되었습니다. 3·1절 행사에 맞춰 분위기를 띄우는 것이 급급했기 때문입니다. 그 결과 3·1절 전날인 2월 28일, 매스컴의 대대적인 주목을 받으며 문제의 쇠말뚝이 제거되었습니다. 이 쇠말뚝이 일제의 풍수침략이라는 증거는 '전설 따라 삼천리'나 다름없는 주민 증언뿐이었습니다.

양구에서 제거된 쇠말뚝은 서울 국립민속박물관에서 열린 광복 50주년 기념 '근대 백년 민속풍물전'에 전시되었습니다. 일제가 박은 쇠말뚝이란 증거가 전혀 없는 이 쇠말뚝의 옆에는 다음과 같은 설명문이 붙어 있었습니다.

> 민족말살정책의 일환으로 일본인들은 우리 민족의 정기와 맥을 말살하려고 전국 명산에 쇠말뚝을 박거나, 쇳물을 녹여 붓거나 숯이나 항아리를 파묻었다. 풍수지리적으로 유명한 명산에 쇠말뚝을 박아 지기地氣를 눌러 인재 배출과 정기를 누르고자 한 것이다.

쇠말뚝 제거 전문가로 알려진 '우리를 생각하는 모임'의 구윤서

회장이나 서길수 교수도 전국에서 발견된 쇠말뚝이 일제의 풍수침
략용 쇠말뚝이라는 근거가 없다는 사실을 솔직히 인정했습니다.

측량기준점(대삼각점)을 쇠말뚝으로 오인

구 회장이나 서 교수는 지방자치단체의 쇠말뚝 감정 요청을 받
고 몇몇 지역에서 조사 작업에 참여한 결과 군부대가 박은 것, 목재
전주電柱 지지용, 광산이나 산판에서 물건 운반용으로 판명되었다고
합니다. 그럼에도 불구하고 공무원들은 "일제의 쇠말뚝으로 해 달
라"고 애원하는 경우가 대부분이었다고 합니다.

이제 진실을 말할 때가 온 것 같습니다. 쇠말뚝이 박혀 있다고 제
보가 들어온 지역을 조사한 결과, 측량을 위한 기점으로 활용되는 대
삼각점, 소삼각점과 주민들이 쇠말
뚝을 제보한 지역이 상당 부분 일치
한다는 사실이 발견됐습니다. 이것
을 입증해 준 사람이 강원도 화천군
하남면 삼화리의 이봉득 씨입니다.

그는 21세 때인 1938년 무렵 산
림보호국 임시직원으로 조선총독부
임정과에서 나온 측량기사 고가 주
우켄(당시 30세)과 장길복(당시 25세)

사진14-1 김영삼 정부 시절 한 쇠말뚝 제
거 현장.

이란 사람을 따라 화천·양구 일대를 돌며 측량 업무를 도왔다고 합니다. 그는 "일제시대 우리나라 사람들이 측량을 위해 산 정상이나 봉우리 정상 등에 설치한 대삼각점을 일제가 혈을 지르기 위해 박은 쇠말뚝으로 오해했다"고 말했습니다. 대삼각점이란 측량기준점을 말하는데, 머리 부분의 열십자 한가운데 측량기 추를 맞추고 측량을 하는 기점입니다.

일본이 조선을 합병한 다음, 토지 조사를 위해 역사상 최초로 근대적인 측량을 하는 과정에서 측량기준점 표식을 전국의 높은 산에 설치했습니다. 나라 잃은 이 나라 사람들은 전국의 산꼭대기마다 들어서는 이상한 모양을 한 막대기를 보고 "왜인들이 조선에 인물이 못나도록 혈을 지르고 다닌다"는 소문을 파다하게 퍼뜨렸던 것입니다.

측량기사가 산에 올라가 대삼각점을 설치해 놓으면 주민들은 밤에 산에 올라가 이것을 파내어 망치로 깨부순 다음 여기저기 흩어 놓았다고 합니다. 측량기를 산꼭대기까지 운반하기 위해 마을 장정들을 부역시켰는데, 이 사람들이 산을 오르면서 "왜인들이 혈을 지른 산"이라고 쉬쉬 했는데, 이들이 정상에 올라와 대삼각점에 측량기를 세우는 것을 보면서 "어르신들이 저걸 보고 혈을 질렀다고 착각한 거구나" 하고 허탈해 하며 내려가는 것을 수없이 목격했다고 이봉득 씨는 증언했습니다. 쇠말뚝 제거 단체인 '우리를 생각하는 모임'의 구윤서 회장도 "쇠말뚝이 박혔다고 제보가 들어온 지역을 가서 확인해 본 결과 측량용 삼각점이 박혀 있는 곳이 많았다"고 솔직하게 시인했습니다. 이것이 우리가 그동안 믿어 왔던 쇠말뚝 신화의 진실입니다.

쇠말뚝 신화는 한국인들의 닫힌 세계관, 비과학성, 미신성이 역사와 함께 오랜 반일 감정과 결합하여 빚어낸 저열한 정신문화를 반영하고 있습니다. 그 정신문화를 우리는 반일 종족주의로 규정하고 있습니다. 경제적으로 선진국 대열에 속하는 21세기의 한국인이 아직도 그런 종족주의의 세계에 갇혀 있어서 되겠습니까.

참고문헌

김용삼(1995), 「대한민국의 國敎는 풍수도참인가?」, 『월간조선』 1995년 10월호, 156~179쪽.
무라야마 지준(村山智順, 1990)·최길성 옮김, 『조선의 풍수』, 민음사.
신용하(2006), 『일제 식민지 정책과 식민지 근대화론 비판』, 문학과 지성사.
이몽일(1991), 『韓國風水思想史硏究』, 명보문화사.
최창조(1991), 「이몽일: 한국풍수사상사 연구」, 『대한지리학회지』 26(3).

15. 구 총독부 청사의 해체
- 대한민국 역사를 지우다

김용삼

김영삼 대통령의 느닷없는 결정

김영삼金泳三 정부는 1993년 출범하자마자 느닷없이 국립중앙박물관으로 사용되고 있던 건물을 '구 조선총독부 청사'라면서 '일제의 만행'으로 몰고 갔습니다. 하지만 그 건물은 먼 옛날 조선총독부로 사용되다가, 해방 후에는 대한민국 제헌국회가 출범한 현장이었고, 대한민국이 건국된 역사의 현장이었습니다. 그리고 1공화국에서 3공화국까지 중앙청 건물로 사용되어 왔던 유서 깊은 건물이었습니다.

하루아침에 중앙청에서 '구 조선총독부 청사'로 몰린 이 건물의 철거를 지시한 사람은 김영삼 대통령이었습니다. 김영삼 씨는 대통령 취임식에서 "어느 동맹국도 민족보다 더 나을 수는 없다. 어떤 이념이나 어떤 사상도 민족보다 더 큰 행복을 가져다주지 못한다"

고 선언하면서 '민족' 우선의 정치를 선언했고, 취임 직후부터 범국 가적으로 반일 감정을 증폭시켰습니다.

'민족' 광풍이 쓰나미처럼 사회를 덮치고 있던 1993년 8월 9일, 김영삼 대통령은 국립중앙박물관으로 사용되고 있던 건물을 '구 조선총독부 건물'이라면서 "민족문화의 정수인 문화재를 옛 조선총독부 건물에 보존하는 것은 잘못된 것이다. 조선총독부 건물을 해체하고 국립중앙박물관을 새로 지으라"고 지시했습니다.

'조선총독부 청사'로 낙인찍힌 문제의 건물은 전두환 정부 당시 수백억의 예산이 투입되어 대대적인 개보수 공사를 하여 국립중앙박물관으로 기능한 지 7~8년 정도밖에 안 된, 새 건물이나 다름없었습니다. 그런데 멀쩡하게 국립박물관으로 사용되고 있는 건물을 광복 50주년에 맞춰 철거하라고 대통령이 명령을 내리면서 당장 난리

사진15-1 1970년대의 중앙청.

가 났습니다.

새 박물관이 마련되지도 않은 상황에서 철거가 결정되면서 국보와 보물들을 보관할 임시 박물관이 필요하게 된 것이죠. 문화부는 부랴부랴 국립박물관 경내에 있던 식당 건물을 임시 박물관으로 급조하여 유물을 임시로 옮겨 놓은 다음, 광복 50주년을 맞아 해체하기로 결정했습니다. 그리고 용산의 가족공원 내에 새 박물관을 짓기로 했습니다.

민족정기 회복 사업 대대적으로 벌여

총독부 건물 철거 시점은 광복 50주년인 1995년 8월 15일로 정해졌습니다. 김영삼 정부는 광복 50주년을 맞아 '민족정기' 바람을 대대적으로 일으켰죠. 민족정기 회복을 위해서라는 명분을 앞세워 내무부는 일본이 박았다는 쇠말뚝 제거 사업과 일제가 개악했다는 고유 지명 찾기 사업을 벌였습니다.

교육부는 황국신민 양성을 목적으로 했다는 '국민학교' 명칭을 '초등학교'로 바꾸었고, 남산 제 모습 찾기 사업을 위해 남산의 외국인 아파트 폭파 장면을 공영방송이 전국에 생중계했습니다. 상하이上海 임정臨政 요인 유해를 봉환했고, 공산주의 계열 독립운동가도 국가유공자로 지정했습니다. 이 와중에 '역사 바로 세우기'라는 슬로건까지 등장했는데 누가, 어떤 역사를, 어떻게 바로 세웠는지 기억하는 사람이 없었습니다. 그 전부터 조선총독부 건물 철거를 선동한 사람들이 있었습니다. 총독부 건물 철거 사업에도 쇠말뚝 제거와 마찬가지로 풍수가들이 배후에 자리 잡고 있다는 사실이 곳곳에서 확인됐습니다. 풍수연구가로 활동한 최창조催昌祚 전 서울대 교수는 『경향신문』 1993년 7월 11일자에 의미심장한 칼럼을 기고했습니다.

내용을 보면 "북악은 서울의 주산主山인데 그 출중한 기맥이 뻗어 내려 경복궁 근정전에서 그 혈장血場을 펼치고, 그로부터 온 나라에 백두산의 정기를 나누어 준다는 것이 전통 지리가들의 생각이다. 그런데 왜인들이 국토를 강점한 후 북악의 정기가 경복궁으로 이어지는 자리에 그들 두령인 조선총독의 숙소를 만들어 기맥의 목줄을 죄고, 국기國氣의 출발점인 경복궁 남쪽에 중앙청을 지어 목을 조이고 입을 틀어막은 꼴이 되었다. 당연히 두 건물을 철거하고 원상 복구하는 것이 풍수의 정도正道"라고 주장했습니다.

이러한 풍수가들의 주장이 총독부 건물 철거 논리를 폭발시키는 결정적 단서가 되었습니다. 풍수가들의 주장이 사실인지 아닌지 여부를 가릴 수 있는 과학적이고 객관적인 증거가 있을 리가 없죠. 게다가 그런 주장을 하는 풍수가들의 논리에 의문이 제기됩니다. 과연 조선총독부 건물을 철거한다고 해서 억눌려 있던 민족정기가 되살아날 수 있을까요? 그깟 건물 하나, 산의 쇠말뚝 몇 개에 질식사할 만큼 이 민족의 민족정기는 허약하기 짝이 없는 것일까요?

민족정기는 민족 내부의 결집된 힘, 즉 국력이 바탕 되지 않으면 공염불이 되고 맙니다. 우리가 일본에 나라를 빼앗긴 것이 민족정기 부족 때문으로 믿는 사람은 그다지 많지 않을 것입니다. 그렇다면 "국력이 약해서" 당했던 불행한 과거를 '민족정기'를 앞세워 건물을 때려 부숨으로써 건물에 감정투사한 것이나 다름없지 않습니까?

총독부 청사에서 중앙청으로!

일본이 조선총독부 청사로 사용했던 건물은 프러시아의 건축가 게오르크 데 랄란데Georg de Lalande라는 사람이 설계를 담당했습니다. 이 사람이 설계를 다 마치지 못한 상태에서 사망하자 대만총독부 설계자였던 일본인 건축가 노무라 이치로野村一郎와 조선총독부 건축기사 구니에다 히로시國枝博, 조선인 건축기사 박길룡朴吉龍 등이 뒤를 이어 설계를 완성했습니다.

신축 청사 준공식은 1926년 10월 1일 거행되었습니다. 8년으로 잡았던 건설공기는 제1차 세계대전으로 인해 10년으로 늘어났고, 공사비도 예상보다 두 배나 많이 들었습니다. 완성된 건물은 당시 일본 본토와 식민지를 포함한 동양 최대의 근대식 건축물이었습니다. 영국의 인도총독부나 네덜란드의 보루네오 총독부를 능가하는 웅장한 규모였다고 알려졌습니다.

조선총독부가 우리 땅에서 물러난 것은 1945년 9월 9일이었습니다. 이날부터 '구 총독부 건물'은 대한민국 근현대사에서 대단히 중요한 역사적 현장으로 존재하게 됩니다. 1945년 9월 9일 총독부 청사 제1회의실에서 미 제24군 군단장 존 하지$^{John R. Hodge}$ 중장이 제9대 조선 총독 아베 노부유키^{阿部信行}에게 항복 문서를 받았습니다.

서울에 진주한 미군은 조선총독부 청사를 미 군정청 청사로 사용했습니다. 당시 미군은 이 건물을 캐피탈 홀$^{Capital Hall}$이라고 명명했는데, 정인보라는 분이 이를 중앙청^{中央廳}으로 번역하여 그 명칭을 계속 사용하게 되었습니다.

1948년 5월 31일 청사 중앙홀에서 제헌국회가 개원하였습니다. 7월 17일에는 건국헌법 공포식이 이 건물에서 거행되었죠. 뒤를 이어 7월 24일 대한민국 초대 정·부통령 취임식, 8월 15일 청사 앞뜰에서 대한민국 정부수립 선포식 등이 거행된 생생한 현대사의 현장입니다. 국회는 1950년 10월 7일까지 이 건물을 국회의사당으로 사용하다가 태평로 서울시의회 자리로 옮겨갔습니다.

그 후 중앙청은 이승만 대통령의 집무실, 6·25전쟁 때는 조선인민군 청사로 사용됐습니다. 유엔군의 인천상륙으로 인민군이 퇴각하면서 불을 질러 내부가 다 불에 타고 파괴가 되었습니다. 1962년 11월 22일, 전쟁으로 파괴되었던 청사를 복구하여 중앙청 본청 개청식을 거행했습니다. 그 후 3공화국에서 5공화국 시절엔 정부청사 등으로 사용되었습니다. 1968년 서양식 정문을 철거하고 광화문을 옛 자리에 복원했고, 1986년 8월 21일에 청사의 개보수 작업을 거쳐 국립중앙박물관으로 개관했습니다.

김영삼 대통령이 "민족정기 회복을 위해" 구 조선총독부 건물을 철거한다고 주장했지만, 그들의 진짜 의도는 다른 곳에 있었습니다. "민족사의 잘못된 줄기를 바로잡기 위해서"가 김영삼과 그를 따르는 '문민정부' 무리들의 진정한 의도였던 것입니다. 그 증거를 김영삼 대통령의 교문수석비서관 김정남金正男이 실토했습니다.

"부끄럽고 청산해야 할 역사 지우기"가 그 목적?

오늘날 대한민국 교과서를 좌익사관으로 물들이는 데 결정적으로 공헌한 김정남은 시사월간지 『월간조선』과의 인터뷰에서 "김영삼 대통령은 중앙청 건물에서 이루어진 한국 현대사가 우리 정부의 정통성 확립과는 거리가 먼, 부끄럽고 청산해야 할 역사이기 때문에 그 건물에 대해 애착을 느끼지 않는 것 같다"고 발언했습니다(『월간조선』 1993년 10월호). 즉 독재, 시민혁명, 군부쿠데타로 얼룩진 이승만, 박정희, 전두환, 노태우 정부로 상징되는 한국 현대사의 청산 의지를 명확하게 밝힌 것입니다.

김영삼과 문민정부가 선동한 구 조선총독부 건물의 철거 논리 속에는 '민족정기 회복'은 겉포장을 위한 상징조작이었을 뿐, 진짜 목적은 '정통성 없는 역대 정부의 청산'이었습니다. 때맞춰 상하이 임정 요인들의 유해가 국립묘지에 봉환됐고, 임정 청사 복원계획이 발표되었습니다. 다른 쪽에서는 12·12와 5·17은 쿠데타에 준하는 사건으로 '역사바로세우기' 재판을 진행하여 전두환·노태우 전직 대통령을 비롯한 신군부 핵심세력들이 유죄 판결을 받고 감옥으로 갔습니다.

김영삼 대통령은 일제 때 총독 관저였고, 그 뒤엔 역대 대통령들의 집무실로 사용되었던 청와대 구 본관 건물도 총독부 청사와 동일한 논리로 철거 지시를 내렸습니다. 덕분에 이승만·윤보선·박정희·최규하·전두환 등 역대 대통령의 삶의 현장이자 국가의 중요한 정책들이 입안·결정됐던 지상 2층, 지하 1층의 건물이 철거되어 흔적도 없이 사라졌습니다.

뿐만이 아닙니다. 청와대 주변의 안가安家를 헐고 그 자리에 공원을 조성했습니다. 군부독재의 상징이나 다름없던 안가에 응징을 가함으로써 국민 정서에 카타르시스를 제공하는 데 성공한 김영삼의 인기는 연일 상종가였습니다. 급기야 이런 철거행진에 대해 일부 어용 언론들은 '제2의 건국'이라는 훈장을 달아주었습니다.

광복 50주년 경축식에서 중앙 돔의 해체를 시작으로 70년간 우리 땅에 버티고 있던 조선총독부 청사는 철거작업에 들어갔습니다. 1996년 11월 13일 조선총독부 건

사진15-2 철거된 조선총독부 건물 첨탑 부분이 충남 천안시 소재 목천 독립기념관 야외에 전시돼 있다.

물의 지상 부분 철거가 완료되었고, 1998년 8월 8일 독립기념관은 중앙 돔과 건축부재로 '조선총독부 철거부재 전시공원'을 개원하여 일반에 공개했습니다.

제가 언론사 재직 시절에 이 문제를 취재할 때 문화계의 유명 인사는 "일제가 경복궁을 파괴하고 그 자리에 조선총독부 건물을 지었기 때문에 나라의 맥이 끊겨 국토가 분단되었고, 동족상잔의 비극이 찾아왔다"라는 비이성적이고 반지성적인 발언을 서슴지 않았습니다. 그것은 고종과 민비가 개명군주로서 열심히 나라를 잘 다스려 자생적 근대화를 진행하고 있었는데, 일제에 매수된 이완용이 나라를 팔아먹었기 때문에 나라가 망했다는 엉터리 논리와 다르지 않습니다.

반달리즘식 문화 테러

김영삼 정부는 조선총독부 건물을 철거한다는 선동을 통해 미 군정청 역사의 현장, 대한민국 제헌의회 개원 현장, 대한민국 정부 수립 및 건국 현장, 대한민국 초대 정부에서부터 박정희·전두환 정부의 청사로 사용되어 대한민국의 산업화, 근대화, 민주화를 낳은 현장을 깨끗이 지워내는 데 성공했습니다.

올바른 역사관이나 민족정기의 수립은 구호나 정치적 쇼를 통해 이루어지는 것이 아닙니다. 치욕의 역사와 물증을 때려 부숴버리는 것은 너무나 손쉬운 일입니다. 그렇다고 해서 그 치욕마저 사라지는 것은 아니지 않습니까. 김영삼 정부는 치욕의 역사현장을 없앤다고 선동하면서 실제로는 대한민국 제헌국회 출범의 현장, 건국의 현장, 근대화의 사령탑 역할을 했던 현장을 파괴했습니다. 문민정부의 '민족 지상주의자'들이 행한 구 조선총독부 철거는 일제 침략의 현장을 없애버린 것이 아니라, 대한민국 건국의 현장을 파괴한 반달리즘Vandalism식 마녀사냥, 종족적 민족주의의 극치를 보여 주는 문화 테러였습니다.

참고문헌

김용삼(1995), 『건물은 사라져도 역사는 남는다』, 움직이는 힘.
함성득(2001), 『김영삼 정부의 성공과 실패』, 나남출판.
박길성(2013), 『사회는 갈등을 만들고, 갈등은 사회를 만든다』, 고려대학교 출판부.
김충남(2012), 『대통령과 국가경영』, 서울대학교 출판문화원.

16. 망국의 암주^{暗主}가
개명군주로 둔갑하다

김용삼

망국의 주요 원인은 외교의 실패

중국 상하이에서 발간되는 일간신문 『신보^{申報}』는 1910년 9월 1
일, "아아, 한국이 멸망했다"라는 기사를 게재했습니다. 러일전쟁
을 미화한 '전운여록^{戰雲餘錄}'을 쓴 일본 단가^{短歌}의 거장 이시카와 다
쿠보쿠^{石川啄木}는 9월 9일 "지도 위 조선국에 검게 먹을 칠하며 추풍^秋
^風을 듣는다"라는 시를 발표했습니다. 조선은 그렇게 망했습니다.

조선이 멸망한 원인은 여러 가지가 있지만, 그중에서도 주된 요인
을 꼽는다면 고종과 왕비 민비의 외교 실패라고 할 수 있습니다. 스스
로 난세를 돌파할 능력이 없는 나라는 줄이라도 잘 서야 생존이 담보
되는 법입니다. 이것이 외교 및 동맹의 기본 원칙이죠. 흥미롭게도 고

사진16-1 최근 들어 개명군주로 평가받고 있는 고종.

종과 민비는 세계사의 패권 세력(주류세력, 즉 영국)이 아닌 패권에 도전하는 세력(비주류세력, 즉 러시아)과 집요하게 동맹을 맺으려고 시도하다가 대세를 그르쳤습니다.

외교에 관한 한 국왕 고종은 일종의 허수아비였고, 왕비인 민비가 1884년 중반부터 대외 문제를 좌우하다시피 한 것이 숨길 수 없는 역사적 사실입니다. 열강과의 외교 관계는 국왕인 고종이 나서서 추진했지만, 실상은 민비의 의중이 조선 정부를 대표하는 입장이었던 것이죠.

민비를 접견했던 서양 여성들은 민비가 총명한 여성이었다, 훌륭한 지성의 소유자다, 또는 유능한 외교관으로 조선의 외교를 주도했다는 평을 남겼습니다. 그렇다면 그렇게 총명하고, 훌륭한 지성의 소유자였던 민비가 왜 그렇게, 거의 병적일 정도로 세계의 주류세력인 패권국이 아니라 비주류세력의 편에 서는 모험을 지속적으로 추진했을까요? 이것은 일종의 미스터리라고 할 수 있습니다.

1880년대에 러시아가 남진을 개시하자 한반도를 둘러싸고 영국을 대신하여 일본이 러시아와 대립하는 구도가 격렬하게 전개됩니다. 이 긴박한 대립에서 고종과 민비는 러시아와의 수교, 제1차 조러 밀약, 제2차 조러 밀약을 추진하다가 종주국 청에 의해 국왕에서 폐위될 뻔한 위기에까지 몰리기도 했습니다.

일본은 청일전쟁이라는 국운을 건 전쟁까지 치러가며 가까스로 한반도의 지배권을 확보했습니다. 그런데 청일전쟁이 끝난 후 러시아의 말 한마디에 일본이 꼼짝 못하고 랴오둥遼東 반도를 반환하는 모습을 지켜본 민비는 또다시 러시아를 끌어들여 일본을 내치는 인아거일引俄拒日 정책을 추진하였습니다.

일본이 민비를 시해한 이유는?

외세는 민비와 대원군의 갈등을 이용했습니다. 민비가 러시아를 끌어들여 청과 일본을 배척하려 할 때마다 청과 일본은 대원군을 앞세워 민비를 견제하려 했습니다. 이것이 대원군과 민비가 대결한 큰 줄기였습니다. 대원군과 민비의 대결은 시아버지와 며느리의 대결, 즉 정치의 주도권을 누가 쥘 것이냐의 싸움이 아니라 청·일과 민비의 대결로 봐야 그 진정한 의미가 이해됩니다. 고종과 민비는 러시아를 끌어들여 청의 압제에서 벗어나려 했고, 삼국간섭으로 일본이 러시아에 굴복하는 모습을 보고는 러시아를 끌어들여 일본을 견제하는 선봉에 섰습니다.

이렇게 되자 미우라 고로三浦梧樓 주조선 일본 공사가 일본군, 영사관 경찰, 칼잡이 낭인들을 동원하여 민비 시해라는 극단적인 선택을 합니다. 한마디로 민비 시해는 술 취한 낭인들의 우발적인 살인 사건이 아니라, 한반도 지배권을 다투던 일본과 러시아의 국익이 걸린 승부였습니다. 그것은 한반도 지배를 둘러싸고 러시아와 일본이 각축을 벌이는 와중에 서로가 전면전을 벌일 수 없는 형편에서 일본이 러시아와 조선왕조의 연결고리인 민비를 제거한 조치였습니다. 일본이 민비 시해로 도전해 오자 러시아는 얼마 후 국왕 고종을 러시아 공사관으로 탈출시키는 아관파천俄館播遷으로 응전하였습니다.

일본 지도부는 조선의 국왕 고종을 민비의 손바닥에서 놀아나는 손오공 정도로 혹평했습니다. 미우라 공사의 회고록에 의하면 "민비가 여성으로서는 드물게 재능을 갖춘 호걸과 같은 인물"이라면서 "사실상의 조선 국왕은 민비"라고 평하고 있었으니까요.

그의 회고록에 의하면 미우라 공사가 가끔 입궐해서 보면 조선의 궁중 법도에 의해 여성이 남자를 만날 수 없게 되어 있어 민비를 만날 기회가 없었다고 합니다. 그런데 국왕 고종을 알현하여 대화를 나눌 때 국왕의 의자 뒤에서 무슨 말소리가 소곤소곤 들리는데, 잘 들어 보면 그것은 왕비의 목소리였다는 것입니다. 왕비는 국왕 의자 뒤에 발을 치고 그 안에서 외국 공사와 대화 내용을 듣고 있다가 국왕에게 무언가 지시를 했고, 고종은 그 말을 듣고 외국 공사에게 답변을 한 것입니다. 이런 상황을 접한 미우라는 사실상의 조선 국왕이 왕비라고 주장한 것입니다.

국왕 고종이 민비의 지시를 받으며 외국 공사와 대화를 나누는 장면은 『고종실록』을 비롯한 우리 역사 기록에는 전혀 등장하지 않습니다. 하지만 미우라 전임 공사였던 이노우에 가오루井上馨의 알현 장면에서도 확인됩니다. 이노우에 공사는 고종을 면담할 때 늘 내알현內謁見, 즉 신하를 배제하고 국왕과 직접 대화했고, 알현 시간은 5시간 이상에 달하기도 했습니다. 이노우에의 고종 알현기에 의하면 그가 고종을 알현할 때면 언제나 국왕이 앉은 뒤나 옆에 발이 내려져 있고 그 안쪽에 민비가 앉아 있었답니다. 민비가 두 사람의 대화 내용을 듣고 있다가 국왕에게 주의를 주거나 조언을 하는 소리가 소곤소곤 들렸다고 합니다. 그러다 대화가 잘 안 되면 발을 두세 치 열어 얼굴을 절반 정도 내밀고 조언을 했다는 것입니다.

러시아 황제에게 '조선 보호' 요청

고종은 1896년 2월 11일 새벽에 왕세자와 함께 궁녀 복장으로 변장하고 궁궐에서 탈출하여 서울 정동의 러시아 공사관으로 피신했습니다. 이 피신은 주조선 러시아 공사가 계획하고 러시아 군인의 지원과 호위를 받아서 단행한 것입니다. 러시아 공사관에 도착한 고종은 가장 먼저 일본과 가깝게 지내던 친일 관리들을 처단하라고 명령을 내립니다. 어명을 받은 친위부대가 출동하여 총리대신 김홍집金弘集을 살해하여 시체를 청계천에 내팽개쳤고, 농상공부대신 정병하鄭秉夏, 탁지부대신 어윤중魚允中은 군중들에게 맞아 죽었습니다. 10여 명의 다른 대신들은 천신만고 끝에 일본으로 탈출하여 망명했습니다.

아관파천 기간 중인 1896년 5월 말, 고종은 러시아 황제 니콜라이 2세의 대관식에 민영환閔泳煥을 조선 대표로 파견했습니다. 민영환은 베베르 공사의 주선으로 러시아 요원들의 보호를 받으며 모스크바로 가서 니콜라이 2세를 알현했습니다. 이 자리에서 민영환은 "조선을 러시아의 보호령으로 삼아 달라"고 청하였습니다. 그리고선 외무대신 로바노프, 재무대신 비테와 면담하여 러시아 군대의 조선 국왕 보호, 러시아 군사고문관 파견 등을 요청하였습니다.

두 달 후인 7월 29일 러시아는 군사교관단을 조선에 파견했습니다. 러시아 교관단은 조선의 궁성호위대를 훈련시켰고, 이 경비대는 1897년 5월, 환궁한 고종이 지켜보는 앞에서 러시아식 사열을 했습니다.

조선 말기 조선의 군대는 일본 교관을 초빙하여 별기군을 창설해서 일본식으로 훈련을 받다가 임오군란이 일어나자 청의 군대 편제로 바꾸고 청 교관들의 조련을 받았습니다. 또 미국의 퇴역 장군을 초빙하여 미국식으로 훈련하다가 다시 일본군의 훈련을 받아 훈련대를 양성했습니다. 이 훈련대가 민비 시해에 동원되어 믿을 수 없게 되자 이번에는 러시아 교관을 초빙하여 러시아식 훈련을 시작한 것입니다. 이 무렵 조선이 일사천리로 친러 정책을 추진하는 모습을 지켜본 주조선 미국공사 알렌Horace N. Allen은 "조선 문제는 다 끝났다"고 허탈해 했습니다. 러시아 군사교관단은 궁성호위대를 훈련시킨 데 이어 러시아군의 지휘를 받는 6,000여 명의 조러 연합군 결성을 시도했습니다.

하지만 러시아의 조선 진출 정책은 만주 침투를 주장하는 세력들이 득세하면서 만주 진출로 선회하게 됩니다. 1897년 12월 18일 러시아가 일본이 반환한 랴오둥반도의 요충인 뤼순旅順과 다롄大連항을 조차하여 극동지역에서 부동항 확보에 성공한 러시아는 조선에 대한 전략적 관심이 크게 줄었고, 이 와중에 조러 연합군 계획은 폐기되었습니다. 조선에 대한 관심이 식은 러시아는 1900년 7월 일본에 한반도를 분할하여 "조선에서 러·일 양국의 세력범위를 확정하자"고 제안했습니다. 만약 일본이 이 제안을 받아들였다면 한국은 1945년이 아니라 1900년에 남북으로 분단되어 러시아와 일본의 보호령이 되었을 가능성이 농후합니다.

일부 학자들, 고종을 개명군주라고 미화

청일전쟁을 끝내기 위한 시모노세키下関 강화조약이 체결된 1895년부터 러일전쟁이 개전된 1904년까지의 10년은 조선의 입장에서 보면 국가 개혁을 통해 근대국가로 발돋움할 수 있는 마지막 기회였습니다. 조선의 국가 지도부는 그 기회를 허송세월하고 중국, 일본, 미국, 러시아 등 외세를 끌어들여 국가 독립을 지키려고 발버둥을 쳤습니다. 한국 근대사에서 '잃어버린 10년'이라 부를 수 있는 이 시기를 국가 지도부가 유익하게 사용했다면 조선의 미래는 긍정적으로 변할 수 있었을 것이고, 극동과 세계의 역사도 상당히 변했을지 모릅니다.

일본은 러시아와 전쟁을 하여 조선에서 러시아 세력을 쫓아내고 조선을 보호국으로 만들었습니다. 고종은 1882년 임오군란 때 쿠데타군이 궁궐에 난입하여 민비를 죽이려 했던 사건을 겪은 후 일본 공사에게 "혹시라도 변이 일어나면 조선 왕실을 보호해 달라"면서 일관파천日館播遷을 요구했고, 1894년 청일전쟁의 전운이 감돌자 이번에는 미국 공사관에 피신을 요청하는 미관파천美館播遷을 추진했습니다. 민비 시해 후에는 아관파천에 성공했습니다.

러일전쟁의 전운이 감돌자 고종은 이번에는 서울의 영국 영사관으로 피신하여 자신을 보호해 달라고 영국에 요청했습니다. 영관파천英館播遷을 요청한 것입니다. 하지만 영국은 고종의 요구를 거절했습니다. 도대체 한 나라의 국왕이 국가의 안위는 내팽개쳐 놓고 자기만 살자고 일관파천, 미관파천, 아관파천, 영관파천을 시도한 사실을 보면 "이 사람 과연 국왕 맞나?" 하는 회의감이 엄습합니다.

일본 수상 이토 히로부미伊藤博文는 1895년 주일 영국 공사 어니스트 샤토우Ernest M. Satow와의 대담에서 "조선의 독립은 현실성이 없으며, 조선은 주변의 가장 강력한 국가에 병합하든가 보호 아래 두어야 할 것"이라고 말했습니다. 해외 외교사절들이 조선을 불신하는 근원은 다름 아닌 고종의 한심한 통치능력 때문이었습니다. 구대열具滋烈 이화여대 교수는 「다모클레스의 칼? - 러일전쟁에 대한 한국의 인식과 대응」이란 논문에서 서양 외교관들은 고종을 통치자로서의 자격이 완전히 결여된 인물로 판단했다고 지적합니다. 한 나라의 황제가 이 지경이었으니 그 아래 주요 대신들은 끝없는 정변에 시달리면서 목숨을 부지하기 위해 국가는 어떻게 되든 말든 자신의 안전만을 추구했습니다. 이들 주요 관리들은 친분 있는 외국인들에게 정변

이 발생하면 은신처를 요구하는 사례가 빈번했습니다.

구대열 교수는 구한말의 대신들은 대부분 일본, 러시아 등 외세와 연결되어 있어 의식적이든 무의식적이든 외세의 이권 쟁탈과 대립의 앞잡이 노릇을 하게 되었다고 지적합니다. 영국 총영사 조던 John N. Jordan은 "조선 조정은 내각 위기가 끊이지 않아 외국 공관들은 정부 각료가 1주일에 한 번씩 갈렸다는 통고를 접수할 틈도 없을 정도였다"고 지적한 바 있습니다. 이것이 고종 통치시대의 민낯이었습니다.

요컨대 고종은 망국의 암주暗主였습니다. 그럼에도 불구하고 근자에 이르러 일부 학자들은 고종을 개명군주로 둔갑시켜 그가 개혁을 열심히 추진하려 했으나 일본의 방해로 좌절되었다는 저서와 논문들을 연이어 내놓고 있습니다. 이런 행위를 일컬어 "손바닥으로 하늘 가리기"라고 하는 것 아닐까요. 반일 종족주의가 고양되자 '반일'이면 무슨 학설이든 존중되는 세태가 빚어낸 웃지 못할 촌극이 아닐 수 없습니다.

참고문헌

정성화 외(2006), 『러일전쟁과 동북아의 변화』, 선인.
이태진·김재호 외(2005), 『고종황제 역사청문회』, 푸른역사.
황태연(2017), 『갑오왜란과 아관망명』, 청계.
최덕규(2008), 『제정러시아의 한반도 정책, 1891~1907』, 경인문화사.
Ku, Daeyeol(2005), "A Damocles Sword? - Korean Responses to the Russo - Japanese War", 『한국정치학회보』 39(4).

17. '을사오적'을 위한 변명

김용삼

　이완용李完用은 매국행위로 이름을 더럽힌 인간입니다. 하지만 대한제국 멸망의 모든 책임을, 특히 을사조약의 책임을 이완용과 '을사오적'에게 돌리는 것은 옳지 않다고 생각합니다. 을사조약의 체결은 당시 황제였던 고종의 결정이었기 때문입니다. 그 이야기를 지금부터 차근히 풀어가도록 하겠습니다.

　이완용은 1897년 9월 러시아 군사교관의 초청을 반대하다가 학부대신에서 평안남도 관찰사로 밀려났습니다. 그 후 부친이 사망하자 2년간 상을 치르는 등 야인 생활을 하다가 1904년 11월 궁내부 특진관에 임명되어 벼슬 생활을 재개했습니다. 당시 대한제국은 갑오경장으로 겨우 근대적인 개혁을 추진했으나 이전 상태로 돌아가 있었습니다. 황제의 전제권이 강화되어 모든 정사가 황제 중심으로

사진17-1 을사오적의 한 사람으로 지목되어 만고의 역적으로
몰린 이완용.

진행되고 있었습니다. 밖으로는 러일전쟁이 한창이어서 일본과 러
시아가 국운을 건 대혈전을 치르고 있었습니다. 러일전쟁 발발 2주
후인 1904년 2월 23일, 일본은 대한제국과 일종의 군사동맹에 해당
하는 '한일의정서'를 조인했습니다. 이 조약 체결로 인해 일본은 전쟁
수행을 위해 필요하다고 판단되는 곳은 한국 정부의 동의 없이 한국
영토의 어느 곳이나 수용할 수 있게 되었습니다.

8월 22일에는 '제1차 한일협약'이 체결되었습니다. 이 협약에 의해 일본 정부가 추천하는 사람을 대한제국 정부의 재정고문과 외교 고문에 임명하여 이들이 대한제국의 재정과 외교를 일본 정부와 협의하여 처리하게 되었습니다. 대한제국이라는 독립국가는 껍데기만 남고, 사실상 일본의 보호국으로 전락한 것입니다.

1905년 3월 10일 일본이 펑톈奉天전투에서 신승했고 5월 29일에는 쓰시마對馬해전에서 일본 연합함대가 러시아 발틱함대에 대승을 거두었습니다. 이 해전으로 사실상 러일전쟁은 종료되었습니다. 일본은 7월 27일 미국과 태프트-가쓰라 협약을 맺었고, 8월 12일 제2차 영일동맹을 체결했습니다. 이를 통해 일본은 대한제국을 보호국으로 삼는 데 대해 미국과 영국의 지지와 동의를 얻었습니다.

정상적인 외교 절차 무시하고 고종에게 조약체결 요구

9월 5일 포츠머스강화조약이 체결되어 러시아가 한반도에서 손을 떼고 나가자 일본은 이토 히로부미伊藤博文를 특사로 대한제국에 파견했습니다. 대한제국의 외교권을 박탈하는 조약을 체결하라는 훈령을 받고 11월 9일 서울에 온 이토는 일본 수상을 여러 차례 역임한 일본을 대표하는 베테랑 정치가였습니다. 11월 10일 덕수궁에서 고종을 알현한 자리에서 이토는 고종에게 일본 천황의 친서를 전달했습니다. 친서에는 "동양평화와 한국의 안전을 위해 한일 두 나라는 친선과 협소를 강화해야 하며, 한국이 일본의 보호를 받아도 한국 황실의 존엄은 조금도 훼손되지 않을 것"이라는 내용이 적혀 있었습니다.

11월 15일 오후 3시 30분, 이토는 또다시 고종을 알현하여 대한제국의 외교권을 일본에 넘기는 조약을 체결할 것을 요구했습니다. 외국과 조약을 체결하기 위해서는 엄격한 외교적 절차가 있습니다. 해당국 공사가 먼저 한국 외교부서와 교섭하고, 외교부는 이것을 협의한 후 황제의 재가를 받아 조인하는 것이 정상적인 순서입니다. 이토는 이런 외교적 프로토콜을 완전히 무시하고 대한제국 황제 고종에게 직접 조약문을 내놓고 체결을 강요했습니다.

이날 이토는 "동양평화를 영구히 유지하기 위해서는 한국의 대외관계를 일본이 맡는 것이 불가피하다. 일본의 목적은 오직 동양평화, 한국 황실의 안녕과 존엄 유지에 있을 뿐 다른 뜻은 없다. 내정은 자치에 맡길 것이니 황제 폐하께서 계속 한국을 다스리는 것에는 하등 변함이 없다"고 회유했습니다. 고종은 "일본에 외교권 이양을 거절하는 것은 아니다. 다만 외교권의 형식만이라도 남겨 달라"고 여러 차례 요청했습니다. 이토는 "이 조약은 절대 변경할 수 없다. 동의냐 거절이냐는 황제 폐하의 자유지만, 만약 거절할 경우 한국은 크게 곤란한 처지에 빠지게 된다는 사실을 각오해야 한다"고 협박했습니다.

결국 고종은 "외부대신 박제순朴齊純과 하야시 곤스케林權助 공사 간에 교섭이 끝나면 의정부 회의에서 결정하겠다"고 책임을 내각에 떠넘겼습니다. 이렇게 되자 이토는 11월 16일 오후 4시, 한국 정부의 각료와 원로대신들을 자신의 숙소인 손탁 호텔로 소집하여 "이번 조약안은 절대 내용을 변경할 수 없다. 다만 자구나 표현 등 사소한 문제는 협의가 가능하다"고 유화책을 제시했습니다. 다음날인 11월 17일 오전 11시, 참정대신 한규설韓圭卨 이하 대신 8명이 일본공사관에 모여 조약 교섭을 위한 회의를 열었습니다. 하지만 어느 누구도 의견을 내놓지 않고 눈치만 보자 하야시 공사는 시간 낭비라고 판단해 대신들과 함께 입궐하여 고종의 알현을 요청했습니다.

기회주의로 일관한 고종

고종은 몸이 불편하다면서 알현을 거절하고 대신들과 어전회의를 열었고, 하야시 공사는 휴게실에서 기다리는 상황이 되었습니다. 이날 어전회의에서 고종은 "이토 대사가 말하기를 이번 조약 조문과 관련하여 문구를 더하거나 고치려 하면 협상의 길이 있지만, 거절하면 이웃 나라 간에 좋은 관계를 유지할 수 없을 것이라고 했다. 조약 문구를 변경하는 것이 가능할 듯하다"고 발언했습니다.

어전회의가 끝나고 대신들이 휴게실로 나오자 하야시 공사가 회의 결과를 물었습니다. 한규설은 "황제 폐하는 협상하여 잘 처리하라는 뜻으로 지시했으나 우리 여덟 사람은 반대 의견을 거듭 말씀드렸다"고 대답했습니다. 하야시 공사는 "당신네 나라는 전제군주국가이니 황제 폐하의 지시가 있었다면 이 조약은 순조롭게 체결되어야 한다. 여덟 대신들이 폐하의 병을 서역하는가? 이런 대신들은 조정에 둘 수 없다. 특히 참정대신과 외부대신을 갈아야겠다"고 폭언했습니다.

11월 17일 오후 8시경 이토 특사가 조선주둔군 사령관을 거느리고 입궐했습니다. 이토가 고종에게 알현을 요청했으나 고종은 "대신들에게 협상하여 잘 처리할 것을 명했으니 대사가 타협의 방도를 강구해 주기 바란다"는 메시지를 보냅니다. 고종의 메시지를 받은 이토는 한국의 대신들과 회의를 열어 개개인에게 조약 체결에 대한 찬반 의견을 물었습니다. 고종의 양해 하에 이토 특사가 대신 회의를 주관하는 어처구니없는 일이 벌어진 것입니다. 그 결과 조약의 체결에 반대한 대신은 참정대신 한규설과 탁지부대신 민영기閔泳綺두 명이었고, 나머지 6명은 찬성 혹은 묵시적 찬성 입장을 보였습니다.

잠시 후 고종은 "조약문 중 보태거나 깎을 것은 법부대신이 일본 대사, 공사와 교섭하라"고 어명을 내렸습니다. 대한제국 황제가 조약 체결을 승인한 것입니다. 그리하여 조약문 수정작업에 돌입하게 됩니다. 이하영李夏榮 법부대신이 제1조의 '일본 정부가 외국에 대한 관계 및 사무를 감리 지휘한다'라는 조항 가운데 "모두 자기 뜻대로"라는 표현의 삭제를 요구했고, 이토가 이를 수용했습니다. 이완용 학부대신은 제3조의 통감 권한을 분명히 해야 한다면서 "외교 문제에만 국한시키고 내정은 간섭하지 않는다"는 내용을 명기할 것을 요구했습니다. 이토는 이 의견의 접수를 거부하고 "외교에 관한 사항을 감리하기 위해 경성에 주재하고"라는 문구를 삽입하는 선에서 동의했습니다. 통감의 내정간섭 불가를 명문화하려던 이완용의 의견을 이토 히로부미가 거부한 것입니다.

권중현權重顯 농상공부대신이 "황실의 안녕과 존엄 유지를 보장한 다"는 조항의 삽입을 제의하자 이토는 이를 수용하여 관련 내용을 담은 제5조를 신설했습니다. 그 결과 일본이 미리 준비해 온 조약 내용은 4개 조항에서 5개 조항으로 늘어나게 되었습니다.

이완용이 아니라 고종이 '조약체결' 어명 내려

이토가 직접 붓을 들어 문안수정 작업을 했고, 이 내용을 정서한 다음 고종의 재가를 받아 외부대신 박제순과 일본 공사 하야시 사이에 공식으로 조약이 체결된 시간은 11월 18일 오전 1시였습니다. 조약 체결 직후 고종은 이토 특사에게 "새 협약의 성립은 두 나라를 위해 축하할 일이다. 짐은 신병으로 피로하지만 당신은 밤늦도록 수고했으니 얼마나 피곤하겠소"라는 위로의 칙어를 내렸습니다.

이것이 주요 사료들을 통해 정밀 복기한 을사조약 체결의 경과입니다. 그 과정을 자세히 들여다보면 을사조약 체결을 결정한 사람은 이완용 등의 '을사오적'이 아니라 고종이라는 사실이 명백하게 드러납니다. 그럼에도 불구하고 이완용과 네 명의 대신이 '을사오적'으로 몰리게 된 이유는 무엇일까요?

11월 18일 아침에 외교권을 일본에 넘기는 보호조약이 지난밤에 체결되었다는 소식이 알려지면서 장안은 비분과 탄식으로 들끓었고, 상가는 항의를 위해 철시했습니다. 곳곳에서 박제순, 이완용, 이지용李址鎔, 권중현, 이근택李根澤을 '을사오적'으로 지목하고 "이 역적들을 처단하라"는 상소가 쏟아졌습니다. 그중에서도 가장 격렬한 비난의 표적이 된 것은 이완용이 아니라 외부대신 박제순이었습니다. 당시 이완용은 며칠 전 입각한 신참 학부대신에 불과했습니다. 대부분의 상소문은 "폐하가 종묘사직을 지키기 위해 목숨을 바치겠다고 맹세 했는데 역적들이 임금의 뜻을 어기고 조약을 체결했으니 임금을 욕 보인 신하는 처단하라"는 내용이었습니다.

영국인 베델Ernest T. Bethell이 창간한 『대한매일신보』를 비롯한 언론들은 사실 확인도 하지 않고 상소문 내용을 제보 받아서 제멋대로 "황제는 끝까지 반대했으나 을사오적들이 일본에 굴복하여 보호조약을 체결했다"고 보도했습니다. 그 결과 "고종이 을사조약에 반대했다"는 허구의 신화가 만들어졌고, 이것이 오늘날까지 전해져 역사적 사실로 굳어져버린 것입니다.

조약이 체결될 당시 신문이 그에 관해 오보를 내거나 그에 일반 백성이 격분하여 이완용을 위시한 '을사오적'을 망국의 주범으로 저주한 것은 그런대로 있을 수 있는 일입니다. 그런데 114년이 지난 오늘날까지도 우리 한국인이 망국의 책임을 '을사오적'에 묻는다면 그것은 심각한 정신문화의 지체를 의미합니다. 조선왕조의 멸망은 조선의 국가체제가 총제적으로 실패한 것을 의미합니다. 그에 대한 자각적 인식이 아직도 결여되어 있음은 우리 한국인이 여전히 대한민국의 건국을 포함한 지난 20세기의 역사를 제대로 이해하고 있지 못함을 의미합니다. 이는 또 한 번의 큰 위기를 초래하고야 말 실로 적지 않은 걱정거리입니다.

참고문헌

주한일본공사관 기록&통감부 문서, 『駐韓日本公使館記錄 25권』, 七. (2) 韓國奉使記錄 [韓國特派大使 伊藤의 복명서]

이태진(1995), 『일본의 대한제국 강점 : '보호조약'에서 '병합조약'까지』, 까치.

윤덕한(1999), 『이완용 평전』, 중심.

김윤희(2011), 『이완용평전』, 한겨레출판사.

이윤섭(2012), 『러일전쟁과 을사보호조약』, 북큐브네트웍스.

18. 친일청산이란
   사기극

오늘날 대한민국에서 친일파는 공공의 적입니다. 이른바 과거의 친일파는 마치 부관참시 되듯 그 행적이 일일이 파헤쳐졌습니다. 노무현 정부가 친일반민족행위자 명부를 만들었고, 또 민족문제연구소는 『친일인명사전』을 만들어, 앞으로 대대손손 그들을 기억하게 해 놓았습니다. 그들 이름이 들어간 도로명을 바꾸고 국립묘지에서 묘를 파내는 일도 진행되고 있습니다. 또한, 현재의 친일파, 즉 무언가 다른 목소리를 내는 사람들, 일제 식민지배기에 우리 민족이 단련되었다는 취지의 발언을 한 문창극文昌克 씨는 총리에서 낙마했고, 위안부의 사실을 책에 담은 박유하朴裕河 교수는 민형사상의 무거운 처벌 위협을 받았습니다.

친일은 정녕 용서할 수 없는 무거운 범죄일까요? 해방 후 친일청

2부 _ 종족주의의 상징과 환상 __213

산을 못한 게 치명적 과오이고, 그래서 60년이 지나서라도 친일청산을 하는 게 옳을까요?

제헌국회가 추진한 건 반민족행위자 처벌

우선 분명히 해 둘 것이 있습니다. 우리는 건국 직후 친일청산을 못한 게 아니라 반민족행위자 처벌을 못한 겁니다. 그리고 거기에는 그럴 수밖에 없는 사정이 있었습니다. 이를 정확하게 이해하지 못하면 앞으로도 친일청산 타령에 현혹될 수밖에 없습니다.

첫째로, 1948년 건국 후 제헌국회가 추진한 건 반민족행위자 처벌이었습니다. 제헌헌법 부칙에 "1945년 8월 15일 이전의 악질적인 반민족행위를 처벌하는 특별법을 제정할 수 있다"고 했고, 그에 따라 「반민족행위처벌법」이 제정됐습니다. 10월에는 반민족행위특별조사위원회, 약칭 반민특위가 발족해서 조사와 처벌 작업에 들어갔지요.

"반민족행위자 처벌과 친일파 처벌이 같은 거 아닌가?" 하고 묻는 이도 있겠습니다. 그러나 양자는 엄연히 다릅니다. 직관적으로도 반민족행위자가 무언가 악랄하게 민족에 해를 끼친 자라고 한다면, 친일인물은 단지 일제에 협력한 자, 일제와 친하게 지낸 자 아니겠습니까. 비유를 들자면, 조직폭력배, 조폭의 일원인 것과 조폭의 친구인 건 전혀 다르죠. 조폭의 조직원으로 활동하는 것은 범죄의 일종이지만, 조폭과 친한 건 범죄까지는 아니죠. 물론 반민족행위자와 친일파가 완전히 별개는 아닙니다. 그림20-1에서 보는 것처럼, 친일파는 반민족행위자를 포괄합니다. 수학의 집합 개념을 쓴다면, 반민족행위자는 친일파의 부분집합이라고 하겠습니다. 왜 그런지는 조금 후에 살펴보겠습니다.

그림18-1 반민족행위자와 친일파.

잘 알다시피 건국 직후 반민족행위자 처벌이 추진되었지만, 제대로 되지 않았습니다. 반민특위가 '악질적 반민족행위자'로서 688명을 골라 조사하기 시작했습니다. 그런데 얼마 못가 반민특위가 와해되고, 반민족행위자 처벌이 급하게 마무리됩니다. 기소된 반민족행위자 중 79명이 판결을 받았고 10명만 실형을 선고 받았으며, 그나마 곧 다 풀려났습니다.

둘째로, 반민족행위자 처벌이 제대로 안 된 것은 친일파가 득세했기 때문은 아닙니다. 그것은 반민족행위자 처벌보다 더 시급한 국가적 과제가 있었기 때문입니다. 당시 제주도에선 남로당 무장봉기가 진압되지 않았고 여수와 순천에선 주둔 국군의 반란까지 일어났습니다. 신생 대한민국이 공산세력의 준동으로 전복 위기에 몰렸는데, 반공투쟁의 최전선에 있는 경찰 핵심 요원들을 반민족행위자로 처벌할 수는 없었습니다. 반민족행위자 처벌보다는 공산세력과의 싸움이 더 화급했기에 이승만 대통령은 반민족행위자 처벌을 막았습니다. 반민족행위자를 처벌할 수 있었다면 좋았겠으나, 더 시급한 공산세력과의 싸움 때문에 그렇게 할 수 없었던 겁니다. 반민족행위자 처벌은 이걸로 끝났습니다. 이들을 다시 처벌할 길은 없었습니다. 그리고 한동안은 잠잠했습니다.

친일파 청산론으로 탈바꿈해 되살아나다

그런데 1964~1965년 한일회담 반대운동 때 반민족행위자처벌론이 친일청산론으로 탈바꿈해서 등장합니다. 그때 당리당략밖에 모르는 야당 정치인들은 박정희 정권에 타격을 주기 위해 반일 감정을 적극 조장했습니다. 그 분위기 속에서 재야의 임종국林鍾國이란 인물이 1966년 한국의 대표적 문학 작가 등 지식인들이 일제말 어떤 친일행위를 했나를 다룬 책『친일문학론』을 냅니다. 그는 이후 계속해서 일제의 침략과 친일의 역사에 관한 책을 여러 권 냈습니다. 특히 1979년에 나온『해방전후사의 인식』에 실린「일제말 친일군상의 실태」는 지식층과 대학생에게 널리 읽혔습니다. 제가 대학생일 때인데 그 글을 읽었을 때의 충격이 지금도 기억납니다.

그가 1989년 사망하자 그의 유지를 실천하자는 이들이 나옵니다. 그가 1만 2,000여 장의 친일인명 카드를 만들어 놓았거든요. 1991년 반민족문제연구소가 창립되는데, 나중에 민족문제연구소로 이름을 고칩니다. 연구소는 『친일파 99인』 3권과 『청산하지 못한 우리 역사』 3권을 내면서 친일청산론에 불을 지핍니다. 이들은 1994년부터 친일파 고발 작업의 완결판으로서 『친일인명사전』의 편찬 작업을 추진합니다. 이 연구소는 2001년 친일인명사전편찬위원회를 조직하고 사전 편찬을 추진하다가 국가예산 지원을 못 받게 되자, 국민 모금을 통해 발간비를 조달해 편찬 작업에 착수했습니다.

한편 노무현 집권기에는 국가 차원의 친일청산 작업도 진행됩니다. 2004년 3월 「일제강점하 친일반민족행위 진상규명에 관한 특별법」이 제정 공포되었습니다. 노무현 탄핵의 여파로 집권당이 국회 다수 의석을 차지한 결과였습니다. 이 법에 따라 대통령 소속 위원회로 친일반민족행위 진상규명위원회가 2005년 5월 조직되어 친일반민족행위자 선정 작업에 들어갔습니다. 2009년 11월말 활동을 마친 위원회는 친일반민족행위자로 1,005명을 선정했는데, 이는 1949년 반민특위가 취급했던 688명보다 300여 명 더 많습니다.

한편, 민족문제연구소가 조직한 친일인명사전편찬위원회는 2009년 11월 친일인물로 4,389명을 선정해서 사전을 편찬했습니다. 이는 앞의 반민족행위자 수보다는 물론이고 정부가 선정한 친일반민족행위자 수보다도 훨씬 더 많습니다.

청산대상이 이렇게 늘어난 것은 해당 인물의 친일반민족행위가 새로 드러나서가 아닙니다. 더 많은 사람이 선정되도록 기준을 바꾼 결과에 불과합니다. 일례로 일제하 관료로서 각기 반민족행위자, 친일반민족행위자, 친일인물로 선정되는 자의 기준을 살펴보겠습니다. 표18-1을 보면, 반민법은 "군, 경찰의 관리, 관공리로서 악질적인 행위로 민족에게 해를 가한 자, 또는 악질적 죄적이 현저한 자"를 반민족행위자로 규정한 반면, 노무현 정부의 친일반민족행위법은 "일정 직급, 계급 이상의 관리나 헌병, 경찰로서 민족구성원의 감금, 고문, 학대에 앞장선 행위"를 친일반민족행위로 보았습니다. 나아가 민족문제연구소는 "식민통치기구의 일원으로서 식민지배의 하수인이 된 자"를 친일인물로 판정했습니다. 각기 '악질적'인 자, "탄압에 앞장선" 자, '하수인'이 기준입니다.

표18-1 관료 중 반민족행위자, 친일반민족행위자, 친일인물의 정의

구분	반민특위 조사대상 반민족행위자	노무현 정부 위원회 선정 친일반민족행위자	민족문제연구소 친일인물
정의	(제4조 6, 9항) 군, 경찰의 관리로서 악질적인 행위로 민족에게 해를 가한 자. 관공리되었던 자로서 그 직위를 악용하여 민족에게 해를 가한 악질적 죄적이 현저한 자	(2조16항)고등문관 이상의 관리 또는 군경의 헌병분대장 이상 또는 경찰간부로서 주로 무고한 우리민족 구성원의 감금·고문·학대 등 탄압에 앞장선 행위	식민통치기구의 일원으로서 식민지배의 하수인이 된 행위
key word	'악질적'	"일정 직급 이상으로서… 탄압에 앞장선"	'하수인'

즉, 기준을 낮춰 잡아서 더 많은 사람이 걸리도록 한 게 노무현 정부의 친일반민족행위자 선정이나 민족문제연구소의 친일인물 선정 작업이었습니다. 비유하자면, 촘촘한 그물로 물고기를 잡으니 더 많은 물고기가 그물에 걸리는 격입니다. 당연히 아래 그림에서처럼, 반민족행위자 〈 친일반민족행위자 〈 친일행위자인 것이죠.

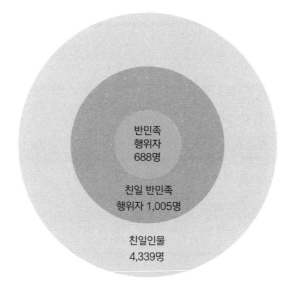

반민족
행위자
688명

친일 반민족
행위자 1,005명

친일인물
4,339명

그림18-2 반민족행위자⊂친일반민족행위자⊂친일인물.

반민족행위자 처벌을 친일파 청산으로 바꿔치기

반민족행위자와 친일인물은 다른데도, 노무현 정부와 민족문제연구소 등은 제2의 반민특위 운운하면서 마치 건국 직후 실패한 반민특위를 되살리는 것처럼 국민에게 선전선동했고 그게 먹혔습니다. 친일인명사전 발간에 성금이 몰리고, 친일반민족행위진상규명법 국회 통과에 보수 정당이라는 당시 야당 한나라당이 동의했습니다. 여론에 밀린 한나라당의 행태는 완전히 정신 나간 행위였습니다.

이제, 과거 반민특위 때 대상이 아니었던 이들이 대거 친일반민족행위자나 친일인물로 등재됩니다. 아래 표18-2에서 보는 것처럼, 정부위원회가 새로 친일반민족행위자로 선정한 이들 중에는 제2대 부통령 김성수金性洙, 창군 원로 이응준李應俊, 학계의 유진오俞鎭午, 교육자 김활란金活蘭과 백낙준白樂濬, 고황경高凰京, 장덕수張德秀, 종교계의 노기남盧基南, 양주삼梁柱三, 언론계의 방응모方應謨, 문학계의 김동인金東仁, 모윤숙毛允淑과 노천명盧天命, 서정주徐廷柱 등이 있습니다.

표18-2 **각 범주별 인물 예**

구분	(반민특위 조사대상) 반민족행위자	(노무현 정부 위원회 선정) 친일반민족행위자	(민족문제연구소) 친일인물
총수	688명	1,005명	4,389명
		(추가된 인물) 김성수, 김활란, 백락준, 고황경, 장덕수, 노기남, 양주삼, 방응모, 김동인, 서정주, 모윤숙, 노천…	
			(추가된 인물) 박정희, 안익태, 백선엽, 김백일, 김홍량…

또 민족문제연구소의 친일인명사전에는 이들에 더해서 박정희 대통령, 안악의 유력자이자 독립운동가인 김홍량金鴻亮, 애국가 작곡자인 안익태安益泰, 6·25전쟁의 호국 영웅 백선엽白善燁, 김백일金白一 등이 새로 들어갔습니다.

이들은 반민특위 때는 문제가 되지 않은 사람들이었습니다. 저는 이 대목에서 두 가지 의문을 품습니다. 첫째, 제헌국회는 왜 이들을 문제 삼지 않았을까요? 왜 친일행위자까지는 처벌하지 않았을까요? 둘째, 노무현 정부의 집권여당과 민족문제연구소 등은 왜 각기 친일반민족행위자와 친일인물 범주를 만들어냈을까요?

우선 첫째 질문부터 보겠습니다. 제헌국회는 왜 친일행위자까지는 처벌할 생각을 안 했을까요? 한마디로 친일행위자를 다 처벌하면 수십만 명이 될지도 모르기 때문이었습니다. 이 친일행위자들은 대개 일본군에 지원하라고 선전하고, 전시국채 모집 선전을 하며, 일본군의 전승을 축하하는 일을 했습니다. 바로 일본의 침략전쟁에 한국인을 동원하는 데 협력한 겁니다. 이런 협력이 결코 잘한 일은 아닙니다. 하지만 당시 그렇게 할 수밖에 없었고, 또 이는 전 조선에 만연한 일이었기에, 제헌국회는 이들까지 처벌하려 하진 않았습니다.

일례로 식량 공출과 노무동원은 지방의 말단 관료 조직이 매달린 일로서 면서기, 면의 담당 직원들은 악착같이 식량을 찾아내고 노무자를 동원했습니다. 이들은 명백한 친일행위자라 할 것입니다. 또 학생들이 조선어를 쓴다고 때리고, 닌쿠단렌忍苦鍛鍊이라고 운동장에서 체조와 작물 재배를 강요하며, 산에서 솔뿌리를 캐오게 닦달하고, 지원병에 응모하라며 교실에서 어린 학생들을 압박한 교사들도 많았습니다. 이들 역시 명백한 친일행위자였습니다. 위아래 할 것 없이 전시 협력행위가 만연했습니다. 이들을 모두 처벌한다면 그 수가 수만 명이 될지 수십만 명이 될지 몰랐습니다.

그래서 제헌국회는 고위급과 거물급으로 책임이 중하거나 악질적인 반민족행위자만 처벌하려 했습니다. 단지 일본군 장교였거나, 무기를 몇 차례 헌납했거나, 대동아공영권을 찬양하는 시를 쓴 정도는 처벌 대상으로 삼지 않았습니다. 그게 당시의 국민적 합의였습니다. 친일 협력행위의 실상을 소상히 아는 당시 사람들이 내린 판단이니 그들의 판단이 옳겠죠.

그렇다면 둘째 질문으로, 왜 노무현 정부의 집권여당과 민족문제연구소는 각기 이 친일반민족행위자와 친일인물 범주를 새로 만들어냈을까요? 왜 그들은 반민족행위자를 친일행위자로 바꿔치기 했을까요? 김성수, 박정희, 백선엽, 서정주… 등은 모두 대한민국의 정치와 문화, 종교, 교육의 기틀을 잡은 인물들, 한마디로 건국의 원훈, 공로자들입니다. 좌익은 이른바 대한민국 건국의 원훈, 공로자들을 친일파로 격하시킴으로써 대한민국을 흠결 많은 나라로 만들려 한 것입니다. 김성수, 박정희, 백선엽, 서정주 이런 분들이 친일행위자라면, 대한민국은 친일행위자가 세우고 득세한 나라, 태어나서는 안 될 나라가 됩니다.

김성수, 박정희, 서정주 등이 친일행위자인 건 사실이 아니냐고 하는 이도 있겠습니다. 좋습니다. 일제말의 협력행위를 문제 삼는다면, 다 찾아내서 밝힙시다. 그런데 노무현 정부나 민족문제연구소는 중하층의 협력행위에는 면죄부를 줬습니다. 생계형 범죄는 괜찮다는 논리인데요, 하지만 이들의 범죄 행위 역시 가볍지 않습니다. 당시 쌀 공출, 노무동원만큼 농민과 노동자들에게 극심한 고통을 준 일이 있을까요? 산에서 교사가 시킨 송근 채취를 하느라 어린 학생들이 얼마나 힘들었을까요? 쌀 공출, 노무동원, 학생 근로동원을 맡았던 면서기, 면 노무계, 순사보, 교사도 명백히 친일반민족행위자입니다. 시로 일본의 승전을 찬양했던 서정주나 노천명이 이수많은 익명의 면서기, 순사보, 교사들보다 더 악질적이라고 볼 이유는 전혀 없습니다.

노무현 정부의 위원회와 민족문제연구소 등은 이 상층의 협력자만 문제 삼아 그들을 친일반민족행위자 또는 친일인물로 판정했습니다. 그리고는 그것이 반민특위가 다 못한 친일청산이라 했습니다. 이는 사기행위, 일본 말을 써서 안됐습니다만, 네다바이^{ねたば}^い 입니다. 네다바이란 가짜 돈다발 등으로 지능적으로 사람을 속여 금품을 빼앗는 것을 뜻하죠. 지능적으로 사람을 속여, 반민특위가 못 다한 일을 한다면서 대한민국 건국과 호국, 부국의 영웅들을 친일반민족행위자 또는 친일인물로 내몰았습니다.

실제로 피해를 입었던 당대 사람들이 전혀 문제 삼지 않았던 이들을 후대의 인물들이 단죄한 겁니다. "늦게 태어난 행운을 누리는 자의 폭거"라 할 수밖에 없습니다. 대한민국의 명예를 떨어뜨리고 대한민국을 진창에 처박기 위해서였지요. 그 사기극詐欺劇에 많은 국민이 넘어갔습니다.

오늘날, 일제에 대한 협력과 북한 정권에 대한 협력 중에서 더 중대한 과오는 어느 쪽일까요. 당연히 후자입니다. 한국인은 일제에 대한 협력 문제를 캐는 것만큼 과거 대한민국 건국을 방해하고 그를 파탄 시키려 한 공산주의자들과 그 동조자들의 활동을 캐고 있습니까? 그리고 김대중·노무현 정부가 북한 정권에 협력해서 결과적으로 북한의 핵개발을 도운 것을 캐고 있습니까? 한국인은 친일파 청산의 열의만큼이나 친북파·종북파 청산에 힘을 쏟고 있습니까? 국민의 생명과 재산이 걸린 진짜 중요한 문제에 집중해야 하지 않겠습니까?

참고문헌

유종호(2004), 『나의 해방 전후 : 1940-1949』, 민음사.
이강수(2003), 『반민특위 연구』, 나남출판.
주익종(2008), 「제멋대로 만든 친일인명사전」, 『월간조선』 2008년 6월호.
허종(2003), 『반민특위의 조직과 활동』, 선인.

19. Never Ending Story

- "배상! 배상! 배상!"

주익종

    일본에 대한 한국민의 피해 배상 요구는 주로 일제말 전시 강제동원에서 기인합니다. 노무자, 군인·군속, 위안부 동원의 피해에 따른 배상, 혹은 보상 요구입니다. 그 일환으로 일제하 강제동원의 진상을 규명하고 그 피해자를 지원한다는 정부의 활동이 노무현 집권기인 2005년부터 시작해서 2015년 말까지 10년 넘게 계속되었습니다. 이 정부 위원회는 강제동원 피해자 신고를 받고, 강제동원 실태에 관한 조사연구를 수행했습니다. 특히 2015년 9월 17일까지 11만 2,555건의 위로금 등 지급 신청을 받아 그중 11만 523건을 처리했습니다. 이른바 전시 동원의 진상 규명, 피해자에 대한 보상 등에서 성과가 있었으나, ① 강제동원이라는 성격 규정, ② 형평성을 결여한 지원 실상, ③ 끝없는 피해 보상 요구라는 큰 문제점을 낳았습니다.

박정희 정부의 국내 청구권 보상

과거 박정희 정부가 개별 국민에 대한 청구권 보상을 한 바 있습니다. 1965년 청구권 협정에서 한국 정부가 일본 정부로부터 한국 측의 청구권 금액을 일괄 수령했기에, 국내 개별 청구권자에 대한 보상금은 한국 정부가 지급해야 했습니다.

박정희 정부는 1966년 2월 청구권자금관리법을 제정했습니다. 정식 명칭은 「청구권자금의 운용 및 관리에 관한 법률」인데요. 이 법에서 민간 청구권은 청구권 자금 중에서 보상한다고 규정했습니다. 그러나 관련 법 제정이 늦춰졌고 실제 보상 작업은 상당히 지체되었습니다.

박정희 정부는 먼저 대일민간청구권 신고를 받고, 다음에 그 청구권자에게 보상을 했습니다. 대일민간청구권 신고법이 국교 정상화 후 5년도 지난 1971년 1월에 제정되었습니다. "대일민간청구권의 정확한 증거와 자료를 수집"하는 게 이 법의 목적이었습니다. 신고대상 9건 중 8건이 일본은행권, 일본 국채, 일본 내 금융기관 예금, 간이생명보험 및 우편연금 납입금 등 재산관계였고, 1건만 인명 관계로서 "군인·군속 또는 노무자로 소집 또는 징용되어 1945년 8월 15일 이전에 사망한" 자, 곧 피징병·피징용 사망자였습니다. 신고대상자가 증거 자료와 함께 신고하도록 했고, 증거물을 조작하는 등 허위신고 하는 자에게는 형사처벌을 한다고도 했습니다.

1971년 5월 21일부터 1972년 3월 20일까지 10개월간 신고를 접수했는데, 재산 관계 131,033건, 인명 관계 11,787건으로 총 142,820건이 접수되었습니다. 이 결과는 주 신고대상자를 재산권 피해자들로 잡은 법조문과 같습니다. 인명 관계가 11,000여 건밖에 안된 것은 강제동원 피해자로는 군인, 군속, 노무자 중 동원 중의 사망자만을 신고대상으로 삼았기 때문입니다.

청구권 보상법은 1974년 12월에 제정되었으며, 실제 보상금 수령은 1975~1977년에 이루어졌습니다. 청구권 협정 후 10년이 지나서였습니다. 민간청구권 보상은 이 청구권 신고 중 수리된 것, 받아들여진 것을 대상으로 했습니다. 재산 관계 신고자 7만 4,967명에게 66억 2900만 원이 보상금으로 지급되었고, 피징병·피징용사망 신고자 11,787명 중 8,910명이 최종 수리되었고, 8,552명에 1인당 30만 원씩 도합 25억 6560만 원이 지급되었습니다. 이 30만 원은 당시 군복무 중 사망한 사병이나 대간첩작전 사망 군경에 대한 보상금 수준에서 따왔습니다. 총 91억 8769만 원이었습니다.

흔히 피징병·피징용 사망자에 대한 지급액 25억 6000만 원은 청구권 무상자금 3억 달러(1974년 환율 484원 적용시 1452억 원)의 1.8%에 불과했다면서, 박정희 정부가 일본에서 받은 청구권 보상금을 떼먹고 국민에게 지급하지 않았다고 비판하기도 합니다. 이른바 쥐꼬리 보상 운운입니다

그러나 청구권 무상자금 3억 달러 전체가 피징용자의 청구권 자

금은 아니었습니다. 청구권 교섭 때 한국 측이 피징용 노무자 미수금으로 2억 3700만 엔을 청구했지만, 일본 측은 그중 1억 6000만 엔이 이중계상되어 7700만 엔으로 감액해야 한다고 주장한 바 있습니다. 해방 당시의 달러화 대비 엔화 환율(1달러=15엔)을 적용하면, 피징용 노무자 미수금 7700만 엔은 500만 달러를 약간 넘습니다. 이른바 청구권 무상 자금 3억 달러의 60분의 1, 1.7%입니다. 이 피징용자 미수금 500만 달러의 1974년 원화 환산액은 24억 2000만 원으로 우연히도 피징용 사망자 보상금 25억 6000만 원과 얼추 비슷합니다. 박정희 정부는 청구권 교섭 때 일본이 인정한 노무자 미수금과 같은 금액을 피징용 사망자에게 지급했다고 할 수 있겠는데, 물론 피징용자 미수금과 피징용 사망자 보상금은 전혀 다른 범주입니다. 피징용 사망자가 피징용자 미수금을 받을 근거는 없습니다.

여하튼 1.8% 운운하는, 개별 국민이 받아야 할 청구권 보상금을 박정희 정부가 떼먹었다는 주장은 박정희 정부를 흠집 내기 위한 엉터리 속설에 불과합니다. 민간청구권 보상액은 다 합쳐도 91억 8800만 원으로 무상 3억 달러의 6.3%밖에 안 되는데, 이는 역시 박정희 정부가 민간의 돈을 떼먹은 게 아니고, 청구권을 가진 여러 금융기관, 즉 조흥은행, 한국산업은행, 농협, 수협, 금융조합연합회 등의 국유 금융기관에 대해선 보상하지 않기로 한 때문입니다.

노무현 정부의 강제동원 피해자 지원사업

전시 동원 관련 부상자나 행방불명자 같은 피해자가 보상을 받지 못한 데 대해서는 계속 비판이 제기되었습니다. 이에 노무현 집권기인 2004년에 강제동원피해진상규명법이 제정되어 2005년 2월부터 정부 위원회가 출범했고, 이 위원회는 피해보상에 앞서 진상조사 활동을 시작했습니다. 군인, 군무원, 노무자, 위안부 등에 걸쳐 총 228,000여 명에게서 피해신고를 접수했습니다.

피해조사가 이루어진 후 보상금이나 위로금 지급 작업을 시작했습니다. 역시 노무현 정부 때인 2007년 12월 국외강제동원희생자 등 지원법이 제정되었습니다. 그리고 2010년 3월에 두 법, 즉 진상규명법과 희생자 지원법을 통합해서 「대일항쟁기 강제동원 피해조사 및 국외강제동원 희생자 등 지원에 관한 특별법」이 제정되었습니다.

희생자로서 사망 행불자는 인당 2000만 원, 부상자는 인당 최고 2000만 원의 위로금이 지급되었습니다. 1975~1977년 보상금이 나간 사망자에게는 234만 원을 공제했습니다. 미수금 1엔당 2,000원씩 미수금 지원금을 지급했으며, 생존자에 대해서는 의료지원금이 지급되었습니다.

피해자 지원으로 총 11만 2천여 건의 지급 신청 중 64.5%인 7만 2,600여 건에 대해 지급결정이 내려졌습니다. 사망, 행방불명이 17,780건으로 1970년대 인정된 8,500여 건의 2배가 넘었습니다.

사망자와 행방불명자에 대한 위로금 3600억 원, 부상장해자 위로금 1022억 원, 미수금 지원금 522억 원 등 위로금과 지원금 합계로 6184억 원의 지급 결정이 내려졌습니다.

표19-1 **위원회 피해자 지원 결정 실적**

구분	위로금 지급		지원금 지급		계
	사망 행불	부상장해	미수금	의료지원금	
건수	17,780	13,993	16,228	24,530	72,631
지원금액(억 원)	3,600	1,022	522	1,040	6,184

지급 결정된 위로금 지원금은 대부분 집행되어 2015년 말까지 6008억 원이 지급되었습니다. 그리고 위원회의 인건비와 행정비로 1739억 원을 썼습니다. 모두 7747억 원의 거금입니다.

표19-2 **강제동원위원회 예산 사용 (억 원)**

구분	진상규명위 2005-2009년	희생자지원위 2008-2009년	통합 위원회 2010-2015년	계
인건비 및 행정비	713	28	998	1,739
지원금액(억 원)	-	1,751	4,257	6,008
계	713	1,779	5,255	7,747

조사 작업의 결과 전시동원의 실태가 많이 밝혀졌습니다. 위원회가 직접 혹은 용역을 수어서 조사연구 작업을 수행한 것도 있고, 무

엇보다도 동원 피해자가 신고시 제출한 각종 사진, 통지서, 급여명세서 등을 통해 동원의 객관적 실상이 새로 많이 알려졌습니다. 위원회는 수많은 조사보고서와 사진첩을 냈습니다. 2009년에 나온 『사진으로 보는 강제동원 이야기 – 북해도편』은 그중 하나입니다. 이 책에는 한국인 노무자들이 숙소와 작업장에서 찍은 사진, 급여명세표, 사망자 보상 관련 자료 등을 한 눈에 볼 수 있게 잘 정리되어 있습니다. 이 자료들을 잘 활용하면 강제동원에 관한 좀 더 정확하고 진전된 논의를 할 수 있을 겁니다. 8000억 원 가까운 엄청난 돈이 들어간 사업에서는 당연한 결과라 하겠습니다.

노무현 정부 강제동원 피해자 지원사업의 과오

이 지원사업은 결코 간과할 수 없는 중대한 과오를 범했습니다. 저는 크게 세 가지로 봅니다. 우선, 만주사변 이후 일본 등 해외로 간 노무자를 모두 강제동원된 것으로 규정하여 일제하 강제동원 규모를 엄청나게 부풀렸습니다. 이 사업에서 국외 강제동원 피해자와 희생자에 대한 정의를 보겠습니다.

2010년 통합법에서는 국외 강제동원 피해를 '만주사변 이후 태평양전쟁에 이르는 시기에 일제에 의하여 강제동원되어 군인·군무원·노무자·위안부 등의 생활을 강요 당한 자가 입은 생명·신체·재산 등의 피해'라 했습니다. 또 국외강제동원 희생자를 '1938년 4월 1일부터 1945년 8월 15일 사이에 일제에 의하여 군인·군무원 또는 노무자 등으로 국외로 강제동원되어 그 기간 중 또는 국내로 돌아오는 과정에서 사망하거나 행방불명된 사람 또는 대통령령으로 정하는 부상으로 장해를 입은 사람'으로 정의했습니다.

피해자와 희생자의 시작 시점이 다른 것도 문제입니다만, 여하튼 이 법에서는 1931년 9월 만주사변 발발 이후 일본이나 해외 일본 점령지로 간 노무자, 군인, 군속, 위안부를 모두 강제동원된 것으로 판정했습니다. 아울러 육해군 특별지원병과 학병, 징병 등을 통해 동원된 군 병사도 모두 강제동원된 피해자로 판정했습니다.

그러나 1944년 9월 조선인 징용제가 실시되기 전에는(혹은 3월 현원 징용제가 실시되기 전에는) 노무자는 모집, 관알선으로 일본 등 해외로 간 것입니다. 법적으로는 자의로 간 겁니다. 그 모집이나 관알선 과정에서 면장, 면서기나 면 노무계, 순사 등의 강한 권유가 있었다 해도, 기본적으로 개인의 의사에 따른 겁니다. 그런데도 노무현 정부의 이 사업에서는 그를 모두 강제동원이라 규정함으로써 일제에 의한 전시동원의 피해를 크게 부풀렸습니다. 마찬가지로 조선인 병사 중에는 육군특별지원병제에 따라 자발적으로 응모한 이도 많았는데, 그들도 모두 강제동원 피해자로 보았습니다. 그러면서도 장교로 간 사람은 강제동원 피해자로 보지 않았는데요, 사병과 장교 간에 얼마나 지원 동기나 의식에 차이가 있었는지는 사실 의문입니다. 이로써 향후 노동이동, 노무동원, 군사동원의 실태에 관한 연구가 아무리 진전되더라도, 1930년대 이후의 모든 노동이동, 군사동원은 강제동원으로 불릴 수밖에 없습니다. 또 다른 역사왜곡이라 할 것입니다.

둘째로, 피해자 지원에서도 누구는 중복 지원하고 누구는 지원하지 않는 형평성 위배입니다. 군인·군속·노무자로서 해방 전 사망했을 때 사망 보상금을 제대로 지급받은 경우도 많았습니다. 사망보상금이란 노무자의 경우 유족 부조료, 단체생명보험금, 퇴직수당, 예금, 성과금, 적립금, 채권 현재액 등을 말합니다. 이 사망자 중 8,500여 명이 1970년대에 보상금을 받았습니다. 하나의 사건에 대해 일본 정부·기업과 한국 정부 두 곳에서 보상금을 받은 셈입니다. 그런데 2000년대에 정부가 위로금 명목으로 또 돈을 지급했습니다. 피해자니까 3중이 아니라 5중, 10중이라도 보상을 받는 게 맞는 걸까요.

그런데 피해자이면서도 제대로 보상받지 못한 사람도 있습니다. 버마 전선에서 오른쪽 팔을 잃은 상이군인 김성수金成壽 씨의 예가 그러합니다. 그는 《상이군인 김성수의 전쟁》(일어판)이란 책에서 자신의 이야기를 썼습니다. 그는 1924년 울산 태생으로 일본군에 입대했는데 1945년 3월 버마전선에서 오른팔을 잃었습니다. 귀국 후에 사업이 잘되어 생활에 지장이 없었으나 노년에 들어 사업이 실패해서 생활이 어려워졌다고 합니다. 그가 일본에 귀화했더라면 월 400만 원의 군인원호연금을 받을 수 있었을 거라 합니다만, 그는 1975년에 민간청구권 보상을 받지 못했습니다. 부상자는 아예 대상이 아니었기 때문입니다. 박정희 정부가 처리를 잘못한 것이죠. 보상에 인색했다고나 할까요. 한국 정부로부터 아무런 보상도 받지 못한 그가 1990년대 들어 일본 법원에 보상을 요구하는 소송을 냈습니다만, 결국 소송에 패했습니다. 청구권 협정으로 일본 정부가 한국 정부에 무상 3억 달러 지급으로 일괄 보상을 했다는 이유에서입니다. 박정희 정부는 일본군인으로 참전해서 부상을 입은 김성수 씨와 같은 이의 보상금을 일본 정부에서 받고도 그에게 제대로 보상하지 않은 것입니다.

국가의 보상원칙은 분명해야 합니다. 한국 현대사에서 국가적 대사건으로 피해를 입은 사람이 한 둘이 아닌데, 같은 일본 전시동원자 중 누구는 3중으로 보상을 받고, 어떤 이는 제대로 보상을 받지 못하며, 또 6·25전사자나 그 후 대간첩작전 전사자는 1회만 보상받는다면, 형평성에 크게 위배되지 않겠습니까. 한마디로 국가 원호체계가 엉망이 되었다고 할 수밖에 없습니다.

세 번째 문제점으로, 이제 새로운 피해보상 요구가 나옵니다. 일본에 간 노무자 중 무사히 돌아온 사람, 생환자는 노무현 정부 때 비로소 의료비 부조를 받게 된 것 외에는 아무런 보상을 받지 못했습니다. 이들은 나는 왜 안주나 하고 불만을 갖게 되었지요. 이들 중 일부는 일본 기업에 강제동원에 따른 피해보상을 요구하는 소송을 일본 법원에 냈다가 기각, 각하되자 다시 한국 법원에 소송을 제기합니다. 2012년과 2018년 한국 대법원은 노무자 중 '무사' 생환자에 대해서도 정신적 피해의 위자료 지급 판결을 내립니다. 생환 노무자는 그동안 자신의 피해를 보상받을 기회가 없었으나, 이번 대법원 판결로 그 기회를 얻은 것입니다.

대법원은 청구권 협정에도 불구하고 개인의 대일 청구권이 소멸하지 않았다고 보았습니다. 이제 사망자, 부상자, 생환자 할 것 없이 모두 위자료 청구권을 갖게 되었습니다. 이번에는 생환자가 위자료를 청구한 것이지만, 사망자 유족이 위자료 청구 소송을 내면 어떻게 해야 하겠습니까? 한국 정부가 지급한 사망자 위로금이 2000만 원인데, 이번 생환자의 위자료 판결액은 1억 원입니다. 이번에는 사망자 유족이 불만을 품게 될 겁니다. 사망자 유족은 위자료로 몇 억 원씩은 받아야 하지 않겠습니까? 사망 행방불명자로 인정된 2만 명 가까운 이의 유족이 모두 소송을 제기하고 5억 원씩 지급하라는 판결이 나온다면 10조 원입니다. 그 외에 부상장해자, 미수금 및 의료 지원금 수급자 등 위원회의 피해자로 인정된 이들을 더하면 모두 7만 2,000여 명인데, 이들에게 평균 2억 원씩 지급 판결이 내려져도 14조 원입니다. 이들이 모두 일본 기업을 상대로 개별 소송을 벌이면 대한민국은 이 소송으로 날이 새고 날이 저물 겁니다.

위자료는 일본 기업을 상대로 청구할 것이지만, 해방 전 조선인 노동자를 쓴 일본 기업이 현재 모두 존속하는 게 아니므로 누구는 위자료를 청구할 수 있고, 누구는 청구할 수 없다는 형평성의 문제가 생깁니다. 또 이번 대법원 판결에 따라 실제 일본 기업 재산 압류가 시작되었습니다만, 이게 정부 차원 협상에서 해결될 전망은 희박합니다. 향후 한일 관계는 극단적으로 악화될 겁니다. 국교단절 위기가 올 수도 있습니다. 친한 이웃이 한 나라도 없게 되는 겁니다. 이래서 한국이 생존할 수 있겠습니까?

이런 식으로 이른바 강제동원 피해에 대한 배상 요구는 영구히 끝나지 않을 것입니다. 일본은 죄악을 저질렀으니 무엇이든지 요구해도 된다는 게 현 국민정서입니다만, 이는 반일 종족주의에 따른 오해와 편견일 뿐입니다. 6·25전쟁으로 남한에서만 100만 명이 죽고 100만 명이 부상을 입게 한 북한에 대해 단 1원이라도 배상·보상을 요구했습니까? 일본에 대해선 끝까지 배상을 요구하면서, 훨씬 더 큰 피해를 준 북한에 대해선 아무 소리도 못하는 게 정상입니까? 이래서야 되겠습니까?

참고문헌

대일항쟁기강제동원피해조사및국외강제동원희생자등지원위원회(2016), 『위원회 활동 결과보고서』.
최영호(2005), 「한국 정부의 대일 민간청구권 보상과정」, 『한일민족문제연구』 8.
하승현(2011), 「일제강점기 강제동원 피해구제-한국 정부의 피해보상 내용을 중심으로」, 성균관대 석사악위 논문.

20. 반일 종족주의의
신학

이영훈

브로델의 역사학

프랑스의 유명한 역사학자로서 페르낭 브로델^{Fernand Braudel}이란 사람이 있었습니다. '20세기 역사학의 황제'라고까지 칭송을 받았던 사람입니다. 이 분은 역사를 구성하는 시간은 세 가지 층위로 이루어진 다고 했습니다. 단기, 중기, 장기의 세 가지 층위입니다. 하루하루 또는 해마다 수많은 사건이 꼬리를 물고 일어납니다. 때론 전쟁이 일어나 수많은 사람이 죽고 다칩니다. 이것이 단기의 시간입니다. 그 격동의 변화에도 불구하고 보통 사람들의 일상생활은 그들이 놓인 자연환경의 리듬에 따라 또는 그들이 신앙하는 종교의 의례에 준하여 큰 변화 없이 이어져 갑니다. 그것이 장기의 시간입니다. '장기지속' 또는 '구조'라고도 했습니다. 자연지리, 기후, 언어, 종교, 심성 등이 장기를 구성하는 요소입니다. 중기의 시간에 대해선 설명을 줄이겠습니다.

브로델은 제1차 세계대전 때 지중해 연안의 어느 포로수용소에서 몇 년간 생활했습니다. 철조망 바깥에서 전개되는 어촌의 일상생활은 세계대전의 격동 속에서도 해마다 철 따라 상당한 규칙성으로 반복되었습니다. 거기서 브로델은 장기의 시간을 발견했다고 합니다. 장기의 시간은 매우 늦게 흐릅니다. 100년 단위로 겨우 약간의 변화가 관찰될 정도로 그 속도는 느립니다. 그 시간 속에서 벌어지는 민중의 일상생활과 심성의 역사를 추구한 것이 브로델의 위대한 업적입니다. 저는 반일 종족주의라는 개념을 제기하면서 브로델의 역사학을 떠올렸습니다. 반일 종족주의는 한국인의 내면을 구성하는 장기지속의 심성과 같다는 생각이 들었기 때문입니다.

불변의 적대 감정

보통의 한국인은 일본에 대해 좋은 감정을 가지고 있지 않습니다. 불쾌하거나 적대적인 감정을 가지고 있습니다. 그것은 오랜 역사로부터 물려받은 것입니다. 저는 7세기 말 신라가 삼국을 통일하면서부터 그러했다고 생각합니다. 이후 천 수백 년간 한국과 일본은 아주 가까이 붙은 나라이면서도 정부 차원이나 민간 차원의 교류는 참으로 희박했습니다. 가까운 두 나라가 그토록 소원했음은 세계사에서 유례를 찾기 힘들 정도입니다. 그러한 가운데 일본에 대한 객관적 이해는 거의 완벽할 정도로 결여되었습니다. 조선왕조가 그린 일본 지도가 여러 장 있습니다만, 어느 하나 일본의 모습과 비슷한 것을 찾을 수 없습니다. 18세기 중엽에 그려진 어느 지도에서 일본은 수많은 섬으로 이루어진 나라입니다. 어느 다른 지도에서는 천황이 사는 교토京都와 기나이畿內는 있는데, 장군이 사는 에도江戶와 간토關東는 없습니다. 조선은 일본의 지리, 문화, 정치, 경제에 대해 아무것도 알지 못했습니다. 그저 바다 속의 오랑캐라고만 감각하였습니다.

　그 점은 크게 말해 21세기 초 오늘날에도 마찬가지입니다. 오늘날 한국의 학자 가운데 일본의 역사, 문화, 정치, 경제에 대해 전문적 식견을 가지고 있는 사람은 거의 없습니다. 몇 년 전 저는 조선의 노비와 일본 중세의 노비를 비교 분석한 논문을 쓴 적이 있습니다. 그때 한국의 역사학자 가운데 일본 중세사에 대해 논문을 쓴 사람이 단 한 사람도 없다는 사실을 알게 되었습니다. 몇 사람의 일본 전문가가 있는데, 알고 보면 한일 양국의 관계사를 전공하는 데 그치고 있는 실정입니다. 이웃 나라에 대해 그토록 무관심한 것, 그런 가운데 얼토당토않은 무지가 횡행하는 것, 그 무관심과 무지가 때때로 강렬한 적대 감정으로 표출되는 것은 우리 한국인이 아주 오래전부터 이어온 장기 지속의 심성이라고 할 수 있습니다.

토지기맥론

반일 종족주의의 형성에는 이외에 몇 가지 더 고려할 문화적 요인이 있습니다. 종족 수준의 적대 감정을 지속적으로 재생산하는 어떤 '구조'가 한국인 자연관, 나아가 삶과 죽음의 원리에 내재해 있다고 하겠습니다. 이 글의 제목을 '반일 종족주의의 신학神學'으로 붙인 것은 그러한 취지에서입니다.

우선 한 가지 지적할 요인은 한국인이 공유하는 자연관으로서 토지기맥론土地氣脈論입니다. 즉, 토지에 어떤 길하거나 흉한 기맥이 흐른다는 생각입니다. 그에 대해서는 이 책의 다른 곳에서 여러 차례 언급되었기 때문에 자세하게 설명하지는 않겠습니다. 그로 인해 한국인은 전 국토를 하나의 신체로 감각합니다. 조선시대에는 중국을 세계의 중심으로 간주하는 세계관을 반영하여 중국에 절을 하는 노인과 같은 모습이라고 했습니다. 20세기가 되어선 그 모습이 백두산을 정수리로 하는 호랑이의 모습으로 바뀝니다.

그러한 신체 감각은 어느덧 강렬한 반일 감정의 원천으로 그 역할을 바꿉니다. "일본아 후지富士를 자랑마라, 우리에게는 백두가 있다." 백두산에서 활동한 독립군이 불렀다는 군가의 한 토막입니다. 그렇게 백두산은 반일 독립운동의 상징으로 바뀌었습니다. 독도의 경우도 마찬가지입니다. 조선시대에는 독도에 대해 알지 못했습니다. 크게 말해 1950년대까지도 그러하였습니다. 이후 일본과 분쟁이 개시되자 독도는 갑자기 반일 적대 감정의 가장 치열한 상징으로 떠올랐습니다. 거기에도 어김없이 토지기맥론과 국토신체론이 작용하였습니다. 2005년 독도를 찾은 한국시인협회 회원들은 "독도는 우리 조상의 담낭"이라든가 "독도 바위를 깨면 한국인의 피가 흐른다"라고 마치 독도를 우리 몸의 한 부분인 것처럼 노래하였습니다.

유교적 사생관

토지기맥론이 20세기에 들어 한국인을 하나의 민족으로 결속하는 문화적 배경에 대해 좀 더 부연하겠습니다. 한국인이 사람의 시체를 땅에 묻는 토장의 풍속은 조선왕조가 들어선 15세기부터입니다. 그 이전은 불교의 시대였으며, 장례는 대개 화장의 방식이었습니다. 조상에 대한 제사도 절에 가서 망자의 극락왕생을 비는 불공의 형식이었습니다. 집집마다 조상에 드리는 제사는 고려시대까지만 해도 없었습니다. 조선왕조와 더불어 유교의 시대가 열렸습니다. 그에 따라 삶과 죽음의 원리, 곧 이승과 저승의 관계가 바뀌었습니다. 유교의 세계에서 사람의 생명은 혼魂과 백魄의 결합입니다. 사람이 죽으면 혼은 공중으로 흩어지고 백은 땅으로 스밉니다. 그래서 시체를 땅에 묻는 장례의 풍속이 생겨났습니다.

죽은 지 얼마 동안 혼과 백은 생기를 유지합니다. 그래서 후손이 제사를 통해 부르면 공중의 혼과 땅의 백은 다시 결합하여 후손을 찾아와 제사를 흠향하고 복을 내립니다. 그리고선 다시 공중과 땅으로 돌아갑니다. 세월이 오래 지나면 혼과 백은 생기를 잃고 완전히 사라집니다. 마치 화롯불이 서서히 식어서 재가 되는 이치와 같습니다. 혼과 백이 생기를 유지하는 기간은 죽은 사람의 지위와 밀접한 연관이 있는데, 천자天子는 5대, 제후諸侯는 4대, 대부大夫는 3대, 그 이하는 2대라 했습니다. 그렇게 대가 다하면 죽은 사람에 대한 제사는 멈추고 그의 신주마저 땅에 묻게 됩니다. 이상이 중국 고대의 『주례周禮』에서 정립된 유교의 사생관과 제사의 의미입니다.

전통과 유교의 상호작용

외래 유교는 전통문화와 상호 작용하였습니다. 유교는 전통문화를 억압하기도 했지만, 그에 제약되기도 했습니다. 그 과정에서 중국과 상이한 조선 유교가 형성되었습니다. 유교가 전통문화에 영향을 미친 한 가지 예로서 토지기맥론의 강화를 들 수 있습니다. 토지기맥론이 언제 성립했는지는 확실치 않습니다만, 늦어도 삼국시대부터라고 알려져 있습니다. 그렇지만 불교가 지배한 고려시대까지는 그리 큰 위세를 떨치지 않았습니다. 토지기맥론은 조선시대 이후 사람의 시체를 땅에 묻으면서부터 생명의 한 요소인 백이 땅에 더해지자 점점 강해지기 시작했습니다. 조선왕조가 남긴 지도에서 그 점을 알 수 있습니다. 후대로 내려올수록 전국의 지도는 산맥의 지도로 바뀝니다.

백두산에서 발원한 기운이 산맥을 따라 전국으로 퍼져 나가는 모양새입니다. 18세기 이후 길한 묏자리를 찾는 풍수지리風水地理가 기승을 부렸습니다. 19세기가 되면 전국 곳곳에서 묏자리를 다투는 산송山訟이 광범하게 벌어졌습니다.

거꾸로 전통문화가 유교에 미친 영향도 있습니다. 위에서 설명한 대로 땅에 묻힌 백은 일정 기간이 지나면 완전히 소멸합니다. 그런데 조선시대의 백은 영원불멸입니다. 다름 아니라 토지기맥론의 작용이었습니다. 조선시대에 조상의 묘를 중시하는 장례와 제례가 생겨난 것은 바로 그 때문이었습니다. 아버지가 죽으면 아들은 무덤 옆에 초막을 짓고 2년간 시묘살이를 했습니다. 시묘살이가 끝나도 해마다 정기적으로 묘제墓祭를 거행하였습니다.

사진20-1 경북 안동의 의성 김씨 문중의 묘제(김광억 촬영).

아무리 먼 조상이라 해도 묘가 있는 한 묘제를 멈출 수 없습니다. 왜냐하면 묘에 담겨 있는 조상의 백이 불멸이기 때문입니다. 그 결과 중국과 상이한 조선 고유의 친족집단이 생겨났습니다. 중국에서는 4대 조상, 곧 고조高祖를 같이 하는 혈연집단이 친족입니다. 5대 이상이면 친족이 아니었습니다. 물론 중국은 넓은 나라여서 지방에 따라 다양합니다만, 대강 이야기해서 그러했습니다. 그에 비해 조선에서는 대종大宗이니 불천위不遷位니 하는 종宗를 중심으로 친족집단이 5대 이상으로 무한히 확산되었습니다. 묘제가 거행되면 원근 각지의 후손은 대수의 제한 없이 모두 모였습니다. 물론 4대 이하의 친족집단과 그 이상의 친족집단은 상호부조하는 원리에서 구별되었습니다만, 단일 조상에서 뻗어 나온 혈연공동체라는 의식만큼은 대수의 제한 없이 공유하였습니다. 그 결과 생겨난 것이 세계적으로 유례가 드물다는 족보族譜입니다. 족보를 통해 10대, 20대의 아마득한 조상을 공유하는 한국인의 친족문화는 이상과 같이 15세기 이래 외래 유교와 전통문화의 상호작용으로 생겨난 것입니다.

민족 형성의 원리

이제는 어느 정도 상식이 된 이야기입니다만, 한국인이 '민족'이란 말과 개념을 알게 되는 것은 20세기 초의 일입니다. 앙드레 슈미드Andres Schmid라는 캐나다 학자가 쓴 『제국 그 사이의 한국 1895-

1919』이란 책이 있습니다. 한국인이 민족이란 개념을 수용하는 과정과 실태를 잘 묘사한 책입니다. 민족이란 말은 영어로 nation입니다. 독일어로는 volk입니다. 그것을 어떻게 번역할 것인가를 두고 메이지^{明治} 시대의 일본은 여러 가지 대안을 모색했는데, 결국 '민족'으로 낙착되었습니다. 그 번역어가 조선에 들어와 정착하는 과정 역시 철저히 조선의 전통문화와 상호작용하는 과정이었습니다. 그 점을 슈미드의 책이 잘 밝히고 있습니다. 한마디로 조선에서 민족은 친족의 확장 형태로 수용되고 정착하였습니다.

최초로 민족이란 말을 전파한 『황성신문^{皇城新聞}』은 민족을 해설함에 있어서 친족의 개념을 활용하였습니다. 우리 모두는 한 조상의 자손이란 식이었습니다. 전통사회에서 친족이란 아래로 무한 확장하는 것이어서 그것은 매우 자연스러운 현상이었습니다. 민족의 역사에 대한 서술은 광대한 족보의 형식을 띠게 되었습니다. 슈미드는 한국인이 민족과 친족을 공통의 감각으로 연결하게 된 데에는 땅에 기맥이 흐른다는 풍수지리설의 작용이 있기도 했음을 지적하였습니다.

민족의 형성과 관련하여 제가 추가로 지적할 점은 친족 간의 횡적 결합도 중요했다는 것입니다. 1931년 『만성대동보^{萬姓大同譜}』라는 족보가 편찬되었습니다. 전국에 분포한 330개의 유명 친족집단을 하나로 통합한 족보입니다. 조선시대에는 이들이 대개 불천위 조상을 모신 일급 신분의 양반이었습니다. 『만성대동보』는 이들 일급 양반 신분의 혼인 관계를 추적한 족보입니다. 대동보의 서문은 여러 사람이 쓴 것을 하나로 모은 것인데, 각각의 내용이 대동소이합니다. 집집마다 족보가 있는데, 이것을 횡으로 연결한 것은 우리 모두가 원래는 한 조상의 자손이기 때문이라는 겁니다. 어떤 사람은 단군檀君으로부터 지금까지 4300년 동안 인구가 증식한 것을 추산하니 오늘날의 인구 수와 같다는 논리를 펼쳤습니다. 우리 모두는 단군의 자손이라는 민족의식은 이 같은 정신작용의 산물로 태어난 것입니다.

15~19세기의 조선에서는 그러한 의식이 없었습니다. 조선인이 단군을 몰랐던 것은 아닙니다만, 막상 국가와 문명의 정통성은 3000년 전 중국에서 건너온 기자箕子라는 성인에게서 구해졌습니다. '조선'이란 국호 자체가 '기자조선箕子朝鮮'이라는 나라를 계승한다는 뜻이었습니다. 그러한 문명사관이 지배하는 세상에서 우리 모두는 단군의 자손이라는 공동체의식이 생겨날 리가 없습니다. 더구나 사회는 기자의 가르침을 깨우친 양반과 그렇지 못한 상놈과 종놈의 신분으로 심하게 대립하는 구조였습니다. 그러한 사회구조 역시 민족의 성립을 저해했습니다. 민족은 기자의 나라가 망하고 양반 신분도 해체된 20세기에 들어 한국인 모두가 일제의 억압과 차별을 받으면서 생겨난 새로운 공동체의식이었습니다.

신채호의 『꿈하늘』

민족의 형성과 관련하여 전통문화의 작용 한 가지를 더 지적하겠습니다. 이 점은 종래 전혀 주목되지 못한 것입니다만, 제가 볼 때 이 것이야말로 가장 중요하다고 여겨집니다. 우선 신채호^{申采浩}가 쓴 소설 『꿈하늘』을 소개하겠습니다. 이는 신채호가 민족주의자로 변신하는 과정을, 그 내면의 변화 과정을 서술한 자전적 소설입니다. 어느 날 문득 꿈속에서 깨어나니 신채호는 '한놈'이란 이름의 인간으로 태어나 큰 무궁화 꽃 위에 앉아 있습니다. 한놈은 삼한^{三韓}의 대장부라는 뜻입니다. 한놈에게 고구려의 을지문덕^{乙支文德} 장군이 나타나 말합니다. "한놈아, 이승의 승자는 저승에서도 승자이고, 이승의 패자는 저승에서도 패자이니라". "이승의 양반은 저승에서도 양반이고, 이승의 종놈은 저승에서도 종놈이니라." 그러고선 을지문덕의 고구려 군사와 중국 수^隋나라의 대군이 충돌하는 장면을 재생해 보이는데, 역시 을지문덕의 군사가 수의 대군을 무찔러버리고 맙니다.

이 환상의 장면은 철저히 전통적입니다. 다름 아니라 한국인의 정신세계를 오랫동안 지배해 온 샤머니즘^{Shamanism}이 오롯하게 그 모습을 드러내고 있습니다. 샤머니즘의 세계에서 사자^{死者}의 영靈은 불멸입니다. 불교와 기독교의 세계에서는 사람이 죽으면 건너가는 저승이 있습니다. 삼도천^{三途川}이나 요단강을 건너갑니다. 다시는 돌아오지 못하는 영원한 이별입니다. 그 저승의 세계에서 인간은 절대자신 앞에서 심판을 받습니다. 인간은 죽어서는 모두 평등해집니다. 양반도 없고 종놈도 없습니다. 심판의 결과 선한 사람은 극락이나 천당으로 가고, 악한 사람은 나락이나 지옥으로 떨어집니다.

샤머니즘의 세계에선 그렇게 건너갈 저승이 없습니다. 이승과 저승을 가르는 경계가 명확하지 않습니다. 사자의 영은 저승으로 가지 않고 이승의 공중에서 떠돕니다. 그런 가운데 생자生者로부터 분리된 독립적 인격으로 활동합니다. 아버지의 사령死靈은 아들이 제대로 대접을 하지 않으면 화를 내며 아들에게 해악을 끼칩니다. 가장 지밀한 아버지와 아들 사이라 해도 아버지의 시체는 아들에게 두려움의 대상입니다. 그것이 바로 유사 이래 한국인의 정신문화를 지배해 온 샤머니즘의 세계입니다. 불교의 시대에 걸쳐서도 샤머니즘의 세계는 존속하였습니다.

조선에 들어온 유교의 사생관은 전통 샤머니즘의 작용을 받아 독특한 변형을 이룩하였습니다. 사자의 백이 토지기맥론의 작용을 받아 영원불멸이 되듯이 사자의 혼도 샤머니즘의 작용을 받아 영원불멸이 되었습니다. 유명 양반 신분의 친족집단이 불천위의 신주를 모시는 것은 위대한 조상의 혼은 불멸이라는 생각 때문입니다. 앞서 지적한 대로 원래 조상의 제사에는 대수의 한계가 있습니다. 4대가 지나면 신주를 땅에 묻고 제사를 중단합니다. 그럼에도 불구하고 관료와 학자로서 특별한 명망을 얻은 조상을 둔 집안에서는 불천위라 하여 신주를 묻지 않고 영구히 제사를 드립니다. 그러한 친족집단이 19세기까지만 해도 대략 200개 정도에 불과했는데, 일제하에서 330개로 늘고, 오늘날에는 476개나 된다고 합니다. 불천위 제사는 그보다 훨씬 광범한 묘제와 더불어 사자의 영은 불멸이라는

관념을 확산하였습니다. 그 모두 유교의 사생관과 전통 샤머니즘이
상호작용을 해서 만들어 낸 것입니다.

민족의 신분성

불천위 제사가 상징하듯이 사자는 죽어서도 생자의 신분을 유지
합니다. 신채호가 "한놈아, 이승의 양반은 저승에서도 양반이고, 이
승의 종놈은 저승에서도 종놈이니라"라 한 것은 그가 지어낸 말이
아닙니다. 그가 어릴 때부터 익숙하게 호흡한 전통문화의 사생관을
표현한 것에 불과합니다. 그러한 정신문화에서 신채호가 발견한 민
족은 을지문덕, 강감찬姜邯贊, 이순신李舜臣과 같은 위인들의 혼백으로
짜인 것이라고 하겠습니다. 전쟁에서 패배하거나 도망친 사람은 죽
어서도 패자이니까 민족의 성원이 될 수 없습니다. 신채호의 표현
에 의하면 그들은 "똥물에 튀겨 버려질" 존재입니다. 하찮은 종놈
은 죽어서도 종놈이니까 신성한 민족의 반열에 끼이지 못합니다.
이렇게 20세기에 들어 한국인들이 발견한 민족은 신분성을 갖습니
다. 서민적이 아니라 귀족적인 신분성입니다.
그 점에서 한국의 민족은 근세의 서유럽인들이 그들의 종교, 신
화, 민속에서 발견한 자유인의 공동체로서 민족과 상이합니다. 서
유럽에서 생겨난 민족은 왕과 귀족의 횡포에 저항하는 자유시민의
공동체였습니다. 그와 달리 한국의 민족은 일반 민서民庶와 분리된,

그 위에 군림하는 독재주의나 전체주의입니다. 그것이 순수형태로 완성된 것이 다름 아니라 오늘날 북한 세습왕조체제의 김일성민족金日成民族입니다. 북한은 1998년 헌법을 개정하여 "위대한 수령 김일성동지는 민족의 태양이시며 조국통일의 구성構成이시다"라고 선포하였습니다. 이후 북한에서 민족은 김일성민족으로 바뀌었습니다.

사진20-2 민족의 태양 김일성을 숭배하는 북한 주민.

남한의 민족주의가 이 같은 북한의 동향과 무관하다고 생각하면 큰 오산입니다. 아무래도 같은 민족인지라 남과 북은 장기지속의 심성에서 서로 통하는 모양입니다. 예컨대 남한의 현재 집권세력은, 흔히들 '민주화세력' 또는 '진보세력'이라고 합니다만, 북한의 세습왕조체제에 대해 관대합니다. 이해해야 한다고 주장하면서 비판하지 않습니다. 비판이라도 하면 '진보적'이지 않다고 해서 그 진영에서 쫓겨난다고 합니다. 심지어 북한의 세습왕정체제를 '백두혈통白頭血統'이라고 공공연히 칭송하는 시위대가 백주의 서울 한복판을 휘젓고 다닙니다.

종족주의 신학

이제 정리하겠습니다. 한국 민족주의의 저변에는 장기지속의 심성으로서 샤머니즘이 흐르고 있습니다. 문명 이전의, 야만의 상단上段에 놓인 종족 또는 부족의 종교로서 샤머니즘입니다. 그것이 문명시대 이후에도 길게 이어졌습니다. 그래서 20세기에 성립한 한국의 민족주의는 종족주의 특질을 강하게 띕니다. 한국의 민족은 자유로운 개인의 공동체와 거리가 멉니다. 한국의 민족주의는 종족주의의 신학이 만들어 낸 전체주의 권위이자 폭력입니다. 종족주의세계는 외부에 대해 폐쇄적이며 이웃에 대해 적대적입니다. 이에한국의 민족주의는 본질적으로 반일 종족주의입니다.

한국의 정치가 자유민주체제로 발전해 가기 위해서는, 한국의 경제가 자유시장경제로 진입하기 위해서는, 한국의 문화가 선진적 교양으로 성숙하기 위해서는 이 역사와 함께 오랜 반일 종족주의로부터 탈출할 필요가 있습니다. 쉬운 일이 아닐 터입니다. 느린 속도로흐르는 장기지속의 영역이기 때문입니다. 그렇지만 세계가 변하고 있습니다. 정보·통신혁명이 급하게 진행 중입니다. 장기지속의 시간도 빨라졌음이 분명합니다. 노력하면 한두 세대 만에 큰 변화를 이룰 수 있습니다. 그런 희망을 품고서 반일 종족주의 청산을 위한 일대 문화혁명을 추진해 가지 않으면 안 됩니다.

참고문헌

신채호(1916), 『꿈하늘』.
앙드레 슈미드 지음, 정여울 옮김(2007), 『제국 그 사이의 한국 1895~1919』, 휴머니스트.
금장태(2009), 『귀신과 제사』, 제이앤씨.
정병석(2014), 「儒家의 죽음관 –生死의 連續과 不朽의 죽음-」, 『민족문화논총』 58.
강상순(2016), 「조선 사회의 유교적 변환과 그 이면 –귀신과 제사공동체-」, 『역사민속학』 50.
박찬승(2016), 『민족·민족주의』, 小花.

3
부

종족주의의 아성,
위안부

21. 우리 안의
위안부

이영훈

갈등의 원인

1991년 일본군 위안부 문제가 발생하였습니다.

김학순金學順이란 여인이 일본군 위안부였던 자신의 경력을 고백하였습니다. 이후 170여 명의 여인이 자신도 마찬가지라고 고백하였습니다. 그들은 그들을 위안부로 끌어간 일본군의 범죄행위에 대해 일본의 사과와 배상을 요구하였습니다. 이래 지금까지 28년간 이 문제를 둘러싸고 한국과 일본의 관계는 악화의 길을 걸었습니다. 한국인의 일본에 대한 적대 감정은 점점 고조되었습니다. 일본 정부 수상이 몇 차례 사과를 하고 보상을 시도했습니다만, 원 위안부와 그들을 지원한 단체는 거부하였습니다. 그들은 관련 사안이 일본의 전쟁범죄인만큼 일본 국가가 법률을 제정하여 공식 사과하고 배상할 것을 요구하였습니다. 일본 정부는 그럴 일은 아니라고 일축하였습니다. 몇 차례 정부 간 타결이 이루어지긴 했습니다만, 해결책이 되질 못했습니다. 한국 내에서조차 그에 관한 의견은 일치하지 않았습니다. 예컨대 박근혜 정부는 일본 정부와 이 문제를 최종적으로 완전히 청산한다는 협약을 체결하였습니다. 그렇지만 문재인 정부는 이를 파기하였습니다. 그러자 일본 정부가 이에 반발하면서 양국의 관계는 더욱 악화되었습니다.

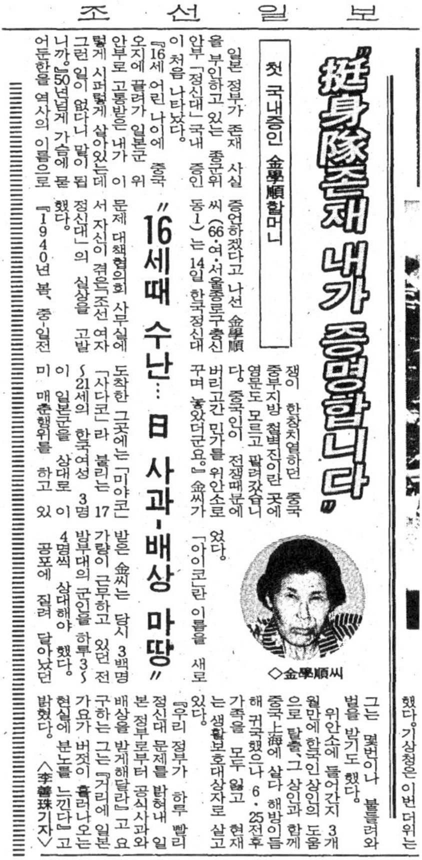
조선일보

"挺身隊존재 내가 증명합니다"

첫 국내증인 金學順할머니

"16세때 수난… 日 사과·배상 마땅"

일본 정부가 존재 사실을 부인하고 있는 종군위안부「정신대」국내 증인이 처음 나타났다。

『16세 어린 나이에 중국 오지에 끌려가 일본군 위안부로 고통받은 내가 이렇게 시퍼렇게 살아있는데 그런 일이 없다니 말이 됩니까。』50년넘게 가슴에 묻어둔 한을 역사의 이름으로 증언하겠다고 나선 金學順씨(66·여·서울종로구충신동1)는 14일 한국정신대문제 대책협의회 사무실에서 자신이 겪은「조선 여자정신대」의 실상을 고발했다。

『1940년 봄, 중·일전쟁이 한창치열하던 중국중부지방 철벽진이란 곳에 영문도 모르고 팔려갔습니다. 중국인이 전쟁때문에 버리고간 민가를 위안소로 꾸며 놓았더군요。』金씨가 도착한 그곳에는「미야코」「사다코」라 불리는 17~21세의 한국여성 3명이 일본군을 상대로 이미 매춘행위를 하고 있었다。

「아이코」란 이름을 새로 받은 金씨는 당시 3백명가량이 근무하고 있던 전방부대의 군인을 하루3~4명씩 상대해야 했다。공포에 질려 달아났던 그는 몇번이나 붙들려와 벌을 받기도 했다。

위안소에 들어간지 3개월만에 한국인 상인의 도움으로 탈출, 그 상인과 함께 중국上海에 살다 해방이듬해 귀국했으나 6·25전후 가족을 모두 잃고 현재는 생활보호대상자로 살고 있다。

『우리 정부가 하루 빨리 정신대 문제를 밝혀내 일본 정부로부터 공식사과와 배상을 받게해달란』고 요구하는 그는『거리에 일본가요가 버젓이 흘러나오는 현실에 분노를 느낀다』고 밝혔다。 〈李善珠기자〉

◇金學順씨

했다。기상청은 이번 더위는

사진21-1 김학순의 위안부 국내 첫 증언, "정신대 존재 내가 증명합니다"기사(『조선일보』 1991.8.16).

저는 한 사람의 연구자로서 지적하겠습니다. 일본군 위안부 문제에 관한 한국 측의 이해에는 많은 문제가 있다고 말입니다. 어떤 문제를 두고 이웃 나라와 다툴 경우, 사실 인식에 관한 한 엄밀히 객관적이어야 합니다. 연후에 해석과 법리를 두고 다툴 일입니다. 그런데 사실 인식의 수준에서 큰 차이가 있다면, 예컨대 어느 일방이 상대방이 인정하지 않은 사실을 실재한 것처럼 주장하면, 토론이나 타협은 어렵습니다. 지난 28년간 양국의 우호 관계가 크게 손상된 데에는 문제의 실태를 객관적으로 이해하려 하지 않은 한국 측의 책임이 크다고 생각합니다. 솔직히 지적하여 이 문제에 관한 한국 측의 우수한 학술서는 단 한 권이 없을 지경입니다. 이제부터 그 이야기를 차분히 펼쳐가고자 합니다.

위안부의 만연

일본군이 위안소를 설치하고 위안부를 두는 것은 1937년부터 1945년까지의 일입니다. 그런데 역사를 세밀히 살피면 군 위안부는 이전부터 죽 있어 온 것임을 알 수 있습니다. 위안부라는 이름만 없었을 뿐입니다. 크게 말해 15세기 이래 조선시대부터 있어 온 것입니다. 또 1945년 일제가 패망한 뒤에도 위안부는 우리 사회에서 죽 있어 왔습니다. 번창했다고까지 이야기해도 좋습니다. 그런데 기존의 연구는 그 긴 역사 가운데 1937~1945년의 역사만 달랑 떼어내 일본군의 전쟁범죄라고 몰아붙였습니다. 그래서 사실에 관한 객관적 이해에 큰 문제가 생긴 것입니다. 먼저 해방 후의 위안부 역사에 관해 설명하겠습니다.

1956년 한국 정부는 성매매 산업에 종사하는 여인을 땐사, 위안부, 접대부, 밀창의 네 부류로 구분하였습니다. 땐사는 영어로 dancer인데 일정기에는 예기藝妓라 하였습니다. 요리점에서 춤과 노래를 하는 여인을 말합니다. 위안부는 영어로 prostitute인데, 유곽이나 사창가에서 성매매를 전업으로 하는 여인입니다. 쉽게 말해 창녀입니다. 일정기에는 창기娼妓라 하였습니다. 접대부는 영어로 entertainer인데, 음식점에서 객석에 앉아 손님의 술시중을 드는 여인입니다. 일정기에는 작부酌婦라 하였습니다. 밀창은 영어로 harlot인데 까페, 빠, 다방, 여관 등에서 성매매를 하는 여인들을 가리킵니다. 일정기에는 여급女給이라 하였습니다. 이같이 성매매 산업에 종사하는 여인을 네 부류로 구분하는 것은 정부가 매년 발표한 『보건사회통계연보』에서 1966년까지 이어졌습니다.

표21-1 **부류별 성병 검진 여인의 실수(명)**

구분	1955년	1959년	1966년
총수	110,642	164,461	391,713
땐사	3,196	4,734	8,524
위안부	61,833	98,891	250,964
접대부	14,020	21,285	32,856
밀창	31,593	39,561	99,369

자료: 『보건사회통계연보』각년도판.

위 표는 1955년, 1959년, 1966년에 있어서 네 부류별 성병 검진을 받은 여인의 실수를 나타냅니다. 1955년의 경우 총 11만 642명의 여인이 성병 검진을 받았습니다. 그중에 6만 1,833명이 성매매를 전업으로 하는 위안부였습니다. 이 수치가 월말이나 연말 등 특정 시점에서 활동한 위안부의 수를 말하지는 않습니다. 사창가에 들었다가 1년 이내에 퇴출한 여인이 많기 때문입니다. 퇴출의 정도는 장소와 연도에 따라 다르기 때문에 일률로 이야기할 수 없습니다. 저는 그 정도를 약 3분의 1로 보아 1955년의 경우 연말에 실재한 위안부 총수는 4만 명 정도가 아니었나 짐작합니다. 어쨌든 성병 검진을 받은 위안부의 실수는 1955년의 6만 1,833명에서 1959년에 9만 8,891명, 1966년에 25만 964명으로 증가하였습니다. 성병 검진의 보건 행정이 강화된 탓도 있겠지만 사창가의 여인들이 급속히 불어난 추세만큼은 부정하기 힘듭니다.

『보건사회통계연보』에는 성병 검진을 받은 여인들의 연령분포에 관한 정보가 있습니다. 그에 의하면 여인들의 4분의 3이 20대였습니다. 이를 이용하여 정부가 국세조사國勢調査를 통해 파악한 20대 여성의 총수에 대비된 위안부의 비중을 구할 수 있습니다. 그 결과는 1955년에 3.2%, 1959년에 3.2%, 1966년에 8.1%입니다. 요컨대 1950년대의 경우 20대 여성 33명 가운데 1명이 사창가의 위안부였습니다. 1960년대라면 12명 중의 1명이 그러하였습니다. 실로 적지 않은 비중이었습니다.

전술한 대로 한국 정부가 『보건사회통계연보』에서 성매매를 전업으로 하는 여인을 위안부로 규정하는 것은 1966년까지입니다.

다시 말해 위안부는 1945년 일본의 패망과 더불어 사라진 것이 아니라 1960년대까지 존속했으며 오히려 번성하기까지 했던 것입니다. 이 같은 '우리 안의 위안부'에 대해 지금까지 누구도 주목하지 않았습니다. 그들은 분명히 일본군 위안부의 계보를 잇는 존재였습니다. '위안부'라는 말 자체가 일본군 위안부에서 생긴 것입니다. 그래서 그들을 자세히 살피면 일본군 위안부의 실체를 알 수 있습니다. 그렇지만 누구도 그러지 않았습니다. 그래서 일본군 위안부에 관한 객관적 인식에 큰 문제가 생길 수밖에 없었던 것입니다.

한국군 위안부

'우리 안의 위안부' 가운데 일본군 위안부를 그대로 복제해 놓은 것이 하나 있습니다. 6·25전쟁기의 한국군 위안부가 바로 그것입니다. 1951년의 어느 시기로 추측됩니다. 국군은 장병에게 성적 위안을 제공하는 특수위안대를 설립하였습니다. 1956년 육군본부가 편찬한 『6·25사변후방전사(인사편)事變後方戰史(人事篇)』에 의하면 특수위안대는 장병들의 사기를 앙양하고 성적 욕구를 장기간 해소하지 못함에 따른 부작용을 예방할 목적으로 설립되었습니다. 서울에 3개 소대가 있었고, 강릉, 춘천, 원주, 속초에 1개 중대씩이 있었습니다. 최전선 바로 후방지역이었습니다. 이들 특수위안대는 한곳에 정착하여 오가는 장병을 맞기도 했지만, 지시에 따라 또는 요청에 따라

각 부대로 출동하여 위안을 하기도 했습니다. 강릉의 경우 1개 중대는 8개 소대로 구성되었으며, 각 소대에 배속된 위안부는 평균 20명이었습니다. 이를 근거로 특수위안대에 속한 위안부의 총수를 700명 정도로 추산할 수 있습니다.

『6·25사변후방전사(인사편)』는 1952년 한 해에 위안대가 올린 위안 실적을 월별 통계로 제시하고 있습니다. 서울 제1, 2, 3소대와 강릉 제1소대만의 실적입니다. 이들 4개 소대에 속한 위안부는 89명이었습니다. 이들이 위안한 장병의 총수는 20만 4,560명입니다. 월평균으로는 1만 7,047명, 일평균으로는 560명, 위안부 1인당 일평균으로는 6.3명입니다. 이렇게 한국군 위안부가 감당한 성교 노동의 강도는 하루 평균 6.3회였습니다.

여러 사람의 회고록에서도 한국군 위안부에 관한 몇 가지 정보를 구할 수 있습니다. 차규헌車圭憲이란 장교는 사단에서 내려보낸 위안대가 도착하면 24인용 야전 천막에 수용되어 간이 칸막이를 친 다음 병사를 맞았다고 회고하였습니다. 병사들은 천막 앞에 줄을 서서 순서를 기다렸으며 티켓을 내고 위안을 받았습니다. 김희오金喜午라는 장교는 연대에서 예하 중대로 8시간씩 6명의 위안부를 제5종 보급품으로 내려보냈다고 했습니다. 여인들은 연대의 간부들이 사기앙양을 위해 거금을 들여 서울에서 구해 온 것이라고 했습니다. 한국군 간부들이 위안부를 전쟁 수행을 위한 보급품으로 인식했음을 알 수 있습니다. 또 국군이 정식으로 편성한 특수위안대 이외에 부대장의 재량으로 서울 등의 사창가에서 위안부를 모집하여 임시로 운영한 위안대도 있었음을 알 수 있습니다.

한국군 위안부에 관해 가장 자세한 회고를 남긴 분은 채명신蔡命新 장군입니다. 황해도가 고향이고 독실한 기독교인으로서 해방 후 공산체제를 피해 월남하여 군인이 된 분입니다. 6·25전쟁 당시에는 적 지역에 침투한 게릴라 부대를 이끌었던 용장이었습니다. 나중에 박정희 정부 시절에는 베트남에 파견된 한국군의 사령관이기도 했습니다. 이 분이 『사선死線을 넘고 넘어』라는 회고록을 집필하였습니다. 위안부에 관한 회고는 제5연대 연대장 시절의 이야기입니다. 요약하면 다음과 같습니다.

제5연대가 후방으로 나왔다. 나는 전공을 세워 훈장을 받은 장병에게 티켓을 우선 배분했다. 티켓을 받은 19세의 박판도 중사는 숫총각이었다. 위안부대의 천막에 들어가는 것을 완강하게 거절했지만, 분대원들이 억지로 밀어 넣었다. 여자가 박판도의 물건을 만지며 숫총각이라 놀리자 박판도는 도망쳐 나왔다. 다음날 박판도는 재시도 끝에 결국 성공하였다. 박판도는 티켓을 한 장 더 달라고 하였다. 우리 부대가 다시 전선에 투입되었을 때 박판도는 아쉽게도 전사하였다.

이 코믹하면서도 슬픈 사건을 두고 연대장 채명신을 탓하지 말길 바랍니다. 그는 독실한 기독교인이었지만 휘하 장병에게 위안부를 제공하는 일에 하등의 죄책감을 느끼지 않았습니다. 그것은 전쟁의 문화였습니다. 그 전선에서는 모두가 역사의 희생자였습니다. 천막 안의 위안부도 슬픈 인생이지만 19세의 나이에 전사한 박판도 중사의 인생도 슬프긴 마찬가지입니다. 박판도 중사가 난폭한 군인으로서 유약한 여인의 성을 약취했다고 말할 수 있을까요. 저는 없다고 생각합니다. 제가 군 위안부의 존재를 정당화한다고 비난하지 마시길 바랍니다. 저는 인간 역사의 모순성과 복잡성, 현재에도 존재하는 그 동시대성을 지적하고 있을 뿐입니다.

1950년대의 한국인들도 그 점을 예의 인식하였습니다. 국군은 특수위안대를 설립하면서 "표면화한 이유만을 가지고(매춘을 금지한) 국가시책에 역행하는 모순된 활동이라고 단안하면 별문제이지만" 전쟁의 수행상 불가피하다고 변명했습니다. 전쟁이 끝났을 때는 "설치의 목적이 해소됨에 이르러 공창 폐지의 조류에 순응하여 1954년 3월 특수위안대를 일제히 폐쇄하였다"고 했습니다.

민간 위안부

한국군 위안부는 1950년대에 실재한 전체 위안부의 아주 작은 부분에 지나지 않았습니다. 전국의 거의 모든 도시에서는 사창가가 형성되었으며, 약 4만 명의 여인이 거기서 성매매를 전업으로 하는 위안부로 생활하였습니다. 1960년대에 이르러 몇몇 보건학 연구자들이 이들의 이력, 근속 기간, 노동 실태, 소득 수준 등을 조사하였습니다. 1961년 서울시 부녀보건소에 수용된 600명의 위안부, 1963년 서울시 성동구 보건소에 등록된 144명의 위안부, 1964년 군산시 보건소에 등록된 188명의 위안부가 조사 대상이었습니다. 그들의 이력을 보면, 서울에서는 식모 출신이 가장 많고, 군산에서는 고아 출신이 가장 많았습니다. 전쟁의 상처로 가정이 파괴되어 고아원을 전전하거나, 극빈 계층의 자녀로서 부모의 보호를 받지 못하거나, 가정불화로 가출하거나 버려진 여인들이 식모로 들어가거나 다른 직종의 접객업에 종사하다가 위안부가 되는 경로가 가장 일반적이었습니다. 그 구체적인 동기를 보면 '생활고'가 가장 많은 가운데 '친구꼬임'도 많았습니다. '남자유혹'이나 '팔렸다'의 경우도 적지 않은데, 이는 인신매매를 이야기하고 있습니다.

위안부가 된 이후 얼마나 장기간 성매매에 종사했는가에 대해 알려진 정보는 지역에 따라 상이합니다. 서울시 부녀보건소에 수용된 여자들은 평균 1.1년, 성동구 보건소에 등록된 여자들은 평균 6개월, 군산시 보건소에 등록된 여자들은 평균 2.5년입니다. 특정 포주에 매이지 않고 개별적으로 또는 몇 사람이 동업의 형태로 종사한 경우엔 그 기간이 길지 않았습니다. 서울 성동구가 그러했다고 생각됩니다. 반면 군산의 경우는 유명한 집창촌을 이룬 곳인데, 거기선 절반 이상의 사람이 2년 이상이었습니다. 4년 이상인 사람도 22명이나 되었습니다. 군산에서는 상당수의 위안부가 포주에게 진 빚으로 인해 채무노예 상태였습니다.

　서울시 성동구와 군산시의 위안부에 대해서는 그들이 하루 몇 명의 손님을 맞이했는지까지 조사되었습니다. 성동구 144명은 하루 평균 3.7명, 군산시 188명은 하루 평균 4.4명을 맞이했습니다. 군산시의 경우는 하루의 성교 횟수도 조사되었는데, 평균 5.5회였습니다. 조금 전에 소개한 대로 한국군 위안부의 경우 하루 평균 6.3회였습니다. 그에 비할 때 다소 헐하기는 합니다만, 민간 위안부의 노동강도는 마찬가지로 격렬하였습니다. 이 정보는 매우 귀중합니다. 군부대 천막 안의 여인이나 군산시 집창촌의 여인이나 구체적 존재 형태에서는 다를 바가 없었습니다.

　성동구와 군산시의 경우는 위안부의 월 소득이 조사되었습니다. 성동구의 경우 월평균 5,556원, 군산시의 경우 월평균 3,455원이었습니다. 1964년 제조업 종사자의 평균임금은 3,880원이었습니다. 여자 종업원의 월급은 평균에 훨씬 못 미치는 2,500원 정도였습니다. 더구나 초등학교 졸업 이하 학력의 여인에겐 취업의 기회가 없었습니다. 위안부의 소득은 상대적으로 높은 수준이었습니다. 그래서 최빈곤 계층의 여인들이 해마다 1만 명 이상이나 위안부가 되었던 것입니다.

　대개의 여인은 2년 안에 약간의 저축과 더불어 사창가를 탈출하였습니다. 모든 여인이 다 그러했던 것은 아닙니다. 포주가 씌운 채무의 덫에 걸려 빠져나오지 못한 여인들도 많았습니다. 민간 위안부에 대한 정부의 관리와 감독은 무척이나 허술하였습니다. 악덕 포주의 위안부에 대한 노예적 지배는 일선 경찰과 뇌물로 이어진 결탁 하에서 공공연히 자행되었습니다. 노예적 속박에 저항하는 여인들에게는 폭력이 행사되었습니다.

저는 그 같은 장면을 여러 차례 목도하였습니다. 1976년경이었습니다. 서울 동대문 밖 창신동 어느 집에서 가정교사를 할 때의 일입니다. 동대문 근처에는 사창가가 발달하였습니다. 어느 날 저녁 8시경 어둑한 골목길이었습니다. 어느 남자가 몽둥이로 젊은 여인을 사납게 때리고 있었습니다. 벽에 기대 쪼그려 앉아 매를 맞는 여인은 비명을 지르며 두 손을 싹싹 빌고 있었습니다. 시골에서 무작정 상경하여 친구의 꾐에 빠지거나 인신매매를 당하여 사창가로 떨어진 20세 전후의 소녀였을 겁니다. 저는 물끄러미 그 장면을 쳐다보고만 있었습니다. 지금도 그 장면이 생생합니다.

미국군 위안부

해방 후 '우리 안의 위안부'를 가장 길게 대표하는 것이 있는데, 다름 아니라 미국군 위안부입니다. 민간에서 통용된 호칭은 '양색시', '양공주', '양갈보' 등입니다만, 공식적 호칭은 '미군 위안부'였습니다. 1970년대가 되면 민간에서 성매매를 하는 여인을 가리켜 더이상 위안부라고 부르지는 않습니다만, 미군 위안부에 대해서만큼은 1990년대까지 '위안부'라는 말이 공식적인 행정용어로 사용되었습니다. 그래서 위안부 역사를 가장 길게 대표한 것입니다.

미군 위안부의 수가 얼마인지는 정확하지 않습니다만 대략 1만 명 정도로 추정되었습니다. 5·16 후 박정희 군사정부는 미군 위안부를 조합이나 협회로 강제 등록시켰는데, 그때 1만 명이라는 수치가 신문에 몇 차례 보도되었습니다. 전국에 걸쳐 미군 부대가 주둔한 곳에는 기지촌이 발달하였습니다.

사진21-2 1970년대 동두천 기지촌의 풍경. ⓒ 구와바라 시세이桑原史成, 사진제공 눈빛출판사.

파주가 가장 번성하여 38개 기지촌에 5,000여 명의 위안부가 있었습니다. 다음은 오산 기지촌으로 1,900명이었으며, 그다음은 평택 기지촌이 600명이었습니다. 이외에 동두천, 양주, 부평, 포천, 군산, 왜관, 부산 등이 기지촌으로 유명하였습니다.

미군 위안부의 실태에 관해서는 1964년 박대근朴大根이란 분이 군산시 보건소에 등록된 민간 위안부 188명과 더불어 미군 위안부 132명을 조사한 석사학위 논문을 참조할 수 있습니다. 미군 위안부의 연령은 평균 27세로 민간 위안부의 21세보다 많았습니다. 학력에서는 민간 위안부보다 미군 위안부가 더 높았습니다. 미군 위안부의 경우 고등학교 졸업 또는 대학 중퇴까지 있었습니다. 이들 고학력자들이 위안부가 된 것은 미군과 결혼하여 미국으로 건너가기 위해서였다고 합니다. 종사 기간을 보면 민간 위안부는 평균 2.5년임에 비해 미군 위안부는 평균 3년으로 더 길었습니다. 이력에는 큰 차이가 없었습니다. 대개 전쟁으로 가정이 파괴되어 고아원을 전전하거나 극빈 계층의 여자 아이로서 식모살이를 하다가 어느 나이가 되어 친구의 꾐에 빠지거나 남자의 유혹을 받아 기지촌으로 들어온 경우가 일반적이었습니다.

노동강도를 보면 위에서 소개한 대로 민간 위안부의 성교는 하루 평균 5.5회임에 비해 미군 위안부는 평균 1.7회에 불과하였습니다. 미군 위안부의 절반은 계약 동거의 형태로 위안 상대가 고정된 경우가 많았습니다. 그렇지 못한 위안부는 기지촌의 클럽에 나가 미군을 상대로 성매매를 했습니다. 미군 위안부의 월 소득은 민간 위안부가 3,455원임에 비해 1만 1,423원이나 되었습니다. 월 생활비는 2,062원과 8,757원이며, 이에 월 저축액은 1,393원과 2,666원이었습니다. 이로부터 미군 위안부의 처지가 민간 위안부보다 좋았다고 이야기할 수 있습니다.

이 같은 미군 위안부의 역사를 오늘날 어떻게 이해해야 좋을까요. 1991년 일본군 위안부 문제가 제기되자 미군 위안부 문제도 더불어 제기되었습니다. 미군 기지촌을 방문하여 미군 위안부의 생활실태를 조사하고 그들의 불쌍한 처지를 지원하기 위한 사회단체의 활동도 개시되었습니다. 몇 권의 볼만한 연구서나 자료집도 출간되었습니다. 그중에 김정자 씨가 자신의 미군 위안부 인생을 회고한 『미군 위안부 기지촌의 숨겨진 진실』을 권하고 싶습니다. 기지촌의 포주가 놓은 채무노예의 덫에 걸려 신음했던 한 여인의 고통스럽고 슬픈 인생사가 생생하게 담겨 있습니다. 수많은 여인이 기지촌에서 맞아 죽고 병들어 죽고 자살하였습니다. 더없이 가혹한 인간 예종의 역사가 현대 한국 사회의 한쪽 구석에서 버젓하게 벌어져 왔습니다.

정치적 접근에 대한 의문

그렇지만 저는 김정자 씨의 회고록을 편찬한 사회운동가의 주장에 다 동감하지는 않습니다. 저는 연인원 십여 만 명이나 되었을 위안부 모두가 그렇게 비참했다고는 생각하지 않습니다. 대개는 2~3년 안에 기지촌을 탈출함이 일반적이었습니다. 미군 위안부는 한국인을 상대한 민간 위안부보디 처지가 양호했습니다. 사회운동가들은 미군 위안부 문제가 국가의 폭력이었다고 비판합니다. 그들은 미군 위안부 문제가 박정희와 전두환 정부의 책임이라고 주장하며 국가 배상을 요구하고 있습니다. 저는 그들에게 지적하고 싶습니다. 동시대 전국 도처에서 발달한 사창가의 여인들은 훨씬 더 비참했다고 말입니다. 미군 위안부가 정부의 책임이라면 민간 위안부는 더욱 큰 정부의 책임입니다. 그런데 왜 거기에 대해서는 침묵하고 있습니까.

나아가 그들은 위안부 문제의 근원에 한미동맹이 있다고 주장합니다. 박정희 정부는 기지촌 정화사업을 벌였습니다. 위안부의 등록제를 실시하고 성병 검진을 강화하였습니다. 그들은 박정희 정부가 그렇게 한 것은 주한 미군에게 성병에 감염되지 않은 청결한 성적 서비스를 제공하여 한미동맹을 강화하기 위한 의도였다고 해석하고 있습니다. 나아가 위안부들이 외화벌이의 역군으로 동원됐다고도 주장하고 있습니다.

그러한 주장에 저는 동조하지 않습니다. 정부가 위안부를 대상으로 성병 검진을 실시하고 강화하는 것은 정부의 게을리 할 수 없는 책무입니다. 1962년 박정희 정부는 「매음행위방지법」을 제정하여 민간의 윤락행위를 금지하였습니다. 그럼에도 미군 위안부의 존재를 인정하여 등록을 강제하고 검진을 강요한 것은 확실히 위선적입니다. 그렇지만 저는 그 수준에 관한 한 우리의 인생살이 자체가 위선적이라고 생각합니다. 그것을 두고 한미동맹을 굳건히 하기 위해서라든가 심지어 외화벌이를 위해서였다고 해석함은 지나치게 정치적입니다.

어색한 불균형

미군 위안부 문제를 제기하는 사회운동가들은 한국 국민과 정부가 일본군 위안부 문제에 베푸는 관심과 배려를 미군 위안부 문제에도 동일하게 베풀어야 한다고 주장하고 있습니다. 저도 미군 위안부나 일본군 위안부는 그 역사적 속성에서 동질적이라고 생각합니다. 그렇지만 한국 국민은 미군 위안부 문제에 대해 별다른 관심을 보이지 않습니다. 더욱 기묘한 것은 일본군 위안부 문제에 종사하는 사회운동가들도 마찬가지라는 점입니다. 그들은 일본군 위안부와 미군 위안부는 다르다고 주장하며 선을 그어왔습니다.

이 어색한 불균형은 무엇 때문일까요. 제가 보기에 두 그룹의 주장이 다 정치적이기는 마찬가지입니다. 그럼에도 정치적 파장은 전혀 다릅니다. 다름 아닌 반일 종족주의가 그 해답입니다. 일본군 위안부 문제에 대해 한국인들은 더 없이 분노합니다. 반일 종족주의라는 집단 정서가 작용하기 때문입니다. 그렇지만 미군 위안부 문제에 대해서는 그렇게 반응할 집단 정서가 없습니다. "나는 일본군 위안부였다"고 고백한 여인이 170여 명이나 됩니다만, "나는 미군 위안부였다"고 고백한 여인은 불과 두세 명입니다. 나아가 "니는 한국군 위안부 였다"고 폭로한 여인은 단 한 명도 없습니다. 고백을 권유받은 여인이 있는 것으로 압니다만, 단호히 거부하였다고 합니다. 왜냐고요?그들을 보호하고 지원할 집단 정서가 거기에는 작동하지 않기 때문입니다. 보호와 지원은커녕 '역사상 가장 오랜 직업'에 종사한 비천한 여인으로 내쳐질 위험성이 훨씬 크기 때문입니다. 일본군 위안부 문제의 밑바닥에는 한국인의 일본에 대한 종족주의적 적대 감정이 도사리고 있습니다. 해방 후 '우리 안의 위안부'에 관한 고찰은 이 같은 문제의식을 일깨웁니다.

───────
참고문헌

陸軍本部(1956), 『六·二五事變後方戰史(人事篇)』.
保健部, 『保健社會統計年報』 各年度版.
李有淑(1961), 「淪落女性에 關한 社會環境調査」, 서울대학교 보건대학원석사학위논문.
尹鳳子(1963), 「接客業者들에 對한 社會醫學的 環境調査」, 서울대학교 보건대학원석사학위논문.
朴大根(1964), 「慰安婦들에 대한 社會醫學的 調査研究 –群山地區를 中心으로-」, 서울대학교 보건대학원석사학위논문.
채명신(1994), 『蔡命新 회고록 –死線을 넘고 넘어-』, 매일경제신문사.
김정자 증언, 김현선 엮음(2013), 『미군 위안부 기지촌의 숨겨진 진실』, 한울.

22. 공창제의 성립과
   문화

이영훈

성 지배의 긴 역사

　일본군이 위안소를 설치한 것은 1937년입니다. 이 일이 어느 날 갑자기 마른하늘에 벼락 치듯이 생겼다고 여기면 큰 오해입니다. 여러 연구자가 지적하고 있듯이 일본군 위안부 제도는 1870년대 일본이 시행한 공창제를 토대로 하여 생겨난 것입니다. 그 공창제가 1916년 조선에 이식되었습니다. 그렇다면 그 이전의 조선시대에는 어떠하였습니까. 보통 한국인은 조선시대를 성적으로 청결한 사회이며, 20세기의 매춘업은 일본이 가지고 들어온 나쁜 풍속으로 간주합니다.

　그렇지만 그것은 사실이 아닙니다. 저는 세계사에서 성적으로 청결한 사회는 없었고 지금도 없다고 생각합니다. 조선시대에 여인에게 강요된 정조율은 어디까지나 양반 신분의 여인이 그 대상이었습니다. 상민이나 천민 신분의 여인은 그 대상이 아니었습니다. 그런 가운데 계집종이나 기생과 같은 천민 신분의 여인에 대해서는 양반 신분 남자의 성폭력이 광범하게 자행되었습니다. 일본에서 이식된 공창제는 이 같은 성 지배의 역사를 토대로 하여 뿌리를 내리고 발전한 것입니다.

나아가 일본군 위안부 제도는 1945년 일제의 패망과 더불어 흔적도 없이 사라진 것이 아닙니다. 위안부 제도는 1960년대까지 한국군 위안부, 민간 위안부, 미군 위안부의 형태로 건재했으며, 오히려 발전하였습니다. 일본군 위안부 제도는 이 같은 여인의 성에 대한 남성, 가부장, 국가의 지배라는 긴 역사의 극히 일부일 뿐입니다. 그 점을 전제해야 일본군 위안부 제도의 역사적 성격을 온전하게 이해할 수 있습니다. 앞장에서는 일본군 위안부의 후사後史를 다루었는데, 여기서는 그 전사前史를 살피겠습니다.

기생제

조선왕조의 지방 행정기구인 감영이나 군현에는 관비官婢, 곧 관에 속한 계집종이 있었습니다. 지방 군사기구인 병영과 진에도 그러하였습니다. 관비는 두 부류였습니다. 한 부류는 물 긷고 밥하는 계집종으로 급수비汲水婢라 했습니다. 다른 한 부류는 기생妓生으로 주탕酒湯이라고도 했습니다. 기생은 관아의 연회나 행사에 나가 노래하고 춤추는 역役을 졌습니다. 나아가 수령이나 빈객의 침실에 들어 성적 위안을 제공하는 역을 졌습니다. 이를 가리켜 방직房直 또는 수청守廳이라 했습니다. 계집종이 방직이나 수청을 하는 것은 기생과 같은 관비만의 일은 아니었습니다. 민간의 계집종, 곧 사비私婢도 마찬가지였습니다. 민간에서도 귀한 손님이 와서 묵으면 계집종을 시켜 수청을 들게 했습니다.

양반 관료가 기생의 성을 어떻게 지배하고 누렸는지에 관해서는 경상도 울산부 박취문朴就文의 예가 잘 알려져 있습니다. 1617년생으로 1644년에 무과에 급제한 사람입니다. 그는 같은 해 12월부터 1년 5개월간 함경도 회령과 경성으로 올라가 군관으로 복무하였습니다. 그는 울산을 출발하여 돌아올 때까지 하루하루 일기를 적었습니다. 그것이 유명한 『부북일기赴北日記』입니다. 그 일기엔 그와 동침한 여인들의 이름과 그들과의 사연이 적혀 있습니다.

박취문은 울산을 떠나 동해안을 따라 함경도 회령으로 여행하는 곳곳에서 관아의 기생이나 민간의 사비와 동침하였습니다. 회령에 도착하기까지 박취문은 모두 15명의 기생이나 사비와 동침하였습니다. 임지에 도착한 그에게는 방직 기생이 배정되었습니다. 이후 5개월간 그 기생은 박취문을 정성껏 모셨습니다. 박취문이 경성으로 임지를 옮기자 새로운 방직 기생이 배정되었습니다. 그는 그에 만족하지 않고 여러 기생의 성을 탐하였습니다. 특히 국경 지대의 여러 고을을 순시하는 과정에서 그러하였습니다. 어느 날에는 두 명의 기생 아이를 데리고 자기도 했습니다.

저는 박취문의 일기를 읽으면서 "아, 여기에 또 한 범주의 군 위안부가 있구나"라고 생각하였습니다. 이 기생은 언제 어떻게 생겨난 존재입니까. 기생의 신분은 관비이며, 기생의 딸은 어머니의 신분을 계승하여 기생이 된다는 법이 만들어진 것은 조선 초기 세종 때의 일입니다. 기생을 군 위안부로 규정하고 그 설치를 제도화한 사람 역시 세종이었습니다. 1435년의 일입니다. 세종은 함경도 회령과 경성 등을 지칭하면서 "북쪽 변방에 근무하는 군사들이 집을 멀리 떠나서 추위와 더위에 고생이 많고 또한 일용의 잡다한 일도 어렵다. 이에 기녀를 두어 사졸을 접대하게 함이 이치에 적합한 일이다"라고 하면서 군사를 접대할 기녀를 설치하라고 명하였습니다. 이후 북쪽 변방지역은 물론 전국 각 고을에 기생들이 설치되었습니다. 큰 감영이나 군영에서는 기생의 수가 100명을 넘기도 했으며, 규모가 작은 군현에서도 20~30명은 보통이었습니다. 『부북일기』에 의하면 1645년 경성에 속한 기생 역시 100명이나 되었습니다. 전국적으로 다 합하면 거의 1만 명에 달하였을 겁니다.

이렇게 조선의 기생제는 당초 군 위안부 제도로 만들어진 것입니다. 18세기 이후 노비제가 쇠퇴함에 따라 기생제도 쇠퇴하였습니다. 그럼에도 불구하고 기생제는 20세기 초 조선왕조가 망하기까지 면면히 이어졌습니다. 19세기까지 주요 감영과 병영에는 여전히 30여 명의 기생이 있었습니다. 기생제를 폐지하자는 주장은 그 누구에 의해서도 제기되지 않았습니다. 왜 그랬을까요? 조선의 정치철학은 어떠한 논리로 기생제를 끝까지 정당화하였습니까? 어쨌든 조선시대는 성적으로 청결한 사회가 아니었습니다. 천한 신분의 여인에 대한 성폭력이 신분의 논리로 정당화된 사회였습니다.

공창제의 시행

1916년 조선총독부는 「대좌부창기취체규칙貸座敷娼妓取締規則」을 발포하여 공창제를 시행하였습니다. 여기서 창기라 함은 성매매를 전업으로 하는 여인을 말합니다. 창기가 영업을 하기 위해서는 대좌부영업자가 연서한 신청서를 관할 경찰서에 제출하여 허가를 얻을 필요가 있었습니다. 대좌부貸座敷란 창기를 맞아들인 포주, 곧 대좌부영업자가 제공한 영업장소를 말합니다. 세칭 유곽이라 하였습니다. 창기가 신청서를 제출할 때는 창기의 부, 모, 호주 등이 인감을 찍은 취업승낙서, 창기와 포주 간의 전차금前借金 계약서, 건강 진단서, 창기업을 하는 사유서 등이 첨부되어야 했습니다. 창기의 주거는 유곽의 구역으로 제한되었습니다. 대좌부영업자는 매월 창기의 영업 소득, 전차금 상환 실적 등을 경찰서장에게 보고해야 했습니다. 또 창기는 매월 2회 정기적으로 성병 검신을 받아야 했습니다. 칭기업을 그만둘

때는 허가증을 경찰서장에게 반납하고 폐업 허가를 받아야 했습니다. 이상이 1916년에 시행된 공창제의 주요 내용입니다.

공창제는 근대 서유럽의 여러 국가가 효시를 이루었습니다. 공창제는 창녀 등록제, 성병 검진 의무제, 영업 구역 집중제를 기본 요건으로 하였습니다. 창녀 등록제는 창녀와 포주의 관계에 국가가 개입하여 부당한 계약조건이나 처우를 개선하기 위해서였습니다. 성병 검진을 의무화한 것은 성병을 통제하여 국민 건강을 지키기 위해서였습니다. 특히 병사들의 성병 감염은 군의 사기와 전투력에 큰 지장을 주었습니다. 근대국가가 공창제를 시행한 직접적 계기는 병사들의 성병 감염을 막기 위해서였다고 합니다. 영업 구역을 집중한 것은 매춘업에 따른 풍기문란으로부터 일반 사회를 보호하기 위한 취지였습니다.

일본은 1870년대에 걸쳐 프랑스와 독일로부터 공창제를 도입하였습니다. 그 이전 에도江戶시대에는 유녀옥游女屋이라는 상업적 매춘업이 성립해 있었습니다. 업주가 가난한 집의 딸을 인신매매의 형태로 구입하여 매춘에 종사하게 한 것이 유녀옥입니다. 유럽의 여러 나라로부터 인신매매에 대한 비난이 쏟아지자 일본은 유녀의 인신매매를 금지하고 유녀를 창기로, 유녀옥을 대좌부로 명칭변경하고, 대좌부를 일정 구역으로 모았습니다. 그것이 근대 일본의 공창제입니다. 1916년 조선총독부가 시행한 공창제는 약간의 차이는 있지만 그 공창제를 조선에 이식한 것이었습니다.

19세기까지 조선시대에 일본의 유녀옥과 같은 성매매를 전업으로 하는 매춘업은 성립하지 않았다고 보입니다. 그 이유는 상업경제의 발전이 높은 수준이 아니었고, 딸을 팔 수 있는 가부장권이 성립해 있지 않았기 때문입니다. 그렇지만 한성이나 지방 감영과 같은 도회에 또는 주요 교통의 요지에 주점酒店의 형태로 상업적 매춘이 어느 정도 성립해 있었던 것은 사실입니다. 어쨌든 상업적 매춘의 수준이 낮은 가운데 조금 전에 지적한 대로 천민 여인의 성에 대한 신분적 지배가 심했던 것이 조선사회라고 할 수 있습니다.

소수를 위한 특권적 매춘업

1916년, 공창제 시행을 두고 여인의 성에 대한 지배의 역사에서 신분적 폭력의 시대가 물러가고 상업적 매춘의 시대가 열렸다고 해도 좋다고 생각합니다. 그런데 그 이행은 점진적이며 단계적인 과정을 밟았습니다. 처음에는 일본인 창기와 일본인 유객이 중심을 이룬 소수를 위한 특권적 매춘업이었습니다. 1930년대가 되면 창기와 유객의 중심이 조선인으로 옮겨 가면서 대중적 매춘업으로 그 모습이 바뀌었습니다. 1930년대는 '대중 매춘사회'가 성립한 시기라고 할 수 있습니다.

표22-1 대좌부 창기업의 개황 (1929년)

구분	일본인	조선인	합
창기수	1,900명	1,385명	3,285명
유객수	450,615명	110,683명	561,298명
유객 1인당 유흥비	8원	4원	
창기 1개월 접객수			14.2명

출처: 宋連玉(1994),「日本の植民地支配と國家的管理賣春 -朝鮮の公娼を中心にして」.
비고: 창기 1개월 접객 수는 필자가 계산한 것임.

공창제의 시행과 더불어 전국적으로 주요 도시 25곳에 유곽 구역이 설정되었습니다. 표22-1은 1929년 대좌부 창기업의 개략적인 상황입니다. 창기는 모두 3,285명으로 1,900명의 다수가 일본여인이었습니다. 연간 유객의 총수는 56만여 명인데, 45만여 명이 일본인이었습니다. 다시 말해 1929년의 창기업은 일본인을 위한 일본풍의 매춘업이었던 것입니다. 물론 유곽별로 차이가 있습니다. 전국에서 제일 큰 서울 중구의 신마치新町 유곽의 경우 유객의 95%

사진22-1 서울 신마치新町의 유곽 거리.

이상이 일본인이었습니다. 반면 마산의 유곽은 주로 조선인이 유객이었습니다.

유객 1인당 유흥비를 보면 일본인이 8원인 반면 조선인은 4원이었습니다. 일본인 창기의 몸값은 조선인 창기의 두 배였습니다. 일본인 창기는 소득수준이 낮은 조선인 입장에선 너무 비싼 사치였는지 모르겠습니다. 창기 1인이 맞이한 유객의 수는 월평균 14명이었습니다. 대개 이틀에 하루 1명의 손님을 맞은 셈입니다. 유흥비를 창기의 수로 나눈 창기 1인당 월매출은 102원이었습니다. 그중의 3분의 1이나 2분의 1을 창기의 몫으로 보면 34원이나 51원입니다. 당시 소학교를 졸업하고 공장에 취업한 여공들의 월 임금이 대개 18원 수준이었습니다. 이런 점을 고려하면 1929년 당시 대좌부 창기의 처지는 앞장에서 소개한 한국 1950~1960년대의 위안부보다 월등히 좋았다고 이야기할 수 있습니다. 소수의 일본인을 위한 특권적 매춘업이기에 그러했다고 하겠습니다.

군 위안시설로서 공창제

이식된 공창제가 지닌 중요한 특질 하나를 지적하겠습니다. 그것은 유곽 구역은 처음부터 일본군이 주둔한 곳과 밀접한 연관 하에서 지정되었다는 사실입니다. 다시 말해 공창제는 처음부터 군 위안시설로 도입된 성격이 강하였습니다. 예컨대 서울에서 최초로 건설된 신마치 유곽은 조선주차군의 본부와 아주 가까운 거리에 있었습니다. 나중에 그 본부가 용산으로 이전하였습니다. 이후 마포에 건설된 유곽도 사실상 일본군을 위한 시설이었습니다. 함북 나남은 조선주차군의 중요 주둔지이며, 나중에 조선군 제19사단의 사령부가 설치된 군사도시입니다. 그 나남에 1908년 유곽이 설치되었습니다. 당시의 상황에 대해 어느 기록은 다음과 같이 이야기하였습니다.

사진22-2 나남 덕천루의 여주인과 조선인 창기(1929년, 金富子·金榮, 『植民地遊廓』, 167쪽).

이곳에 유곽이 일찍부터 설치된 것은 이곳이 군영지여서 군인이 다수 배회하는 고로 만일 풍기를 문란 하는 일이 있으며 재미가 없기 때문이다.

함북 회령 역시 군사도시였습니다. 거기에 1912년 덕천루德川樓라는 유곽이 세워졌습니다. 위 사진은 1929년경 유곽의 일본인 여주인과 두 아이, 그리고 세 명의 조선인 창기입니다. 한 창기가 한 아이를 안고 있어서 마치 한 가족인 것처럼 단란한 분위기입니다. 앞서 1645년 울산 출신의 군관 박취문이 이곳 회령에서 근무하면서 맺었던 기생들과의 관계를 소개하였습니다. 저는 사진 속의 창기들을 보면서 그 기생들의 모습을 떠올렸습니다. 조선왕조가 설치한 군 위안부들이었습니다. 그 기생제가 19세기 말까지 이어졌습니다. 사진 속의 창기들은 출생지가 어딘지 알 수 없습니다만, 역사적으론 조선 기생의 계보를 잇는 존재였습니다. 조선왕조가 망하고 총독부가 공창제를 시행하자 기존의 기생들이 창기라는 새로운 이름을 얻게 된 것입니다. 군 위안부라는 속성에서 큰 변화가 있었던 것은 아닙니다. 회령에 설치된 유곽은 처음부터 군 위안소로서의 성격을 지녔기 때문입니다. 그러다가 1937년 일본군이 공식적으로 위안소를 설치하자 이들 유곽은 민간인 출입이 금지된 군전용 위안소로 바뀌게 됩니다. 다시 말해 기생제, 공창제, 위안소제는 그 본질적 속성을 변치 않은 채 한 계열로 죽 이어져 온 것입니다. 위 사진은 이 기막힌 역사적 계보를 다른 무엇보다 뚜렷하게 이야기해 주고 있습니다.

매춘업의 대중화

　1916년에 공창제가 이식된 후 시간이 지남에 따라 조선인도 점차 그에 적극적으로 참가하게 되었습니다. 대략 1930년대 중반부터가 아닌가 싶습니다. 소수 일본인을 위한 특권적 매춘업이 다중의 조선인을 위한 대중적 매춘업으로 발전하였던 것입니다. 관련하여 인천에 있던 시키시마敷島유곽의 예를 소개하겠습니다. 표22-2는 『동아일보』가 보도한 관련 정보입니다. 시키시마에서 유곽은 조선인루朝鮮人樓와 일본인루日本人樓로 구분되었습니다. 1924년 일본인루는 조선인루보다 번창하였습니다. 조선인루의 창기가 95명임에 비해 일본인루는 112명이었습니다. 유객의 수도 10,084명과 22,972명의 차이를 보였습니다. 유객 1인당 소비액 차이도 두 배였습니다. 그런데 1937년이 되면 조선인루가 창기의 수나 유객의 수에서 일본인루를 능가하였습니다. 일본인루는 업소의 수 자체가 14개에서 8개로 줄어들었습니다. 『동아일보』의 보도에 의하면 1934년 하나마치花町의 해안 6만여 평을 매립하는 5개년 계획이 성립하고 1936년 경인산업도로가 건설되기 시작하자 노동수요가 급증하여 전국에서 노무자들이 인천으로 몰려들어 왔습니다. 시키시마의 조선인루가 번창한 것은 바로 그 때문이었다고 합니다.

표22-2 **인천 시키시마 유곽의 개황**(명, 원)

연도	조선인루				일본인루			
	호수	창기수	유객수	소비액	호수	창기수	유객수	소비액
1924	25	95	10,084	38,428	14	115	22,972	190,902
1937	27	149	24,974	101,872	8	83	22,913	199,366

출처: 『동아일보』 1925년 2월 10일; 1938년 2월 3일.

다시 말해 식민지적 개발에 따라 소득수준이 높아지자 조선인도 점차 일본풍의 상업적 매춘에 참가하기 시작하였습니다. 특권적 매춘업이 대중적 매춘업으로 이행한 것입니다. 이러한 시대적 흐름은 일본에서도 마찬가지였습니다. 1920년대 일본 교토京都지역의 성인 남자는 거의 한 달에 한 번 유곽을 방문하였습니다. 이를 두고 관련 연구자들은 '대중 매춘사회'의 성립을 이야기하고 있습니다. 그 정도로 심하지는 않았습니다만, 식민지 조선에서도 '대중 매춘사회'가 열리고 있었던 셈입니다. 1937년 중일전쟁의 개시와 더불어 일본군이 주둔한 모든 지역에서 군 위안소가 개설된 것도 이러한 시대적 흐름을 타고서였습니다. 그래서 서두에서 일본군 위안부 제도를 마른하늘에 벼락 치듯이 생겨난 것으로 이해해서는 안 된다고 했던 것입니다.

조선풍의 공창제

공창제의 대중화 과정은 동시에 이식 공창제가 조선풍으로 바뀌는 과정이기도 하였습니다. 그 짐을 마저 살피도록 하겠습니다. 공창제 하에서 매춘업에 종사한 여인은 크게 세 부류였습니다. 첫째는 지금까지 설명한 창기娼妓로서 성매매를 전업으로 하는 여인입니다. 둘째는 예기藝妓로서 예기치옥藝妓置屋이나 요리옥에서 춤과 노래를 하는 예능의 소지자입니다. 예기의 매춘은 원래 허락되지 않은 일입니다만, 손님의 요구에 따라 매춘을 함이 보통이었습니다. 일본에서 예기가 건너오자 조선의 전래 기생이 이 범주에 포함되었다고 하겠습니다. 셋째는 요리옥이나 음식점의 객석에 앉아서 손님을 접대하는 작부酌婦입니다. 작부도 손님의 요구에 응하여 성매매에 종사함이 보통이었습니다.

창기는 앞서 지적한 대로 원래 일본풍으로서 일본인 여인이 다수였습니다. 일본인 창기는 1916년 2,077명으로 출발하여 1921년의 2,599명을 정점으로 점점 감소하는 추세였습니다. 그에 비해 조선인 창기는 처음에 774명에 불과합니다만, 1940년이면 2,157명이나 되어 일본인 창기 1,777명을 능가하였습니다. 예기도 처음에는 일본인이 다수입니다만, 조선인 예기의 수가 점점 많아져 1929년에 일본인을 추월했으며, 1939년에는 6,122명으로 피크에 달했습니다. 작부도 처음엔 일본인이 많았지만 1919년에 조선인이 일본인을 능가하여 1939년에는 1,445명이나 되었습니다. 세 부류의 여인을 종합하면 일본인이 1916년부터 1940년까지 4,000명 수준에서 정체했음에 비해 조선인은 1916년의 1,700명에서 1940년의 9,580명으로까지 크게 증가하였습니다. 이로부터 1930년대에 들어 공창제의 중심이 조선인으로 옮겨졌다고 할 수 있는데, 그러한 시대적 추세를 이끈 것은 조선인 예기의 급속한 증가였던 것입니다.

조선의 기생은 원래 1, 2, 3패로 구분되었다고 합니다. 1패는 궁중이나 관아의 연회에서 노래하고 춤을 춘 일급 예능의 소지자로서 매춘과는 무관하였습니다. 2패는 예능이 뒤떨어진 가운데 매춘도 하는 여인이었습니다. 3패는 예능의 훈련을 받은 적이 없는 자칭 기생으로서 매춘을 주업으로 하는 여인이었습니다. 1930년대에 들어 조선인 예기가 부쩍 증가한 것은 전통 기생으로서 주로 2패와 3패가 관할 경찰서의 예기명부에 이름을 등록하고 요리옥에 나가 노래와 춤의 예능을 팔면서 매춘을 하는 경우가 부쩍 많아진 것을 의미합니다. 다시 말해 창기업을 중심으로 한 이식 공창제는 전통 기생업의 작용을 받아 예기업이 중심이 된 조선풍으로 정착하고 확산해 갔다고 이야기할 수 있습니다. 이후 일본군 위안부로 나간 여인의 상당수가 기생 양성소인 권번券番 출신이거나 요리옥의 기생 출신인 것은 이러한 시대적 배경에서였습니다.

호주제 가족

그럼 여인들은 어떠한 경위로 대좌부의 창기, 예기치옥과 요리옥의 예기, 음식점의 작부가 되었던 것일까요. 조선시대의 기생이 신분 세습의 원리로 재생산되었다면, 그런 시대는 물러갔습니다. 실태야

어쨌든 형식적으론 상업적 계약의 시대가 되었습니다. 업주와 여인과의 관계는 어디까지나 계약에 기초한 고용 관계였습니다. 1916년에 발포된 공창제 관련 법규를 보면 업주는 '고인주선업雇人周旋業'을 할 수 없다고 되어 있습니다. 즉, 대좌부영업자의 경우 창기를 직접 모집할 수는 없고 누군가가 창기를 모집하여 고용을 주선해 주어야 했습니다. 매춘업도 일종의 노동시장인지라 직업소개소 같은 시장기구가 주선업 이름으로 활동하였습니다. 주선업자 간에는 소매시장-도매시장-중앙시장과 같은 위계가 성립하여 모집한 여인을 지역 내 또는 지역 간 나아가 국경 너머의 외국으로까지 송출하였습니다.

이제 주선업자가 지역에서 여인을 모집하는 최초의 과정을 살펴봅시다. 앞에서 잠시 소개했습니다만, 어느 여인이 창기로 취업하기 위해선 보호자의 취업승낙서라는 서류가 필요했습니다. 보호자는 보통 아버지인데, 아버지가 없으면 어머니가, 어머니도 없으면 호주로 있는 오빠나 다른 친족이 보호자였습니다. 이들 보호자를 총괄해서 호주戸主라고 해도 좋습니다. 주선업자는 여인의 호주를 설득해서 취업승낙서에 인감을 찍게 합니다. 그리고선 여인과 호주와의 관계를 증명하는 호적등본과 인감증명서를 발급해 받았습니다. 이런 서류를 구비해야 관할 경찰서장으로부터 취업 허가를 받을 수 있었습니다.

그런데 제가 방금 언급한 호주, 호적등본, 인감, 인감증명서 등의 제도는 모두 일본이 조선을 지배한 초기에 생겨난 것입니다. 심지어

'가족'이란 말과 개념이 생겨난 것도 일정 초기의 일입니다. 조선시대에는 가족이란 말이 없었습니다. 비슷한 뜻으로 가솔家率이나 가권家眷이란 말이 있었는데, 그 뜻이 가족과 반드시 일치하지 않았습니다. 저는 20세기 초에 성립한 조선의 가족제도를 '호주제 가족'이라고 규정하고 있습니다. 종래 그리 주목하지 못했습니다만, '호주제 가족'의 성립은 20세기 한국인의 가정생활이나 정신문화에 매우 중대한 영향을 미쳤습니다. 이와 관련해서는 제가 쓴 『한국경제사』II라는 책의 '호주제 가족의 출현'이란 절을 읽어 주시길 바랍니다. 저는 '호주제 가족'에 대한 이해가 없이는 일정기에 성립한 공창제나 일본군 위안부 제도를 온전히 이해할 수 없다고까지 생각하고 있습니다.

호주제 가족이 생겨나는 것은 1909년의 민적법, 1911년의 호적법, 1912년의 민법을 통해서였습니다. 그 과정에서 일본식의 가족제도가 이식되었으니 곧 호주제 가족입니다. 호주는 가족 성원을 양육하고 보호할 권리를 국가로부터 부여받은 일종의 권력자로서 가부장입니다. 마치 군대조직이 말단의 분대分隊를 기초 단위로 하듯이 근대국가는 가족을 기초 단위로 하는 군대조직과 같습니다. 분대장이 분대원을 통솔하듯이 호주는 가족 성원을 보호하고 지배할 의무와 권리를 갖습니다. 가족 내에서 성원의 지위 변동은, 예컨대 출생, 사망, 결혼, 이혼, 입양, 상속, 분가 등은 호주의 승인과 신고를 통해야 효력을 발생합니다. 성원은 가부장 호주에 대해 상대석으로 무권리입니다. 성원이 취득한 소득은 별 규정이 없는 한 호주의 소득으로 귀속됩니다. 처의 사회 활동도 호주의 승인이 있어야 법적 효력을 갖습니다. 호주제 가족은 철저하게 남성 우위의 가부장제 문화입니다. 국가는 가부장들의 권력이었습니다. 이런 문화에다 이런 권력이기에 여인의 성을 국가가 관리하는 공창제가 성립할 수 있었던 겁니다.

호주제 가족의 성립은 역설적이게도 아무것도 가진 것이 없는 빈곤계층의 호주에게 딸의 취업을 승낙할 수 있는 권리를 부여하였습니다. 그래서 주선업자가 찾아와 감언이설로 설득하고 약간의 전차금을 제시하면 마지못해 또는 얼씨구나 하면서 딸의 취업승낙서에 도장을 찍었던 것입니다. 딸은 거부할 능력이 없었습니다. 가족 성원의 지위 변동은 호주 권력의 소관이었습니다. 딸은 울면서 주선업자 손에 끌려갔습니다. 이것이 공창제를 둘러싼 이른바 인신매매의 실태입니다.

조선시대에는 그런 류의 인신매매는 없었습니다. 조선시대에 사람을 사고파는 것은 그 대상이 노비들이었습니다. 노비는 법적으로 주인의 재물이었습니다. 그래서 사고 팔렸던 것입니다. 그런 인구가 전성기 16~17세기에 전 인구의 3~4할이나 되었습니다. 노비 신분이 쇠퇴한 19세기가 되면 일반 상민常民 신분이 자기 몸과 가족을 노비로 파는 자매自賣라는 현상이 나타납니다. 그렇지만 아버지가 가족의 일부를, 예컨대 딸만을 떼어내 파는 현상은 없었습니다. 수많은 고문서가 지금까지 전합니다만, 그런 류의 인신매매를 알리는 문서는 한 장도 발견된 적이 없습니다. 20세기와 같은 가부장 권력이 제도적으로 성립해 있지 않았기 때문입니다.

가정윤리와 성문화

아버지가 딸을 주선업자에게 창기나 예기로 넘기는 것은 단순히 빈곤에 쫓겨서만은 아니었습니다. 가족을 양육하고 보호할 가부장의 의무가 빈곤계층의 가정윤리로 성숙해 있지 않은 까닭이기도 했습니다. 관련하여 1921년 『개벽開闢』이란 잡지에 실린 한 기사를 인용하겠습니다.

> 종래 상놈은 극도로 타락해서 신도信道의 자유도, 취학의 자유도 없이 그야말로 사람의 부스러기로 살아왔다. 양반은 그들의 인격을 인정하지 않았을 뿐 아니라 상놈도 스스로를 우습게 여겼다. 염치와 도덕이니 하는 것은 그들의 알 바가 아니었다. 그들의 생활난은 한층 그들의 양심을 마비시켰다. 조선의 창기하면 누구나 경상도 여자가 가장 많음을 생각할 것이다. 그곳에 가서 알아보니 창기들은 모두 미천한 상놈들의 생활난으로 자기의 딸을 방매한 것이다.

이 기사를 두고 딸을 창기로 판 하층민의 비도덕성을 비판한 취지라고만 이해해서는 곤란합니다. 오랜 세월에 걸친 비인간적인 신분 지배와 차별은 하층민의 가정윤리를 타락시킬 수밖에 없었습니다. 그렇게 신분제 사회가 남긴 부負의 유산이라는 시각에서 식민지기 조선사회의 모순을 응시할 필요가 있습니다. 위 기사 가운데 "조선의 창기하면 누구나 경상도 여자를 생각한다"는 지적은 어김없는 사실이었습니다. 1991년 일본군 위안부 문제가 터진 이후 자신이 일본군 위안부였다고 고백한 여인 170명 가운데 경북과 경남 출신이 97명이나 되었습니다. 전남과 전북 출신은 27명, 충남과 충북 출신은 10명에 불과하였습니다. 다시 말해 일본군 위안부 문제와 조선시대의 강고한 신분제와는 무관한 현상이 아니었습니다. 앞에서 지적했습니다만 기생제, 공창제, 위안부제는 본시 역사적으로 한 계보였습니다.

신분제와 성도덕의 역사적 관련에 대해 한 가지 더 부연하겠습니다. 조선시대의 양반들은 첩을 두었습니다. 대략 30%의 양반이 그러했다고 추정되고 있습니다. 군현의 수령으로 나간 양반이 기생을 데리고 돌아오면 곧 첩이었습니다. 기생제와 첩제는 밀접한 관련을 지녔습니다. 일정기에 들어 첩제가 어떠한 동향을 보였는지는 확실치 않습니다만, 조금도 시들지 않은 것만은 확실한 듯합니다. 오히려 구래의 상민 신분 가운데 사회적으로 성공한 사람이 늘고 그들이 양반 신분을 자처함에 따라 첩제가 증폭되었을 가능성이 크다고 생각합니다. 그것 역시 가난한 하층민이 딸을 파는 시대적 추세를 부추겼습니다.

1934년 유명한 소설가 이광수李光洙는 「팔려가는 딸들」이란 글에서 다음과 같이 이야기하였습니다.

> 딸을 팔아먹는 것은 그리 신기한 일도 아니다. 남의 딸이나 제 아내를 파는 일도 있다. 팔아서 먹는 놈이 있는 한편에 사다가 먹는 놈도 있다. 이른바 창기, 예기, 작부, 첩 같은 것이다.

이처럼 첩은 당시의 시대적 감각에서 창기, 예기, 작부와 다를 바 없는 존재였습니다. 그들 모두는 구래의 신분제 사회와 이식된 근대문명이 결합하여 창출한 가부장 권력이 그 성을 약취한 빈곤계층 출신의 여인들이었습니다. 1937년 이후의 일본군 위안부도 물론이었습니다.

저항과 탈출

그렇다고 여인들이 울면서 또는 매를 맞으며 끌려가기만 한 것은 아니었습니다. 그들은 저항하였습니다. 더 나은 삶의 기회를 찾아 가난에 찌든 집을 뛰쳐나가기도 하였습니다. 가부장의 무지막지한 폭력으로부터 탈출하기도 했습니다. 이러한 시각에서 여인들이 공창으로 향한 길의 전체상을 조망할 필요가 있습니다.

우선 1937년 3월 28일자 『매일신보』에 난 기사 하나를 소개하

겠습니다. 서울 종로구에 사는 22세 김초향은 3년 전에 조선권번朝鮮
券番에 들어 기생 노릇을 해 왔습니다. 최근에 수입이 줄고 폐업을 하
여 가족의 생활고가 더욱 심해졌습니다. 그러자 그 부모가 만주 투
먼圖們에서 유곽을 경영하는 신향범이란 자에게 1,300원을 받고 초
향을 창기로 팔았습니다. 신향범이 매일 와서 유곽으로 가자고 조르
나 초향은 "노래와 웃음을 파는 기생은 할지언정 고기를 파는 창기
는 할 수 없다"면서 완강히 거부하였습니다. 이윽고 종로경찰서에
뛰어들어 눈물로 선처를 호소했는데, 경찰서는 초향의 부모를 소환
하여 전후 사실을 조사 중이라는 내용입니다. 초향의 부모가 불법을
저지른 것은 아니었습니다. 그것은 그 시대의 제도이자 문화였습니
다. 그렇지만 초향은 부모의 뜻을 거역하였습니다. 그녀는 독립적 인
격으로서 자아를 실현하고자 열망한 신여성이었습니다.

자아실현의 열망은 다양한 형태로 분출되었습니다. 김초향은 창
기가 되길 거부했지만, 의도하지 않은 가운데 그 길로 들어선 여인
도 적지 않았습니다. 일본군 위안부가 된 어느 소녀가 있었습니다.
학교에 가서 공부하여 훌륭한 신여성으로 살기를 꿈꾸었습니다. 그
런데 아버지는 "가시나가 공부하면 여우밖에 되지 않는다"고 하면
서 학교에 보내주지 않았습니다. 너무나 학교에 가고 싶었던 소녀
는 아버지 몰래 학교에 갔습니다. 그것을 안 아버지가 소녀를 교실
에서 끌어내 죽어라고 두들겨 팼습니다. 그렇게 어린아이를 함부로
때리고 학대한 것이 당시의 가부장들이었습니다. 소녀의 가슴에는

깊은 멍이 들었습니다. 몇 년 뒤 "공부도 할 수 있고 돈도 벌 수 있게 해준다"는 어느 사람의 꾐에 빠져 가출을 감행하였습니다. 그렇지만 소녀를 기다린 것은 일본군 위안소였습니다. 무지막지한 가부장의 폭력이 신여성으로서 자아실현을 꿈꾼 한 소녀를 위안부로 내몬 원인이었습니다.

1926년에 나온 현진건玄鎭健의 단편 소설 「고향」에 당시 사람들이 멋모르고 부르던 다음과 같은 노래가 실려 있습니다.

> 볏섬이나 나는 전토는 신작로가 되고요 (중략) 인물이나 좋은 계집은 유곽으로 가고요.

신작로는 식민지적 개발을 상징합니다. 사람들은 식민지적 개발에 반감을 느꼈습니다. 비옥한 전토를 수용하여 쓸모없어 보이는 신작로를 만들었기 때문입니다. 그렇지만 신작로는 사람들의 생활권역을 바꾸어 놓았습니다. 농촌은 신작로를 통해 도시와 연결되었습니다. 도시와 도시를 연결하는 철도는 사람들의 생활지평을 활짝 열었습니다. 도시에선 여인의 성을 사고파는 시장이 열렸습니다. 주선업자들이 활발히 농촌으로 다니면서 여인들을 끌어모았습니다. 아버지에 의해 팔린 아이는 서럽게 울면서 신작로를 타고 도시의 유곽으로 갔습니다. 가난과 매질로부터 탈출한 소녀들도 유곽으로 갔습니다. 달리 갈 데가 그리 많지 않은 시내였습니다. 그래서

1920년대는 현진건이 소개한 대로 "인물이나 좋은 계집은 다 유곽으로 가는" 시대였습니다.

1930년대가 되면 여인을 유곽으로 이끄는 인신매매는 더욱 활발해졌습니다. 식민지적 개발에 따라 '대중 매춘사회'가 열렸기 때문입니다. 그와 더불어 주선업자가 여인들을 이끌고 가는 행렬은 국경 너머 멀리 만주, 대만, 일본, 중국으로까지 이어졌습니다.

매춘업의 역외 진출

공창제의 성립과 '대중 매춘사회'의 전개는 매춘업의 역외域外 진출 과정이기도 했습니다. 벌써 1910년대 말이면 관동주關東州와 남만주 일대에서 일본인과 중국인을 고객으로 하는 조선인 매춘업이 등장하였습니다. 조선인 매춘업이 만주의 주요 도시에서 활발하게 성장하는 것은 아무래도 1931년 만주사변 이후였습니다. 예컨대 1932년 만주에서 가장 큰 도시인 봉천에서 조선인 작부는 132명인데 1941년까지 461명으로 증가하였습니다. 만주에서는 성매매를 전업으로 하는 창기는 없고 작부가 창기의 역할을 대신하였습니다.

만주국 전체를 살피면 1940년 각종 매춘업에 종사하는 여인은 3만 8,607명이었습니다. 그중의 52%가 중국인이고, 35%가 일본인이었습니다. 조선인은 4,476명으로 12%의 비중이었습니다. 조선인 접객업소는 총 599개로 업소당 평균 7~8명의 규모였습니다.

같은 해 조선에서 활동한 조선인 창기, 예기, 작부의 총수는 9,580명이었습니다. 다시 말해 그 절반에 가까운 많은 수의 여인들이 만주로 건너가 주로 남만주 일대에서 활발하게 매춘업에 종사하였습니다. 그들의 주요 고객은 만주에 정착한 조선인사회와 더불어 하층 일본인이었습니다. 일본인은 조선 여인이 깨끗하고 화대도 싸고 말도 통하여 중국 여인보다 선호하였습니다. 조선인 매춘업은 만주 매춘시장에서 제2급이었습니다. 최상급 시장은 일본인사회를 무대로 한 일본인 매춘업, 그다음이 조선인과 하층 일본인을 고객으로 한 조선인 매춘업, 그다음이 중국인 매춘업이었습니다.

만주에 이어 조선인 매춘업이 일찍부터 진출한 곳은 대만입니다. 벌써 1921년이면 대만의 주요 금광지대에 조선루朝鮮樓라는 조선인 매춘업소가 출현하였습니다. 1930년 대만에 체류한 조선인 여성은 458명, 그중의 90% 이상이 매춘업에 종사하였습니다. 1940년까지 그 수가 940명으로 증가하였습니다. 1941년 대만의 창기 총수 가운데 조선인 창기가 차지하는 비중은 4분의 1이나 되었습니다. 대만에서는 조선인사회가 없었습니다. 대만에서 활동한 조선인 매춘업의 주요 고객은 일본인이었습니다. 1930년대 이후 일본에서는 공창제 폐지 운동이 일었습니다. 그로 인해 일본인 창기가 대만으로 건너오는 데 제약이 생겼습니다. 그 틈새를 메운 것이 조선인 창기였습니다. 만주에서와 마찬가지로 대만에서도 조선인 매춘업은 제2급의 지위를 차지하였습니다.

중국 관내에서 조선인 매춘업이 번성하는 것 역시 1930년대였습니다. 1931년 일본군이 상하이를 점령하였습니다. 상하이에 거주한 조선인 여인은 1931년 139명에서 1936년 913명으로 증가하였습니다. 여인들의 90% 이상은 매춘업에 종사하였습니다. 상하이에서 매춘업이 번성한 것은 일본군 주변에 군인을 주요 고객으로 하는 매춘시장이 열렸기 때문입니다. 일본인 매춘업이 그 시장을 장악하였습니다. 1931년 상하이에는 약 30개의 일본인 대좌부와 요리옥이 있었고, 그에 속한 창기와 작부는 216명이었습니다. 이외 카페의 여급과 사창을 포함하여 매춘업에 종사하는 여인의 총수가 1,200여 명이나 되었다고 합니다. 그렇게 일본군 주변에서 대규모 매춘시장이 열리자 조선인 매춘업이 조선 또는 만주에서 출발하여 상하이로 들어왔던 것입니다.

1937년 일제는 중국대륙을 본격적으로 침공하였습니다. 일본군은 베이징에서 광둥廣東에 이르는 광대한 연안지역을 점령한 데 이어 내륙 깊숙이까지 진출하였습니다. 그러자 수많은 조선인이 새로운 일거리를 찾아 일본군 점령지역으로 들어갔습니다. 1941년 조선총독부 베이징출장소의 보고서에 의하면 조선인은 적은 자본에도 불구하고 득의의 어학 실력과 강인한 생활력으로써 군의 진격과 더불어 군을 뒤따라 군이 필요로 하는 잡화를 운반하고 혹 특수 부녀자의 일단을 이끌고 군 위안소를 개업하였습니다. 총독부 자료에 의하면 중일전쟁이 개시된 직후 1937년 9월에서 1938년 6월까지 10개월간 대좌부업자와 요리옥·음식점 업자 512명이 신분증명서를 받고 화북으로 떠났으며, 그들을 따라간 창기와 예기도 744명이나 되었습니다. 1941년 중국 화북에 정착한 조선인 총수는 1만 6,531호에 5만 2,072명이었습니다. 그중에 362호가 요리옥, 음식점, 카페를 경영했으며, 11호가 군 위안소를 차렸습니다. 이들 업소에 속한 창기, 예기, 작부, 여급은 모두 1,292명으로 그중의 창기 219명은 11개의 군 위안소에 속한 위안부들이었습니다.

조선인 매춘업은 일본으로도 진출했습니다. 1935년 일본 각지에 분포한 조선인 창기, 작부, 예기, 여급은 1,735명이나 되었습니다. 1937년 이후 일본으로 이주한 조선인의 수가 크게 늘었습니다. 그에 따라 조선인 매춘업도 크게 팽창하였습니다. 광산과 공장 지구에선 조선인 노무자를 주요 고객으로 하는 요리옥과 매춘업이 번성하였습니다.

이상과 같이 1920년대 이후 역외로 진출한 조선인 매춘업은 1941년경이면 그 규모가 국내의 그것에 필적할 정도였다고 짐작됩니다. 여인들을 역외로 송출하는 주선업자들의 활동 또한 무척이나 활발하였습니다. 색시장사야말로 가장 벌이가 좋은 시대였습니다. 열차를 타고 압록강과 두만강을 넘어 여인을 이끌고 가는 행렬은 조금도 낯설지 않은 시대적 풍경이었습니다. 도하 신문은 주선업자의 사기적 행태에 관해 적지 않은 기사를 남겼습니다. 그 가운데 소녀를 150명이나 유괴하여 만주 등지로 팔아넘긴 하윤명 부부의 이

야기가 가장 유명하였습니다. 이미 살폈듯이 여인의 역외 송출은
일본군 위안부의 송출이기도 하였습니다.

참고문헌

정진성(2004), 『일본군 성노예제』, 서울대학교출판부.
이동진(2005), 민족, 지역, 섹슈얼리티 –만주국의 조선인 '성매매종사자'를 중심으로-」, 『정신문화연구』 28(3).
소정희(2006), 「교육받고 자립된 자아실현을 열망했지만」, 박지향 외 편, 『해방전후사의 재인식』 1, 책세상.
일제강점하강제동원피해진상규명위원회(2007), 『전시체제기 조선의 사회상과 여성동원 –매일신보
   (1937.1~1945.8)를 중심으로-』.
이영훈(2007), 『대한민국이야기』, 기파랑.
박정애(2009), 「일제의 공창제 시행과 사창 관리 연구」, 숙명여자대학교 대학원 사학과 박사학위논문.
이영훈(2016), 『한국경제사』 II, 일조각.
이영훈(2018), 『세종은 과연 성군인가』, 백년동안.
宋連玉(1994), 「日本の植民地支配と國家的管理賣春 –朝鮮の公娼を中心にして」, 『朝鮮史研究會
   論文集』 32.
宋連玉(2000), 「公娼制度から慰安婦制度への歷史的展開」, 『「慰安婦」戰時性暴力の實態』 [I], 綠
   風出版.
木村健二·申奎燮·幸野保典·宮本正明(2003), 「戰時下における朝鮮人の中国関内進出について」,
   『靑丘學術論集』 23.
陳姃湲(2010), 「在植民地臺灣事會夾縫中的朝鮮人娼妓業」, 『臺灣史研究』 17(3).
金富子·金榮(2018), 『植民地遊廓 –日本の軍隊と朝鮮半島』, 吉川弘文館.

23. 일본군 위안부 문제의
   진실

이영훈

공창제의 군사적 편성

중일전쟁이 일어난 1937년 일본군은 군의 부속시설로서 위안소를 설치하였습니다. 장병의 성욕을 해소하고, 성병을 통제하고, 군사기밀의 누설을 막기 위한 목적에서였습니다. 위안부는 대개 병사 150명당 1명의 비율로 충당되었습니다. 위안소는 근 280만 명에 달하는 일본군이 주둔한 거의 모든 지역에서 설치되었습니다. 조선에서도 일본군이 주둔한 곳곳에 위안소가 설치되었습니다. 위안소는 1937년 이전에도 곳에 따라 일선 사령관의 재량으로 설치되었습니다만, 그에 속한 여인을 '위안부'라고 부르지는 않았습니다. '위안부'라는 말은 1937년 이후 위안소가 공식 설치되면서 생겨났다고 합니다.

앞장에서 설명한 대로 일본군이 위안소를 설치하고 위안부를 충당한 사건을 두고 마른하늘에 벼락 치듯이 생겨난 것으로 오해해서는 곤란합니다. 여러 연구자가 지적하였듯이 일본군 위안부제는 민간의 공창제가 군사적으로 동원되고 편성된 것에 지나지 않았습니다. 실은 공창제 자체가 처음부터 군 위안소의 성격을 지니고 있었습니다. 그래서 '공창제에서 위안부제로의 이행'이라고 하나 형식적인 변화에 불과했습니다. 생겨난 것은 '위안부'라는 위선적인 명칭뿐이라고 지적하는 연구자도 있습니다.

역시 앞장에서 소개했습니다만, 함북 나남에 1912년에 세워진 덕천루德川樓라는 요리옥이 있었습니다. 주인은 일본인이고 창기는 조선인이었습니다. 그 요리옥이 1937년 이후 일본군 전용의 위안소로 지정되었습니다. 그러자 여인의 신분이 창기에서 위안부로 바뀌었습니다. 1937년 평안도 의주 출신의 박일석이란 사람이 상하이에서 아세아라는 카페를 차렸습니다. 1939년 그의 업소는 위안소로 지정되었습니다. 당초 2,000원으로 시작한 그의 자본금은 1940년에 7만 원으로 불었습니다. 위안소는 그야말로 성업이었습니다. 카페가 위안소로 지정되면 어떻게 됩니까. 여인의 신분이 여급에서 위안부로 바뀌게 됩니다. 위안소가 설치된 경위는 대략 이러하였습니다. 맨땅에 건물을 짓고 여인들을 납치하여 가두었다고 생각해서는 곤란합니다.

위안소의 실태

위안소에는 여러 형태가 있었습니다. 군이 직접 설치하고 운영한 것도 있지만, 대부분은 민간 업소를 군 전용의 위안소로 지정하고 관리하는 형태였습니다. 어느 경우든 위안소의 운영은 군의 세밀한 통제 하에 놓였습니다.

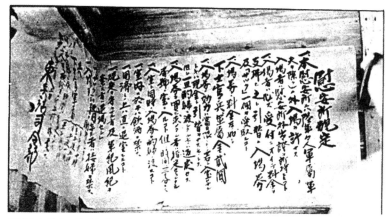

사진23-1 위안소 벽에 부착된 위안소 규정

위안소에는 군이 정한 운영수칙이 있었습니다. 장병들이 위안소를 이용하기 위해서는 부대장이 발급한 허가증이 있어야 했습니다. 이용 시간과 길이는 계급에 따라 달랐습니다. 대개 병사들은 낮이었고, 하사관과 장교는 저녁이나 밤이었습니다. 계급에 따라 화대도 달랐습니다. 위안소 안에서 음주나 방가는 금물이었습니다. 위안부에 대한 난폭한 행동은 단속의 대상이었습니다. 위안소 입구에서 허가증을 보이고 화대를 지불하면 업주가 피임기구 사크를 지급하였습니다. 사크의 착용은 의무 사항이었습니다. 위안부들은 정기적으로 성병 검진을 받아야 했으며, 월 2회의 휴일 이외에는 함부로 외출을 할 수 없었습니다. 업주는 매월 정기적으로 소정의 양식에 따라 업소의 영업 상황을 군에 보고해야 했습니다. 그때 위안부별 수지까지 세밀하게 보고되었습니다.

부대마다 차이는 있었습니다만, 대개의 위안소는 이상과 같은 수칙에 따라 운영되었습니다. 여러 위안소의 운영수칙을 읽으면서 저는 그것이 1916년 조선총독부가 공창제를 시행하면서 발포한 대좌부의 운영수칙과 다를 바 없음을 알게 되었습니다. 유객이 민간인에서 군인으로, 감독관이 경찰서장에서 군 부대장으로 달라진 것 이외에 업주와 여인의 관계를 포함하여 업소 운영의 시시콜콜한 세부에 이르기까지 큰 차이를 발견할 수 없었습니다. 그래서 위안부제가 군에 의해 편성된 공창제라는 기존의 연구 성과에 동의하였던 것입니다.

물론 차이는 있었습니다. 민간의 공창제에 비해 군 위안부제는 고노동, 고수익, 고위험이었습니다. 대개 병사 150명당 위안부 1명이었습니다. 병사의 위안소 방문을 월 1회로 잡을 경우 위안부의 노동 강도는 하루 5명이었습니다. 1937년 일본 오사카大阪의 두 유곽 구역에서 창기 1인당 하루 유객의 수는 2.5명이었습니다. '대중 매춘사회'의 발달에 따라 창기의 노동강도는 점점 심해졌습니다. 일본인 창기의 경우 군 위안부가 되는 것은 노동강도의 면에서 그리

단절적 변화는 아니었습니다. 조선에서 대중적 매춘업이 발전한 수준은 일본보다 낮아서 1930년대 말까지도 창기당 유객 수가 하루 1명이 못 되었습니다. 조선인 창기의 경우 군 위안부가 될 때의 노동 강도는 일본인 창기보다 단절적이었습니다. 어쨌든 군 위안부의 노동 강도가 민간 창기에 비해 높았던 것은 사실입니다.

그렇지만 그만큼 고수익이었습니다. 병사들의 화대는 민간 유곽에 비해 쌌지만, 하사관과 장교의 화대는 비슷하였습니다. 군의 관리가 엄격하여 업주의 중간착취는 통제되었습니다. 이러한 환경에서 위안소는 위안부의 입장에선 수요가 확보된 고수익의 시장이었습니다. 위안부는 적지 않은 금액을 저축하고 또 본가에 송금하였습니다. 그렇지만 무슨 일이든 수익에는 반대급부가 따르기 마련입니다. 고수익인 만큼 고위험이었습니다. 후방 지역의 위안소야 그렇지 않습니다만, 일선에 배치된 위안부는 큰 위험에 노출되었습니다. 특히 남태평양과 버마 전선에서 일본군이 붕괴할 때 그러하였습니다. 위안부들은 적기의 공습에 노출되었으며, 소속 부대로부터 버려지기도 했으며, 일본군과 함께 죽기를 강요당하기도 했습니다. 관련 기록이 전하는 참상은 그지없습니다. 그것은 전쟁 그 자체의 참혹함이었습니다. 그렇다고 전장에서 소멸한 위안부의 수를 과장해서는 곤란합니다. 대다수 위안부는 전쟁이 끝난 뒤 무사히 귀환하였습니다. 전쟁이 끝나기 이전에도 적지 않은 위안부가 계약 기간이 만료됨에 따라 위안소를 떠났습니다.

조금 뒤에 설명하겠습니다만 조선인 위안부의 총수는 대략 3,600명이었습니다. 1941년 국내에서 활동한 창기, 예기, 작부의 수는 9,500명이었습니다. 만주, 대만, 일본, 중국에서 활동한 창기 등도 그 정도였습니다. 모두 합하여 1만 9,000명이었습니다. 그 가운데 3,600명이 일본군 위안부였습니다. 그 3,600명과 나머지 1만 5,400명은 동질의 존재였습니다. 다시 말해 일본군 위안부는 공창제라는 대집합의 부분집합이었습니다. 그래서 여러 연구자가 지적하고 있듯이 위안부제는 공창제를 후방부대로 하여 그 일부를 전방으로 배치한 것과 다를 바 없었습니다. 일본군 위안부제에 관한 저의 이해는 이와 같습니다. 그렇지만 그 문제가 제기된 이래 너무나 많은 오해와 거짓말이 난무하여 그 실태와 본질을 덮어왔습니다.

강제연행설

가장 심각한 오해는 위안부들이 관헌에 의해 강제연행 되었다는 겁니다. 예컨대 헌병이 길거리를 걷는 여학생이나 밭에서 일하는 여인을 노예 사냥하듯이 강제로 끌고 갔다는 식입니다. 이런 이야기를 맨 처음 그럴듯하게 꾸며내 책까지 쓴 사람이 있는데 놀랍게도 일본인입니다. 1983년 요시다 세이지吉田淸治란 사람이 『나의 전쟁범죄』라는 책을 썼는데, 1943년 부하 6명과 더불어 제주도 성산포에 들어가 단추공장에서 일하는 여인 16명을 위안부로 끌고 간

적이 있다고 했습니다. 이 책은 한국인에게 큰 충격을 주었으며, 이후 위안부 문제가 터지는 데 큰 역할을 했습니다. 그렇지만 그것은 거짓말이었습니다. 책이 출간된 다음 제주도의 향토사가와 기자들이 관련 증언을 청취하고자 했지만, 성산포 주민들은 그런 일은 없었다고 부정하였습니다. 오히려 경박한 일본인이 책을 팔아먹기 위해 부린 악덕 상혼이라고 분개하였습니다.

그럼에도 요시다의 거짓말은 이후 오랫동안 사실인 양 여겨져 왔습니다. 여러 소설과 영화가 만들어져 비슷한 이야기를 널리 전파하였습니다. 얼마 전에도 〈귀향〉이란 제목의 영화가 상영되었는데, 일본 헌병이 소녀를 끌고 가는 장면에 많은 관객이 눈시울을 적셨다고 합니다. 1장에서 그 황당무계함을 비판한 조정래의 소설 『아리랑』에도 유사한 장면이 나옵니다. 어느 면장이 면에 할당된 위안부를 징발하기 위해 한 농민을 불러놓고 "어쩔 수 없이 자네 딸을 위안부로 징발하네"라고 통고하는 장면입니다. 저는 작가의 정신세계를 경멸합니다. 더러운 종족주의의 표본이지요. 일본을 강포한 종족으로 감각하고, 자기 딸을 징발하는데도 저항할 줄 모르는, 무한히 나약하고 비열한 존재로 스스로 추락하는 정신세계가 다름 아닌 반일 종족주의입니다.

강제연행설을 뒷받침해 온 또 하나의 근거가 있으니 원 위안부들의 증언입니다. 일반적으로 역사학자들은 다른 자료를 통해 방증되지 않은 개인의 증언을 사료로 인정하지 않습니다. 20세기에 들어 미국의 역사학자들은 남북전쟁으로 해방된 흑인 노예들을 대상으로 그들의 노예 생활에 관한 기억을 채집하였습니다. 그때 역사학자들은 인터뷰가 되풀이될 때 그들의 기억이 일관성을 유지하지 못함을 알게 되었습니다. 오래전의 일이라 기억이 희미할 수도 있고, 앞뒤가 착란을 일으킬 수도 있고, 새로운 기억이 만들어졌을 수도 있습니다. 무엇보다 기억을 청취하는 사람과의 상호 관계에서 기억이란 행위 자체가 정치화할 수 있음에 유의할 필요가 있습니다.

원 위안부들의 증언에도 그러한 문제점이 많이 노출되었습니다. 어느 여인은 철도 역전에서 일본군에게 잡혀 중국으로 끌려갔는데, 기차 안에는 많은 여인과 군인들이 타고 있었다고 했습니다. 그런데 그녀가 맨 처음 행한 증언은 그와 달랐습니다. 그녀는 양아버지가 자신을 팔았으며, 이에 일본군보다 양아버지를 더 미워한다고 했습니다. 증언이 달라진 이유를 설명하기는 어렵지 않습니다. 양아버지가 자기를 팔았다고 하면 듣는 사람이 별로 흥미를 느끼지 않거나 그런 이야기를 하면 안 된다고 충고까지 하는 것입니다. 그래서 슬슬 듣는 사람이 기대하는 내용으로 바꾸게 됩니다. 그러면 정치적 대우도 크게 달라집니다. 어느 지경에 이르면 원 위안부는 다시는 이런 일이 있어서는 안 된다며 일본을 훈계하는 독립운동의 지사로 변신하게 됩니다. 일본군에게 노예사냥을 당하듯이 끌려갔다는 증언은 대부분 이런 경로로 조작된 것이라고 해도 좋습니다.

앞장에서 자세히 설명했습니다만, 여인들이 공창으로 향한 길은 주선업자들이 가난한 계층의 호주에게 약간의 전차금을 제시하고 취업승낙서를 받아 딸을 데리고 가는 과정이었습니다. 때론 좋은 곳에 취직시킨다는 감언이설의 속임수가 동원되기도 했습니다. 딸은 울면서 또는 매를 맞으면서 끌려갔습니다. 가난과 폭력이 지배하는 가정을 벗어나서 도시의 신생활로 향하는 설렘도 없지 않았습니다. 위안소로 향하는 행렬도 꼭 마찬가지였습니다. 그 사실이 50년 뒤 달라진 환경에서 정치적으로 구술될 때 엉뚱하게 노예사냥을 당했다는 식으로 풀어진 것입니다.

여자정신근로대와 혼동

강제연행설을 부추겨 온 또 하나의 거짓말은 여자정신근로대_{女子挺身勤勞隊}와의 혼동입니다. 이하 정신대로 약칭하겠습니다. 1991년 김학순이란 여인이 자신이 일본군 위안부였다고 고백할 때 이를 보도한 『조선일보』는 위안부를 정신대라고 호칭하였습니다. 앞장에서 해당 기사를 제시했으니 확인해 주시길 바랍니다. 위안부와 정신대는 별개의 것입니다. 정신대는 전시기에 여성의 노동력을 산업현장으로 동원한 것을 말합니다. 1944년 8월 일제는 「여자정신근로령」을 발포하여 12~40세의 미혼여성을 군수공장으로 동원하였습니다. 이 법이 조선에서 실행되지는 않았습니다. 그럴만한 여건이 못 되었던 겁니다. 다만 관의 권유와 알선으로 접객업의 여성이나 여학생이 정신대로 조직되어 평양의 군수공장이나 인천의 조병창에서 두어 달 근로한 사례는 있습니다. 일본의 군수공장으로까지 건너간 정신대도 있었는데, 그 총수는 대략 2,000명으로 짐작되고 있습니다.

그렇게 소수의 여인들이 정신대로 조직되어 공장에 투입되자 그에 관한 민간의 인식은 극히 혼란스러웠습니다. 어쨌든 1991년 위안부 문제가 터질 때 언론이나 국민은 위안부와 정신대를 혼동하였습니다. 사람들은 더 없이 분노하였습니다. 일제가 여인들을 동원하여 전선으로 끌고 가 위안부로 삼았는데 인간 세상에 어찌 그런 일이 있을 수 있느냐는 겁니다. 그렇지만 지금까지 그러한 사례는 단 1건도 보고된 바가 없습니다. 다시 말해 일본군 위안부 문제는 처음부터 엉뚱한 오해와 무지에서 폭발한 것입니다.

처음에는 잘 몰라서 그랬다 칩시다. 나중에 위안부와 정신대가 별개의 것임을 알았을 때 언론은 마땅히 자신들의 오보를 정정해야 했습니다. 그렇지만 어느 언론도 그렇게 하지 않았습니다. 오보를 낸 것을 전혀 부끄럽게 생각하지 않았습니다. 오히려 일종의 해프닝 정도로 웃어넘겼습니다. 제가 어느 기자에게 그런 제안을 했더니 그의 반응이 그러하였습니다. 한국의 언론과 정직이란 덕목과는 거리가 멉니다.

언론만이 아닙니다. 위안부 문제를 주도한 한국정신대문제대책협의회란 단체가 있습니다. 이 단체는 정신대와 위안부가 별개의 것임이 명확해진 이후에도 극히 최근에 이르기까지 '한국정신대문제대책협의회'라는 단체명을 고집하였습니다. 정신대와 위안부를 동일시하는 집단인식은 다 나름의 이유가 있어서 생겼다고 우겼습니다. 거짓말을 합리화하는 한국 문화의 극치를 이 단체의 뻔뻔스러운 행태에서 발견할 수 있습니다.

실은 한국의 역사학계가 거짓말 문화의 원조를 이루고 있습니다. 지금도 한국사 교과서는 일제가 「여자정신근로령」을 발동하여 일부의 여인을 일본군 위안부로 끌어갔다고 쓰고 있습니다. 6종의 검인정 교과서가 그 점에서 예외가 없습니다. 단 1명이라도 알려진 사례가 있으면 말을 않겠습니다. 역사학자들은 대놓고 거짓말을 해 왔습니다. 그것이 그들의 직업 문화로서 반일 종족주의입니다. 일본군 위안부 문제는 1980년대까지 존재하지 않았습니다. 그때까지 일본군 위안부의 존재를 몰랐던 것이 아닙니다. 반일 종족주의가 성숙해 있지 않았던 것입니다. 1991년 김학순의 고백으로 일본군 위안부 문제가 뻥 터진 것은 그때가 되어서야 반일 종족주의가 충분히 성숙하여 모두가 큰소리로 거짓말할 태세가 되었기 때문입니다.

터무니없이 과장된 수

일본군 위안부 문제의 해결을 어렵게 만든 또 하나의 요인은 그 수가 턱없이 과장되었다는 점입니다. 한때는 조선인 위안부가 20만 명이나 되었다는 황당설이 교과서에 실리기까지 하였습니다. 지금도 교과서에 따라서는 수만 명이라 하면서 그 수를 과장하고 있습니다. 20

만이란 수치를 처음 거론한 것은 1969년의 모 일간지였습니다. 1943
~1945년 정신대로 동원된 일본 여인과 조선 여인이 총 20만 명인
데, 그 가운데 조선 여인이 5~7만 명이었다는 겁니다. 이렇게 20만이
란 수치는 애당초 조선인 위안부와는 아무 상관이 없었습니다. 그런데
1984년이 되면 송건호宋建鎬라는 사람이 그의 책에서 일제가 정신대 명
목으로 연행한 조선인 여성이 20만 명인데, 그 가운데 5~7만 명이 위
안부라고 주장하였습니다. 그것이 세월과 함께 한 차례 더 각색된 것이
조선인 위안부 20만 설입니다. 독자 여러분은 어릴 때의 놀이를 기억
하실 겁니다. 어느 아이가 귓속말로 전한 이야기가 몇 아이를 통과하는
사이 전혀 엉뚱한 내용으로 바뀌는 놀이를 말입니다. 위안부 20만 설
은 그것과 꼭 같은 현상으로 만들어진 것입니다.

일본군 위안부의 총수가 얼마였으며 그 가운데 조선인이 어느 정
도였는지에 관해서는 합리적으로 추론할 수 있는 몇 가지 근거가
있습니다. 1937년 일본군이 위안소를 설치할 당시 위안부는 병사
150명당 1명의 비율로 충당되었습니다. 이에 전 일본군 280만 명
을 상대한 위안부는 총 1만 8,000여 명입니다. 1942년 일본군이 장
병에게 지급한 사크의 총수는 3210만 개였습니다. 이로부터 사크
의 하루 사용량을 구하고, 1명 위안부가 하루에 5명의 병사를 맞았
다고 치면 역시 1만 8,000명에 근접한 수가 도출됩니다.

일본군 위안부의 총수는 아무래도 그 정도였습니다. 위안부들의
민족별 구성은 일본인 40%, 현지인 30%, 조선인 20%, 기타 10%

로 추산함이 일반적입니다. 몇몇 한국 연구자는 일본군 위안부는 대부분 조선인이었다고 주장하는데, 관련 사료나 읽고 하는 소리인지 모르겠습니다. 그렇다면 조선인 위안부는 3,600명으로 추산됩니다. 조선에 분포한 위안부를 제외한, 만주 등 역외로 나간 위안부가 얼마인지에 관해서는 저는 대개 3,000명 내외가 아닐까라고 생각하고 있습니다. 1937년부터 1945년까지 활동한 위안부의 연인원은 어느 정도였을까. 이를 위해서는 위안소를 떠나 민간으로 돌아온 여인의 수를 알 필요가 있습니다만, 신뢰할만한 정보가 없습니다. 막연하게 3,600명의 두 배로 보아 7,200명쯤으로 짐작해 봅니다만, 무슨 근거가 있는 추산은 아닙니다.

어쨌든 20만 명이니 수만 명이니 하는 것은 전혀 근거가 없는 황당설입니다. 저는 언젠가 한국 여성운동의 지도자급 되는 사람과 이를 두고 다툰 적이 있습니다. 대화 중 우연히 20만 설이 언급되었습니다. 저는 그건 터무니없는 수치라고 설명했습니다만, 도무지 들을 생각을 않고 결국 자리를 박차고 나가버리고 말았습니다. 그어찌할 수 없는 완강한 선입관이야말로 지난 28년간 이 문제의 해결을 가로막은 최대의 적이었습니다.

동남아 위안소

1941년 12월 일본과 미국과의 선생이 터졌습니다. 이후 일본군은 동남아로 내려가 베트남과 싱가포르를 점령하고 버마까지 진출하였습니다. 그 새로운 점령지에서도 일본군은 위안소를 설치하였습니다. 일본에서 창기가 건너오기는 무리였습니다. 새로운 시장을 메울 창기가 부족했을 뿐 아니라 경찰의 단속이 심하여 창기가 아닌 여인을 모집하기가 어려웠기 때문입니다. 이에 1942년 5월경 동남아 일본군은 조선군사령부와 조선총독부에 여인들을 보내 달라고 부탁하였습니다.

조선군사령부는 조선의 주선업자와 접촉을 하였습니다. 앞장에서 지적했습니다만 당시 조선의 주선업에는 소매시장-도매시장-중앙시장의 위계가 있었습니다. 짐작컨대 조선군사령부는 중앙시장에 해당하는 거물 주선업자 몇 명에게 그 일을 부탁하였을 겁니다.

사진23-2 1944년 8월 14일 버마 미치나에서 미군의 심문을 받고 있는 조선인 위안부.

그러자 주선업의 전국적 시장망이 작동하여 대략 800명의 여인을 동남아로 송출하였습니다. 여인들은 1942년 7월 전후 네 차례로 나뉘어 부산항을 출발하였습니다. 여인들이 신분증명서와 여행허가서를 받고 일본군 수송함을 타는 데에는 총독부 경찰의 협조가 필수적이었습니다.

2년 뒤 1944년 8월경 20여 명의 위안부가 미군의 포로로 잡혀 심문을 받았습니다. 그때 작성된 심문기록은 위안부제의 본질과 실태에 관해 다른 어느 기록보다 상세하고 정확한 정보를 담고 있습니다. 이 기록은 위안부의 모집 과정에 대한 서술로 시작하는데 간략히 인용하겠습니다.

일본군의 의뢰인이 위안 서비스를 할 여인을 모집하기 위해 조선에 도착하였다. 서비스의 내용은 부상병 위문이나 간호를 포함하여 일반적으로 장병을 즐겁게 해 주는 일로 소개되었다. 의뢰인들은 다액의 수입, 가족 부채의 면제, 고되지 않은 노동, 신천지 싱가포르에서의 신생활을 미끼로 제공하였다. 많은 여성이 그 허위의 설명을 믿고 전차금을 받고 응모하였다. 그들 중 몇몇은 이전부터 매춘업에 종사해 왔지만, 대부분은 무지하고 교육을 받지 못한 여인들이었다. 그들은 받은 전차금의 크기에 따라 6개월 또는 1년간 군의 규칙과 위안소 업주에 묶였다.

이처럼 농남아 위안소의 개설에는 다른 지역에 비해 일본군과

총독부의 개입이 두드러졌습니다. 일본인이나 조선인의 사회가 형성된 곳이 아니었기 때문입니다. 민간업자가 여인들을 이끌고 군의 뒤를 따라갈 수 있을 만큼 가깝거나 교통편이 개설된 곳도 아니었습니다. 일본군은 민간의 거물 주선업자에 위안부 모집을 의뢰했으며, 그들의 주선으로 위안소를 경영할 업주들이 선발되었습니다. 일선에서 위안부를 모집한 것은 그들 업주였습니다. 그들은 달콤한 꾐과 전차금의 제공으로 가난하고 무지한 빈곤 계층의 여인들을 모집하였습니다.

그렇지만 군에 의해 편성된 공창제라는 그 본질에 있어서 동남아 위안소는 다른 지역의 위안소와 하등의 차이를 보이지 않았습니다. 미군의 심문기록은 그 점을 명확히 하고 있습니다. 몇 가지 관련 서술을 인용하겠습니다.

> 위안부란 일본군에 부속된 직업적 창녀들이다. 그녀들은 남자를 가지고 노는 방법을 알고 있다. 개인별로 독방에서 생활하고 영업하였다. 식사는 위안소의 업주가 제공하였다. 그녀들의 생활은 비교적 사치스러웠다. 식료와 물자를 구입할 수 있는 충분한 돈을 가지고 있었기에 그녀들의 생활은 좋았다.

뒤이어 미군의 심문기록은 위안소의 운영수칙에 대해 언급하는데, 그 내용은 앞서 제가 소개한 그것과 다르지 않습니다. 위안부의 소득과 업주와의 분배에 관해서도 언급하고 있는데, 이는 다른 기록에 나타나지 않은 매우 귀중한 정보입니다. 그녀들의 월 소득은 작게는 300원에서 많게는 1,500원까지였습니다. 업주에 대한 분배분은 대개 50%에서 60%였는데, 구체적 비율은 전차금의 크기에 따라 달랐습니다. 나머지는 위안부의 소득이었습니다. 거기서 식비를 포함한 생활비가 지출되었는데, 업주가 비싼 가격을 요구하여 그녀들을 곤란케 하였습니다. 그렇지만 불평을 일으킬 정도였지 그녀들을 구속할 정도는 아니었습니다. 그것은 그녀들이 도착한 지 1년 뒤인 1943년 후반에 부채를 다 변제한 위안부는 귀국할 수 있다는 명령이 내려졌으며, 그에 따라 일부 위안부가 조선으로 돌아갔던 사실에서도 분명합니다.

요컨대 미군의 심문기록은 위안소가 군에 의해 편성된 공창제로서 고노동, 고수익, 고위험의 시장이었음을 더없이 생생하게 뒷받침하고 있습니다. 사료가 하나뿐이면 사람들은 그것을 의심합니다. 역사학자들은 그런 버릇을 가지고 있습니다. 그것을 뒷받침할 다른 사료가 있으면 금상첨화錦上添花입니다. 지금부터 그것을 소개하겠습니다.

어느 위안소 조바의 일기

1942년 7월 10일 약 200명의 여인이 10명의 업주에 이끌려 부산항을 떠나 동남아로 향하였습니다. 그 행렬에 박치근朴治根이란 사람이 있었습니다. 이 사람은 경남 김해가 고향으로서 1905년에 출생하여 1979년에 사망하였습니다. 김해에서 대서업에 종사했는데, 1941년 전시통제에 따라 폐업을 하였습니다. 그리고선 대구에서 여관을 경영했습니다. 부인은 가끔 경북 일원으로 다니면서 여인을 모집하였습니다. 여관이라는 것이 실은 매춘업소였던 겁니다. 이런 경력에서 그는 자연스럽게 군 위안소 경영에 참여하게 되었습니다. 1942년 7월 그는 처남과 더불어 여인 19명을 모아 위안소 경영을 위해 동남아로 출발하였습니다. 그도 얼마 투자를 했겠지만 업주는 처남이었습니다. 이후 박치근은 1944년 말까지 버마와 싱가포르에서 위안소의 조바帳場로 근무하였습니다. 조바란 일본말인데, 위안소 입구에서 손님을 맞고 위안소의 회계를 비롯한 제반 업무를 보는 사람을 말합니다. 이 사람의 1943년과 1944년의 일기가 전합니다. 제가 소속한 낙성대경제연구소에서 이를 현대어로 번역하고 약간의 주석을 달아 『일본군 위안소 관리인의 일기』라는 제목으로 출간하였습니다. 불충분하나마 위안소의 실태를 현장에서 전하는 귀중한 사료라고 하겠습니다.

1942년 8월 버마에 도착한 박치근 일행이 일본군의 지시에 따라 위안소를 개설한 곳은 아카브란 도시였습니다. 인도양에 접한 지금의 시트에라는 도시입니다. 1943년 2월 박 씨는 처남의 부탁으로 3만 2,000원의 돈을 가지고 랑군으로 나옵니다. 그의 본가로 송금을 하기 위해서였습니다. 오늘날의 가치로 1억 엔, 한화로 10억 원에 달하는 거액이었습니다. 6개월 만에 그 정도를 번 것입니다. 그렇게 최전선의 위안소 경영은 수지맞는 사업이었습니다.

동시에 무척 위험한 사업이었습니다. 박 씨가 랑군에 와 있는 사이 처남은 무슨 큰 사고를 당해 죽었습니다. 위안부 2명도 죽었습니다. 몇 명은 심하게 다쳤습니다. 살아남은 위안부는 랑군으로 철수하였습니다. 일본군은 박 씨에게 그녀들을 데리고 위안소를 경영하라고 종용합니다만, 박 씨는 그럴 의사가 없었습니다. 위안부들은 자기 희망에 따라 다른 위안소로 갔습니다. 위안소 업주와 위안부들은 매인 관계가 아니었습니다. 그 점이 저로서는 인상적이었습니다. 당초 위안부들에게 제공한 전차금이 있었을 터인데, 6개월 사이 모두 상환되었다고 보입니다. 3만 2,000원은 그렇게 모인 돈으로 여겨집니다.

이후 박 씨는 랑군에서 여러 위안소의 조바로 근무하였습니다. 그러다가 싱가포르로 나와서 키쿠수이菊水 클럽이라는 위안소의 조바로 1년간 생활하였습니다. 그는 매일 아침 가까운 시장에 가서 각종 식재료를 구입하였습니다. 조리는 위안소 업주의 처가 담당하였습니다. 손님을 맞고 화대를 받고 사크를 지급하고 위안부의 방으로 안내하는 것은 당연히 조바의 몫이었습니다. 조바의 주요 대외 업무는 위안부의 취업과 폐업 신청을 하고, 정기적으로 위안부를 인솔하여 성병 검진을 받고, 한 달에 한 번 영업 월보와 수지계산서를 작성해서 싱가포르 군정청 경무부 보안과에 보고하는 일이었습니다. 그 외에 은행에 가서 위안부의 저금과 송금을 내행하였습니다. 귀국하는 위안부의 여행 허가를 받거나 승선 수속을 밟는 것도 조바의 업무였습니다.

　군의 세밀한 통제 하에 있었지만 위안소는 어디까지나 업주 개인의 경영이었습니다. 업자들은 위안소 경영권을 사고팔았습니다. 박 씨도 위안소를 인수하라는 제안을 받은 적이 있지만 사양하였습니다. 돈을 벌면 신나고 돈을 못 벌면 실망하고 하는 사업이었습니다. 어느 날 일기는 "오늘은 손님이 적어서 병정권兵丁券이 14장밖에 팔리지 않았다"고 하면서 실망감을 적는가 하면, 다른 날 일기는 "오늘은 휴일이라 군인의 외출이 많아 클럽의 수입이 2,560원이나 되어 개업 이래 최고의 기록이었다"고 기쁜 심정을 적기도 하였습니다.

　여인들도 마찬가지였습니다. 여인들은 열심히 돈을 모아 본가에 송금하거나 저축을 했습니다. 박 씨는 여러 차례 싱가포르의 요코하마정금은행橫濱正金銀行을 통해 위안부들의 돈을 송금했는데, 그중의 한 건은 송금액이 1만 1,000원에 달하기도 했습니다. 여인들은 전차금의 상환을 완료하고, 계약 기간이 만료되면, 작부허가서를 반납하고 고향으로 돌아갔습니다. 1944년 1년간 박 씨가 관리한 키쿠수이 클럽에서 15명의 여인이 그러하였습니다. 그렇게 위안부 업 역시 어디까지나 위안부 개인의 영업이었습니다. 위안소 업주로서는 떠나간 여인의 빈자리를 채우는 일이 여간 힘든 일이 아니었습니다. 박 씨의 일기에 의하면 업주들은 다시 조선에까지 나와 여인들을 모집하여 위안소로 돌아오곤 했습니다.

한 달에 두 번, 휴일이면 여인들은 외출을 하였습니다. 단체로 영화를 보러 가기도 했습니다. 방공훈련에 동원되기도 했으며, 시국 연설회에 참여하기도 했습니다. 위안부들은 위안소조합의 회원으로서 매월 정액의 회비를 납부하였습니다. 조합장은 일본인이었고 부조합장은 조선인이었습니다. 박 씨는 때때로 키쿠수이 위안소를 대표하여 조합 회의에 참석하곤 했습니다. 싱가포르에는 다양한 사업에 종사하는 조선인들이 있었으며, 그 가운데 큰돈을 번 사람도 있었습니다. 그렇지만 아무래도 위안소 영업이 가장 번창한 업종이 아니었던가 싶습니다. 박 씨의 일기는 그렇게 전선 후방에서 돈과 섹스로 번성하는 조선인사회를 그리고 있습니다. 위안부들 역시 전쟁 특수를 이용하여 한몫의 인생을 개척한 사람들이었습니다. 그녀들을 세상 물정에 어두운 무능력의 존재로 간주해서는 곤란합니다.

1944년 12월 박치근은 2년 4개월의 동남아 생활을 청산하고 고향 김해로 돌아옵니다. 고녀高女에 다니는 사랑하는 딸이 병으로 죽었기 때문입니다. 이후 그는 매사에 의욕을 잃었습니다. 귀국할 때 그가 본가에 송금한 돈은 3만 9,000원의 거금이었습니다. 이후 6년간의 일기는 없습니다. 1951년부터 다시 이어지는 그의 일기를 보면 그는 대서업을 계속하는 가운데 과수원을 경영하고 있었습니다. 지역의 유지로서 어느 중학교의 이사로도 활동 중이었습니다. 그는 원래 일본 천황의 만수무강과 일본 제국의 번성을 기원하는 충량한 '황국신민皇國臣民'이었습니다. 일기는 그러한 그의 내면을 잘 그리고 있습니다. 그렇지만 해방 후 그는 반공주의자로서 대한민국의 충실한 국민으로 변해 있었습니다. 저는 그 역시 그 시대를 살았던 보통 사람의 평범한 인생살이가 아닌가 여기고 있습니다.

방패사단의 위안부 문옥주

1942년 7월 10일 박치근 일행이 부산항을 떠날 때였습니다. 문옥주文玉珠라는 여인이 다른 일행에 속하여 같은 배를 타고 동남아로 향하였습니다. 창씨가 마츠모토松本인 어느 남자가 이끄는 일행인데, 그가 모집한 위안부는 모두 20명이었습니다. 문옥주는 1924년생으로 대구 출신이며 1996년에 사망하였습니다. 문 씨는 사망하기 3년 전에 모리카와 마치코森川万智子라는 일본인 작가에게 자신의 위안부 시절을 포함한 인생살이를 들려주었습니다. 마치코는 문 씨의 회고를 1996년『문옥주 버마전선 방패사단의 위안부였던 나』라는 책으로 출간하였습니다. 지금부터 이 책에 담긴 문 씨의 인생을 소개하겠습니다.

문옥주의 집은 찢어지게 가난하였습니다. 양식이 떨어지면 7∼8세의 문옥주는 이웃집을 다니면서 동냥을 하였습니다. 학교에 다니지는 못했습니다. 그 대신 일찍부터 대구 권번에 나가 기생 수업을 받았습니다. 1940년 가을, 나이 16세의 문옥주는 만주 동안성東安省에 있는 일본군 위안소로 갔습니다. 헌병에 잡혀갔다고 했지만 그대로 믿어서는 곤란합니다. 어머니나 오빠의 승낙 하에 주선업자에 끌려간 것을 그렇게 둘러대었을 뿐입니다. 위안소에 도착해 보니 대구 사람이 경영하는 곳이고, 위안부 20명도 모두 대구 출신이었습니다. 바로 그 점이 그녀가 대구와 동안성을 연결하는 주선업의 망에 이끌렸음을 증빙하고 있습니다. 그곳에서 1년간 위안부로 생활한 문옥주는 동료와 더불어 위안소를 탈출하여 대구로 돌아옵니다. 기생 생활에 복귀한 문옥주는 1년 뒤 전술한 대로 마츠모토가 모집한 동남아 행렬에 참가하였습니다. 부산의 지정된 여관에 도착하니 동안성에서 같이 위안부 생활을 한 동료들도 와 있었습니다. 아마도 마츠모토는 1940년 문옥주를 동안성으로 보낸 그 남자가 아니었을까 싶습니다.

2개월 뒤 마츠모토 일행이 정착한 곳은 버마의 만달레이라는 곳이었습니다. 방패사단의 주둔지였습니다. 문옥주는 일본군을 위안하는 데 최선을 다하였습니다. 처자를 두고 떠나와 언제 죽을지 모르는 병사들을 위해 노래를 불러 주었습니다. 그녀의 노래 솜씨는 일품이었습니다. 그녀는 병사들 사이에서 인기 있는 위안부로 유명해졌습니다. 위안부에게는 대개 일본군 애인이 있었습니다. 문옥주에게도 야마다 이치로山田一郎라는 애인이 생겼습니다. 문옥주는 그와의 만남을 기다리며 위안부 생활을 견뎠습니다. 7~8개월 뒤 문옥주가 소속한 위안소는 부대를 따라 아카브라는 곳으로 이동하였습니다. 앞서 소개한 박치근 일행이 위안소를 개업했다가 사고를 당하여 절수한 그곳이었습니다. 아카브에 도착해서도 야마다와의 관계는 이어졌습니다만, 전쟁은 더 이상의 사랑을 허락하지 않았습니다. 야마다는 어느 밀림에서 전사하였습니다.

드디어 일본군의 패주가 시작되었습니다. 연일 영국군의 비행기가 아카브의 일본군을 공습했습니다. 문옥주 일행은 퇴각하는 일본

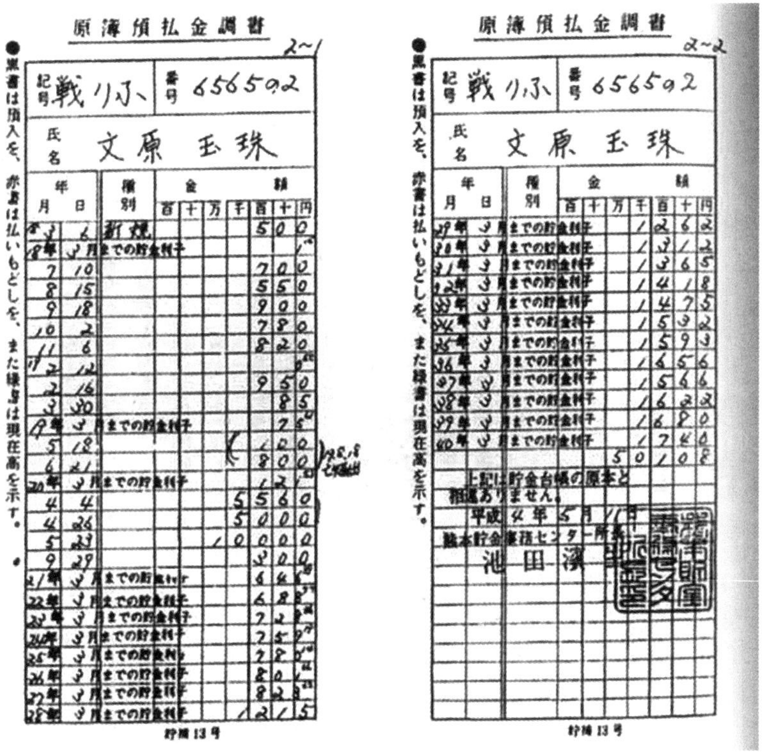

原簿預払金調書 2~1

●黒書は預入を、赤書は払いもどしを、また緑書は現在高を示す。

記号 戦りふ 番号 656502

氏名 文原玉珠

年 月	日	種別	百	十	万	千	百	十	円
17 3	6	新規					5	0	0
18年 3	月までの貯金利子								1
7	10						7	0	0
8	15						5	5	0
9	18						9	0	0
10	2						7	8	0
11	6						8	2	0
19 2	12								0
2	16						9	5	0
3	30							8	5
19年 3	月までの貯金利子							7	5
5	18						1	0	0
6	21						8	0	0
20年 3	月までの貯金利子						1	2	1
4	4					5	5	6	0
4	26					5	0	0	0
5	23				1	0	0	0	0
9	29						3	0	0
21年 3	月までの貯金利子						6	4	5
22年 3	月までの貯金利子						6	8	8
23年 3	月までの貯金利子						7	2	[illegible]
24年 3	月までの貯金利子						7	5	[illegible]
25年 3	月までの貯金利子						7	8	[illegible]
26年 3	月までの貯金利子						8	0	[illegible]
27年 3	月までの貯金利子						8	2	3
28年 3	月までの貯金利子					1	2	1	5

貯補13号

原簿預払金調書 2~2

●黒書は預入を、赤書は払いもどしを、また緑書は現在高を示す。

記号 戦りふ 番号 656502

氏名 文原玉珠

年 月	日	種別	百	十	万	千	百	十	円
29年 3	月までの貯金利子					1	2	6	2
30年 3	月までの貯金利子					1	3	1	2
31年 3	月までの貯金利子					1	3	6	5
32年 3	月までの貯金利子					1	4	1	8
33年 3	月までの貯金利子					1	4	7	5
34年 3	月までの貯金利子					1	5	3	2
35年 3	月までの貯金利子					1	5	9	3
36年 3	月までの貯金利子					1	6	5	6
37年 3	月までの貯金利子					1	5	6	6
38年 3	月までの貯金利子					1	6	3	2
39年 3	月までの貯金利子					1	6	8	0
40年 3	月までの貯金利子					1	7	4	0
					5	0	1	0	8

上記は貯金台帳の原本と相違ありません。
平成4年5月11日
熊本貯金事務センター所長
池田濱

貯補13号

사진23-3 문옥주의 군사우편저금 원장(시모노세키下関 우체국).

군을 따라 랑군으로 나왔습니다. 랑군에서는 랑군회관이란 위안소에서 근무하였습니다. 거기엔 모두 30명의 조선인 위안부가 있었습

니다. 랑군회관에서도 문옥주는 인기 있는 위안부로서 장교클럽에 자주 불려갔습니다. 이때부터 문옥주는 번 돈을 저금하기 시작했습니다. "돈을 열심히 모으는 것만이 살아가는 의미였다"고 했습니다.

자료 사진은 일본 시모노세키下關 우체국이 지금도 보관하고 있는 문옥주의 군사우편저금의 원장입니다. 그에 의하면 문옥주는 1943년 8월부터 저금을 하기 시작했습니다. 짐작컨대 그전에는 전차금을 상환하느라 돈을 모으기 힘들었을 것으로 보입니다. 저금은 1945년 9월이 마지막이며, 총액은 2만 6,551원이었습니다. 저금 이외에 문옥주는 대구의 어머니에게 5,000원을 송금하였습니다. 랑군에선 외출을 나가 악어가죽 가방, 고급의 녹색 레인코트, 다이아몬드를 사기도 했습니다. 어쨌든 문옥주는 악착같이 꽤 많은 돈을 벌었습니다. 인기가 있고 능력이 있는 위안부였기 때문입니다.

1944년 여름, 문옥주와 대구에서 같이 출발한 동료 5명은 귀국길에 올랐습니다. 버마에 온 지 벌써 2년이 되었습니다. 전차금도 상환하고 계약 기간도 만료된 상태였습니다. 그래서 돌아가고자 했는데, 6명 모두에게 여행 허가가 나왔던 것입니다. 일행은 랑군에서 열차를 타고 베트남의 사이공까지 왔습니다. 항구에 도착하니 다른 곳에서 온 조선인 위안부 50명도 있었습니다. 그런데 문옥주와 3명은 귀국선을 타지 않았습니다. 기화와 히토미라는 두 자매만 배를 탔습니다. 나중에 안 일이지만 두 자매를 태운 배는 미국군 잠수함의 공격을 받아 침몰하였습니다. 기화는 죽고 히토미만 겨우 구출되어 대구로 돌아갔습니다. 문옥주와 3명의 여인은 운 좋게도 그 죽음의 배를 타지 않았던 것입니다. 그들이 돌아오자 랑군회관은 그들을 환영하였습니다. 이 사건이 위안부의 성격과 관련하여 시사하는 바는 매우 중요합니다. 다시 말해 위안부 생활은 어디까지나 그들의 선택과 의지에 따른 것이었습니다. 직업으로서 위안부는 위안소라는 장소에 영위된 위안부 개인의 영업이었습니다.

이후 문옥주는 랑군회관 전체를 떠들썩하게 한 큰 사건을 벌였습니다. 어느 일본군 병사가 술에 취하여 그녀를 '조센삐'라고 놀렸습니다. '삐'는 prostitute의 초음입니다. '조선의 창녀'라는 뜻이었습니다. 문옥주가 항의하자 병사가 칼을 빼 들고 협박하였습니다. 그녀는 물러서지 않고 달려들었습니다. 병사가 칼을 떨어뜨리자 그녀는 칼을 주워 병사의 가슴을 찔렀습니다. 병사는 죽고 말았습니다. 문옥주는 군사재판에 회부되었는데 무죄 판결을 받았습니다. 그녀는 "우리도 일본인이기는 마찬가지다. 천황 폐하가 내린 칼을 일본군을 위안하러 멀리서 온 위안부를 향해 겨누는 것은 잘한 일인가"라고 항의했는데, 재판관이 그 말에 감복했다는 겁니다.

이 사실을 두고 관련 군사재판의 기록이 없고 또 벌어지기도 곤란한 일이어서 그대로 믿을 수 없다는 사람들이 있습니다. 저도 그런 면이 있다고 생각합니다. 다만 행패 부리는 병사와 다툰 나머지 꽤 중한 상처를 입혔으나 부대장의 재량으로 없는 일로 처리했던 정도가 아닐까 싶습니다. 어쨌든 이 사실도 위안부의 처지와 관

련하여 시사하는 바가 크다고 하겠습니다. 문옥주와 위안부 일동
은 "우리도 일본인이다. 창녀가 아니다. 일본군을 위안하는 신성한
책무를 부여받은 제국의 위안부다"라는 의식을 가졌습니다. 그녀
들은 정식 군속은 아니지만, 그에 준하는 대우를 받는 가운데 그에
상응하는 정치의식으로 자신의 존재 가치를 확인하였다고 생각됩
니다.

삶과 죽음이 교차하는 전선에서 병사와 위안부는 어느 의미에선
한 덩어리의 운명공동체이기도 했습니다. 거칠게 짓눌러지기도 했
지만, 남녀가 살을 섞는 관계이기도 하였습니다. 위안부를 사랑한
병사도 있었고, 병사를 사랑한 위안부도 있었습니다. 가까스로 목
숨을 구하여 대구로 돌아간 히토미는 사랑하는 병사의 아이를 임신
한 상태였습니다. 다시 말해 위안부라 하지만 생활 실태에서나 정
치의식에서나 심리 감정에서 무권리의 노예 상태는 결코 아니었습
니다.

과연 성노예였던가

이제 일본군 위안부의 성격을 성노예로 규정해 온 학설을 검토하
겠습니다. 성노예설을 선구적으로 주장한 연구자는 일본의 요시미
요시아키^{吉見義明}라는 역사학자입니다. 그의 주장에 따르면 위안부들
에겐 행동의 자유가 없었으며, 사실상 감금당한 상태에서 마음에도

없는 성교를 강요당했으며, 일본군은 때리거나 차는 등 그녀들을 난폭하게 취급했으며, 업주의 전차금과 불어나는 이자에 매여 돈을 벌거나 저축의 기회를 갖지 못했습니다. 이런 이유로 위안부는 일본군의 성노예였다고 합니다. 요시미는 일본군이 노예를 연행, 감금, 폭행, 살해하는 반인도적 범죄를 저질렀다고 비판합니다.

성노예설을 주장하는 또 한 사람의 잘 알려진 연구자는 일본의 송연옥宋連玉입니다. 이 사람은 위안부만이 아니라 공창제 하의 창기나 작부 역시 성노예이긴 마찬가지라고 주장하고 있습니다. 그에 의하면 창기와 작부는 자유의지에 따라 폐업을 할 수 없었으며, 폭력배의 감시 하에서 사실상 감금된 상태로 손님을 맞아야 했으며, 포주의 전차금에 매이거나 화장품 등을 구입하기 위해 빌린 돈의 불어나는 이자를 감당할 길이 없는 예속 상태였습니다. 거기에다 조선의 경우 가난과 여성 차별이 더욱 심한 가운데 여인을 약취하거나 매매하는 주선업자의 악덕 행위에 대한 경찰의 단속이 느슨하였습니다. 요컨대 일본과 조선의 공창제는 근대국가가 남성과 군인의 성욕을 충족시켜 주기 위해 여인들을 노예적으로 구속한 폭력 장치였으며, 이 같은 공창제의 속성은 일본군 위안부제에서 더욱 노골적으로 관철되었다는 것이 송연옥 교수의 주장입니다.

저는 관련 연구 성과나 자료를 읽는 과정에서 성노예설로부터 차츰 멀어졌습니다. 저는 성노예설은 위안부제를 성립시킨 역사의 복잡성이나 모순을 지나치게 단순화한 오류를 범했다고 생각합니다.

문제의 핵심은 위안부들에게 선택의 자유가 전혀 없었나 하는 점입니다. 그러했다면 진정 노예였습니다. 위안부들이 위안소나 그 주변을 함부로 이탈할 수 없었음은 사실입니다. 그렇지만 그 정도의 부자유는 위안부라는 직업의 특성에 부대하는 현상으로 이해될 수 있습니다. 그것은 계약과 수칙의 문제였습니다. 계약 기간이 만료되었을 때 또는 일정한 조건을 충족할 때 그녀들은 돌아갈 수 없었습니까?

저는 그렇지 않다고 생각합니다. 앞서 몇 가지 사례를 소개하였습니다. 포로 위안부에 관한 미군의 심문기록이 지적하고 있듯이 1943년 동남아의 일본군은 전차금을 상환하거나 계약 기간을 채운 위안부의 귀향을 허락하였습니다. 박치근이 조바로 근무한 싱가포르 키쿠수이 클럽의 경우 1944년 한 해에 20여 명의 위안부 가운데 15명이 폐업을 하고 조선으로 돌아갔습니다. 같은 해 버마 랑군회관의 문옥주와 그의 동료 5명은 함께 귀국 허가를 받아 위안소를 떠났습니다. 문옥주와 3명은 귀국을 포기하고 다시 랑군회관으로 돌아왔습니다. 그들은 사이공 항구에서 귀국선을 기다리는 50명의 조선인 위안부를 목도하였습니다. 이 같은 사례는 위안부들이 위안소에 절망적으로 감금된 상태가 아니었음을 증명하고 있습니다. 만주나 중국에서의 상황도 다르지 않았습니다. 중국 광동의 난닝南宁과 친저우欽州 지구에 설치된 43개 위안소의 경우 1940년 6월 한 달에 25명이 위안소를 나가고 114명이 새롭게 들어왔습니다. 그렇게 위안부의 수거는 본인의 선택에 따른 유동성을 특징으로 했습니다.

위안부들이 높은 전차금과 불어나는 이자에 노예적으로 얽매였다는 주장은 엄밀히 말해 그에 합당한 증거가 제시된 적이 없는 선입견에 불과합니다. 박치근의 일기나 문옥주의 회고록에서 볼 수 있듯이 여인들은 악착같이 돈을 모으고 송금하고 저금하였습니다. 그에 관한 기록은 이외에도 많이 있습니다. 전쟁은 돈과 섹스로 흥청거리는 후방의 지원으로 치러졌습니다. 그 시장에서 채무노예로 침전한 여인들이 없지 않았지만 침소봉대해서는 곤란합니다. 직업으로서 위안업은 어디까지나 위안부 개인의 영업이었으며, 수익이 발생하지 않는다면 애당초 성립하기 힘든 시장이었습니다.

송연옥 교수가 성노예설을 민간의 공창제로까지 확장한 것은 더욱 납득하기 힘든 주장입니다. 1924년 도우케 세이치로道家齊一郎란 사람이 평북을 제외한 조선 전역에 분포한 창기, 예기, 작부의 이동 상황을 조사한 적이 있습니다. 그에 의하면 1924년 한 해에 창기 등으로 신규 진입한 여인은 총 3,494명이었습니다. 반면에 폐업을 하여 창기명부 등에서 삭제된 여인은 총 3,388명이었습니다. 『조선총독부통계연보』에 의하면 1923년 말, 전국에 분포한 창기, 예기, 작부의 총수는 7,527명이었습니다. 1924년에 폐업한 창기 등은 그것의 45%입니다. 평북이 빠졌으니 실제의 폐업률은 그것보다 높았을 겁니다. 이로부터 추산되는 창기 등의 평균 근속 기간은 2년 6개월 정도로 추산됩니다. 물론 불운하게도 매춘업에서 헤어나지 못한 여인들이 있었습니다. 창기로 생활한 지가 10년 이상이나 된 여인이 있었습니다. 인생에 절망한 나머지 자살한 여인도 있었습니다. 그렇지만 그 수를 과장하거나 그것으로 매춘업의 실태를 덮어서는 곤란합니다.

1930년대에 이르러 조선에서도 공창제 폐지 운동이 벌어졌습니다. 운동가들은 창기업의 비참한 상태를 사회에 고발하였습니다. '성노예'라는 용어는 그때부터 익숙하게 사람들 입에 오르내렸습니다. 그 주관적 의도는 선하다고 생각합니다. 역사를 진보로 이끄는 정치적 수사였습니다. 그렇지만 역사학자가 과거의 일을 역사적 사건으로 다룰 때는 주관적 가치를 배제하고 엄격하게 객관적 시야를 확보하지 않으면 안 됩니다. 시대는 바야흐로 근대였습니다. 인간들의 관계는 신분적 관계에서 상업적 관계로 이행하였습니다. 매춘업도 이 같은 시대적 상황에 규정되었습니다. 업주와 창기는 기본적으로 계약관계였습니다. 그것은 산업혁명기 공장제 하의 노동자가 아무리 비참하다고 하나 노예가 아니었던 것과 동일한 원리입니다.

다시 '우리 안의 위안부'로

저의 성노예설 비판에는 일종의 분노에 가까운 감정이 깔려 있습니다. 일본의 연구자들이 성노예설을 주장할 때 그 주요 대상은 일본인 위안부나 창기였습니다. 그 수가 조선인 위안부나 창기보다 훨씬 많았습니다. 무엇보다 일본에서 자생한 매춘업이었습니다. 따라서 성노예설은 그것이 옳든 그르든 근대 일본의 역사를 설명하는 학설로서 일본 학계의 문제라고 하겠습니다. 그런데 일본군 위안부 문제가 터진 이래 한국의 연구자와 운동가는 그 설을 무분별하게 도입하였습니다. 그들은 근대 한국의 역사가 무엇인지를 이해하는 지성의 소지자들이 아니었습니다. 운동을 주도한 몇몇 연구자가 있었고 그중의 일부는 대학에 소속한 교수를 칭하였지만, 한국 사회사나 여성사에 관해 나름의 연구 성과를 축적하거나 체계적인 이해를 보유한 상태가 아니었습니다. 연구자라면 어떤 과제에 접근함에 있어서 먼저 그 역사적 배경에서부터 그 토대를 이룬 법과 제도까지를 차분히 살피지 않으면 안 됩니다. 나아가 가까운 과거사인 만큼, 다시 말해 지금도 이어지는 현실의 일부일 수 있는 만큼, 그 전체상을 파악하고 역사적 의미를 부여함에 있어서 극히 신중하지 않으면 안 됩니다. 그렇지만 위안부 문제를 둘러싼 연구자들의 행태는 한심하기 그지없었습니다. 누가 그들을 연구자라 했던가요. 그들은 남의 학설을 수입하여 마구 남용하고 마구 선동하였습니다.

여기서 다시 21장의 '우리 안의 위안부'로 돌아가겠습니다. 위안부제는 일제의 패망과 더불어 사라진 것이 아닙니다. 한국군 위안부, 민간 위안부, 미군 위안부의 형태로 존속한 우리 현대사의 일부였습니다. 1946년 일제가 부식한 공창제가 폐지되었습니다. 민간의 매춘업은 사창제로 바뀌었습니다. 성매매에 종사하는 여인들이 전쟁의 파괴와 혼란으로 폭증하였습니다. 그 총수가 일정기에 비해 무려 10배나 되었습니다. 사창가에서 성매매를 전업으로 하는 여인을 가리켜서는 위안부라 했습니다. 영어론 prostitute였습니다. 일본군 위안부에 관한 한국인의 기억이 고스란히 반영된 결과였습니다.

그 여인들의 노동 강도를 포함한 생활 실태는 어떠하였을까요. 21장에서 소개했으므로 여기서 반복하지는 않겠습니다. 여인들의 노동 강도는 일본군 위안부의 그것과 별 차이가 없었습니다. 그럼에도 소득수준엔 큰 차이가 있었습니다. 그녀들은 국가에 의해 보호받지 못하였습니다. 사창가의 폭력은 그 시대의 문화였습니다. 그녀들의 건강 상태는 최악이었습니다. 1959년 땐사, 위안부, 접대부, 밀창의 성병 감염률은 무려 26%나 되었습니다. 일정기의 창기들은 5% 전후였습니다. 일본군 위안부들은 성병의 위험으로부터 보호되었습니다. 미군의 심문기록은 그녀들의 건강 상태가 발달된 피임기구로 인해 양호하다고 했습니다. 문옥주는 자신은 위생 관리에 철저하여 한 번도 성병에 걸린 적이 없음을 자랑스럽게 여겼습니다.

여인들의 신체가 얼마나 학대되었는지는 그들이 강요당한 인공유산을 통해 잘 살필 수 있습니다. 표23-1은 1964년 군산시 보건소에 등록된 민간 위안부와 미군 위안부가 경험한 인공유산의 회수입니다. 미군 위안부의 인공유산이 민간 위안부보다 훨씬 더 많음은 미군들이 거의 콘돔을 작용하지 않았음을 말합니다.

표23-1 **군산시 위안부의 인공유산 횟수**(1964년, 명)

인공유산 횟수	한국인 상대 188명 중	미군 상대 132명 중
1	25	20
2	3	16
3	2	13
4	1	1
5		10
6		3
7		1
15		2
20		2
계	31	68

출처: 朴大根(1964), 「慰安婦들에 대한 社會醫學的 調査硏究 -群山地區를 中心으로-」.

　　기지촌의 포주는 임신한 위안부에게 유산을 강요하였습니다. 132명의 위안부 가운데 68명이 인공유산을 경험하였습니다. 경험자의 유산 빈도는 평균 3.5회입니다. 심지어 20회에 달하는 여인도 있었습니다. 기지촌의 여인들은 임신과 유산의 공포에 무방비로 노출되었습니다. 그에 비하면 일본군 위안부는 보호받는 처지였습니다. 일본군은 의무적으로 사크를 착용하였습니다. 박치근의 일기에 나타난 여인들의 임신 건수는 버마에서 1건, 싱가포르에서 1건에 불과합니다.

　　저는 일본군 위안부가 성노예였다면 해방 후의 민간이나 기지촌의 위안부는 그보다 훨씬 가혹한 성노예였다고 생각합니다. 물론 저는 어느 쪽이든 성노예설에 찬성하지 않습니다. 제가 지적하고 싶은 점은 성노예설을 주장하는 운동가나 연구자들의 무지와 편견에 대해서입니다. 그들이 진정 인도주의자라면, 그들이 진정 여성주의자이라면, 그들은 해방 후의 한국군 위안부, 민간 위안부, 미국군 위안부에 대해서도 그들이 성노예였음을 주장하면서 한국 남성이나 국가나 미국군의 책임을 물어야 했습니다. 그렇지만 그들은 그렇게 하지 않았습니다. 그들은 빈곤계층의 여인들에 강요된 매춘의 긴 역사 가운데 1937~1945년의 일본군 위안부제만 도려낸 가운데 일본 국가의 책임을 추궁하였습니다. 그들은 인도주의자도 여성주의자도 아니었습니다. 민족주의자였습니다. 아니 난폭한 종족주의자였습니다.

폭력적 심성

다시 방패사단의 위안부 문옥주의 이야기로 돌아가겠습니다. 전쟁이 끝난 다음 문옥주는 태국 방콕에서 8개월간 수용되었다가 1946년 봄에 대구 본가로 돌아왔습니다. 그녀의 나이 21살 때였습니다. 이후 50세가 되기까지 그녀는 대구와 부산의 요리점에서 일급 기생으로 활동하였습니다. 시모노세키 우체국에 저금한 돈에 대해서는 통장을 잃기도 했지만 관심을 두지 않았습니다. 열심히 돈을 벌어 오빠와 남동생의 집을 사주었습니다. 그사이 어떤 남자를 만나 12년간 동거했으며, 그가 죽자 그의 세 아이를 모두 기웠습니다. 그리고선 본처가 있는 어느 남자를 만났는데, 본처와도 알고 지내는 사이가 되었습니다. 본처가 아이를 출산하자 그 아이를 자기 아이로 키웁니다. 이 아이가 문제였습니다. 성장해서 결혼까지 했는데 도박에 빠져 사업도 실패하고 이혼도 하였습니다. 결국 문옥주는 그 아이 때문에 집마저 처분하였습니다.

그즈음 일본군 위안부 문제가 터졌습니다. 1991년 김학순이란 여인이 자기가 원 위안부였음을 공개하였습니다. 뒤이어 한국정신대문제대책협의회는(이하 정대협으로 약칭) 방송을 통해 "정신대 할머니들 세상 밖으로 나와 주세요, 일본 정부에 대해 공식 사죄와 배상을 요구합시다"라는 광고를 내보내기 시작했습니다. 그때 문옥주와 오랫동안 알고 지낸 이용낙이란 사람이 있었습니다. 유명한 양반 가문인 진성 이 씨의 후손입니다. 이 사람이 문옥주를 불러내 "난 당신이 일본군 위안부였다고 생각한다. 사실을 밝히는 것은 큰 의미가 있다. 이것은 역사적인 문제이다"라고 재촉했습니다. 문옥주는 부끄러워서 몸이 작아지는 것 같았습니다. 문옥주가 승낙하자 이용낙이 서울의 정대협에 전화를 걸었습니다. 문옥주는 김학순에 이어 두 번째로 원 위안부임을 고백한 여인이 되었습니다.

이후 문옥주의 남은 인생 5년이 어떠했을까요. 여기가 일본군 위안부 문제를 보는 입장의 갈림길입니다. 문옥주의 이야기가 방송을 타자 많은 사람이 전화를 걸어왔습니다. "언니가 정신대 할머니였다고. 왜 이름을 밝혔어. 돈 때문에 신고했지. 보상금보다는 입 다물고 있는 편이 나았어. 언니와는 더 이상 만나지 않을래." 그렇게 그녀는 친구와 친지를 모두 잃었습니다. 2년 뒤 같이 버마에 갔던 히토미의 집을 방문했습니다. 히토미는 버마에서 일본군 애인의 아이를 임신하고 귀국을 결행한 여인이었습니다. 귀국선이 미국군 잠수함의 공격을 받아 침몰하였습니다. 같이 탄 언니는 죽었습니다. 히토미는 용케 구출되었습니다. 시모노세키에 도착하여 우편저금을 찾고선 대구로 돌아와 아들을 출산하였습니다. 히토미의 동생은 여관을 경영하고 있었습니다. 그 여동생이 문옥주를 구박하였습니다. "언니, 왜 지금에 와서 자신의 부끄러운 과거를 밝혀요. 몇 천만 원 받아도 그런 일은 할 게 못 돼요." 히토미는 잘살고 있었으며, 일본인의 피를 잇는 아들은 장성해서 출세까지 했다고 합니다. 아마도 히토미는 자신의 과거를 문옥주가 폭로할까 봐 가슴을 졸였을 것입니다.

그렇게 많은 여인이, 당시까지 생존한 수천 명의 여인이, 숨을 죽이며 그들의 과거를 숨겼을 것입니다. 사랑하는 아들딸, 손자, 친구를 잃을 두려움에서였습니다. 저는 그편이 더 진솔한 보통 사람들의 정서라고 생각합니다. 문옥주로 하여금 과거를 폭로하게 만든 이용낙이란 양반의 후예와 정대협은 "당신이 위안부였던 사실은 당신 개인의 수치도 집안의 수치도 아니다. 그것은 일본이 저지른 전쟁범죄였다. 그것을 폭로함으로써 당신은 스스로 부끄러운 과거로부터 해방되고 한 인간으로서 존엄성과 명예를 회복할 수 있다"고 설득하였습니다. 과연 그 생각이 옳을까요. 저는 그 생각에 결단코 동의할 수 없습니다.

　당시 문옥주는 개인적으로 고달픈 처지였습니다. 그래서 자신의 과거사를 고백했으며, 그리고선 정부로부터 보조금을 타고 영구임대아파트를 얻고 생활비도 받았습니다. 그렇지만 그 일로 그녀의 전 인생은 지워졌습니다. 불과 3년의 위안부 생활이 그녀의 전 인생을 덮어버리고 말았습니다. 버마에서 돌아온 뒤 45년간 그녀는 치열하게 그녀의 인생을 살았습니다. 고달프지만 보람찬 인생이었습니다. 그 모든 것이 사라졌습니다. 그녀의 친구, 친지, 그가 키운 자식들 모두가 그녀로부터 멀어졌을 겁니다.

　저는 위안부제를 일본군의 전쟁범죄라는 인식에 동조하지 않습니다. 여기까지 죽 설명해 온 대로 그것은 당시의 제도와 문화인 공창제의 일부였습니다. 그것을 일본군의 전쟁범죄로 단순화하고 줄기차게 일본의 책임을 추궁한 것은 한국의 민족주의였습니다. 이용낙과 같은 양반의 후예가 주체가 된 민족주의였습니다. 조선왕조 500년간 기생의 성을 약취한 그 양반 나부랭이의 반일 감정이 기생의 계보를 잇는 문옥주를 다시 한 번 위안부로 동원하고 발가벗긴 겁니다. 한 개인의 인생사 따윈 아무래도 좋은 것으로 팽개쳐졌습니다. 여인의 신체에 담긴 내밀함이나 부끄럼 따윈 안중에 없었습니다. 그야말로 폭력적인 심성이었습니다. 정대협은 그들의 공명심을 충족하기 위해, 그들의 직업적 일거리를 잇기 위해 원 위안부들을 앞세운 시위를 줄기차게도 벌여왔습니다. 그들은 서서히 아무도 맞설 수 없는 전체주의적 권력으로 군림하였습니다.

1996년 문옥주가 사망하자 그들은 그녀를 민족의 성녀로 부추기면서 해마다 추모식을 거행하였습니다. 과연 그녀는 민족의 성녀였던가요. 그녀는 자신의 인생을 사랑하고, 자신의 가족을 사랑하고, 그리하여 비천했던 집안이 자신에게 강요한 기생이란 직업에 충실하고, 나아가 남의 자식을 네 명이나 키웠던 성실하고 영민하며 용감한 여성이었습니다. 민족의 성녀는 아니었습니다.

그녀는 죽기 얼마 전 그녀를 찾은 모리카와 마치코에게 꺼져가는 목소리로 자신의 인생을 정리하였습니다. "나는 아무것도 모르고 그냥 열심히 위안부 생활했어. 몇 번이고 죽을 고비를 넘겼어. 대구에 돌아와서도 얼마나 뼈 빠지게 일했는데. 가족을 얼마나 보살폈는데. 필사적으로 돈을 모았어. 남자들은 왜 그런지 나를 좋아했어. 사람들은 말했어. '당신은 눈이 동그란 것이 아주 예뻐.' 내 목소리는 맑고 예뻐서 높은음도 잘 낼 수 있었어. 내 노래는 일본 군인들을 즐겁게 했어. 나는 군인들이 즐거워하는 모습이 싫지 않았어. 야마다 이치로는 좋은 사람이었어. 그만이 아니야, 좋은 사람이 많이 있었어. 모두 불쌍한 사람들이었어." 그렇게 그녀는 죽는 날까지 결코 일본을 저주하지 않았습니다. 양반 나부랭이들이, 직업적 운동가들이 품은 반일 종족주의의 적대 감정과는 거리가 먼 정신세계였습니다.

참고문헌

朴大根(1964), 「慰安婦들에 대한 社會醫學的 調査研究 –群山地區를 中心으로-」, 서울대학교 보건대
학원 석사학위논문.

안병직 번역·해제(2013), 『일본군 위안소 관리인의 일기』, 이숲.

박유하(2013), 『제국의 위안부』, 뿌리와이파리.

吉見義明(1995), 『從軍慰安婦』, 岩波書店.

森川万智子(1996), 『文玉珠ビルマ戦線楯師團の'慰安婦'だった私』, 梨の木舎; 모리카와 마치코 글,
김정성 옮김(2005), 『버마전선 일본군 '위안부' 문옥주』, 아름다운사람들.

秦郁彦(1999), 『慰安婦と戦場の性』, 新潮社.

宋連玉(2000), 「公娼制度から慰安婦制度への歴史的展開」, 『「慰安婦」戦時性暴力の實態』Ⅰ,
緑風出版.

鈴木裕子·山下英愛·外村大 編(2006), 『日本軍'慰安婦'關係資料集成』上, 明石書店.

歷史學研究會·日本史研究會 編(2014), 『慰安婦'問題を/から考える』, 岩波書店.

崔吉城(2017), 『朝鮮出身の帳場人が見た慰安婦の真実』, ハート出版.

金富子·金榮(2018), 『植民地遊廓 –日本の軍隊と朝鮮半島』, 吉川弘文館.

C. Sarah Soh(2008), *The Comfort Women*, The University of Chicago Press.

24. 해방 40여 년간
위안부 문제는 없었다

주익종

오랫동안 위안부는 거론되지 않았다

지금은 일본군 위안부 문제가 한일 간 최대, 가장 어려운 외교 현안입니다. 그로 인한 한국의 반일주의가 일본의 혐한을 불러오는 매우 위중한 상황입니다. 그러나 1990년 이전에는 그렇지 않았습니다. 한국인은 위안부 피해를 인지하지 않았고, 위안부 문제는 없었습니다.

1990년 이전에 위안부 문제란 없었다는 저의 주장이 사실일까 의문이 들 것입니다. 그리고 이 주장이 사실이라면, 왜 그때는 위안부 피해를 거론하지 않았을까, 또 왜 1990년 이후 위안부 피해를 거론하고 배상을 요구하게 되었을까 라는 의문이 들 겁니다. 그 대답을 찾아

보겠습니다.

먼저, 위안부 건은 일본에 청구권을 거론할 대상이 아니었습니다. 1952년 시작해 1965년 매듭지어진 한일회담에서, 위안부 피해 문제는 다루어진 바 없습니다. 한일회담의 청구권 협정은 식민지배의 피해 배상을 다루는 게 아니라 명백한 민사상 채권채무 관계를 처리하는 것이었습니다. 회담에선 식민지배의 피해 문제를 정식으로 다루지 않았습니다. 그러나 위안부 문제를 식민지배의 피해로 인식하고 있었다면, 회담에서 분명 한국 측이 거론했을 겁니다. 한국은 최대한 청구권을 많이 주장하려 했기 때문에, "일본 너희는 이런 피해도 끼쳤으니 우리가 달라는 대로 주어야 하지 않느냐"는 주장을 했을 겁니다. 그러나 회담 13년간 한국 정부는 위안부 피해를 거론한 바 없습니다. 위안부를 피해자로 보지 않았기 때문입니다.

이승만~박정희 정부가 일본에 굴종적이어서 위안부 피해를 거론하지 않았던 걸까요? 그렇지 않습니다. 민간에서도 위안부를 식민지배의 피해자로 인식하지 않았습니다. 먼저 한국사 교과서입니다. 1950~1970년대에 쓰인 고등학교 국사 교과서에서는 위안부를 전혀 언급하지 않았습니다. 1959년 검정 고등 국사 교과서는 일제 말 노무동원과 병력동원만 언급했습니다. 1963년, 1968년의 검정 교과서도 마찬가지고, 1970년대의 국정 국사 교과서도 마찬가지입니다. 1982~1996년에 쓰인 국정교과서가 처음으로 "여자들까지 침략전쟁의 희생물로 삼기도 하였다"고 해서 위안부의 존재를 암시했을 뿐입니다.

역사교육이 잘못되었다고 비판할 일은 아니었습니다. 신문에서도 일본군 위안부가 거의 언급되지 않았습니다. 신문기사 원문을 제공해 주는 네이버 뉴스라이브러리에서 검색해 보면, 『동아일보』와 『경향신문』에서 1945~1960년의 15년간 일본군 위안부를 언급한 기사가 단 한 건뿐입니다. 1960~1970년대에도 평균해서 1년에 일본군 위안부 기사가 1번도 채 안 나옵니다. 1970년대까지는 위안부라 하면 미군 위안부를 뜻했고, 그에 관한 뉴스는 매우 많았습니다.

당시에는 일본군 위안부가 대부분 살아 있었고 그에 관해 알고 있는 사람들도 많았는데, 국사 교과서에서도 안 다루었고, 신문도 마찬가지였다는 말입니다. 왜 그랬을까요? 이상하지 않나요. 당사자나 주위 사람들이 위안부 피해를 거론하지 않았고 일본 정부에 그 피해 배상을 요구하지도 않았으니 말입니다. 거론조차 하지 않으니 위안부 문제란 없었다고 하겠습니다.

위안부는 단지 불행하고 불쌍한 여성

1960년대 이후 영화나 소설과 같은 대중문화 작품에선 위안부를 다루었는데, 그 방식이 역시 특이했습니다. 1965년에 〈사르빈 강에 노을이 진다〉라는 영화가 개봉되었습니다. 이 사르빈 강이라고 하는 것은 버마에 있는 강이고요, 일본군 장교로 참전한 조선인이 버마인

여자 게릴라를 만나서 사랑을 나누지만, 결국 둘 다 죽는 비극적인 이
야기입니다. 이 영화에 위안부가 조연격으로 등장합니다. 이 위안부
는 당시 미군 위안부의 이미지를 차용, 빌려왔습니다.

사진24-1 <사르빈 강에 노을이 진다> 포스터 (제공 양해남)

주인공 부대에 위안부가 처음 배치되는 장면의 영상을 보면, 서양식 원피스, 파마를 한 머리, 일본군 장교의 훈시를 비웃고 깔깔대는 거친 태도, 그리고 굉장히 섹스어필하는 모습 등 완연히 미군 위안부, 이른바 양공주를 연상케 합니다. 요즘 영화에서 일본군 위안부를 이렇게 묘사했다간 목숨이 남아나지 않겠죠. 1960년대에는 미군 위안부를 양색시, 양갈보라 부르며 천시했는데, 일본군 위안부도 그렇게 본 겁니다.

그다음에 1970년대에는 위안부를 주인공으로 한 〈여자정신대〉라는 영화가 개봉됩니다. 정신대는 일본의 군수공장에 동원되어 노동한 소녀들을 말하는데, 위안부와 전혀 다른 것임에도 한국인들은 1960년대부터 양자를 혼동했습니다.

영화 광고에는 부제로 '보상받지 못할 여인, 수만의 통곡'이라 쓰여 있습니다. 마치 위안부 생활을 하던 사람들의 아픔을 표현한 것처럼 보이지만, 실상 이 영화는 그 무렵 빅히트했던 〈별들의 고향〉과 같은 호스티스 영화의 일종입니다. 〈별들의 고향〉의 술집 호스티스 경아가 순수한 인물이었던 것처럼, 여러 일본군을 상대하던 조선인 위안부가 한 조선인 병사와 순수하고 뜨거운 사랑을 나누는 것을 그렸다 합니다. 이는 식민지배 피해자로서 위안부는 아닙니다.

1970년대 말, 1980년대 초에도 위안부는 불행한 여인으로만 조명되었습니다. 젊은 날 위안부 생활을 했던 할머니들이 다큐 등을 통해서 소개된 것인데요.

1970년대 말에 한 일본인이 〈오키나와의 할머니〉라는 다큐멘터리 영화를 만들어서 1979년에 공개했습니다. 일본 오키나와沖繩에 살고 있던 위안부 출신의 배봉기 할머니를 인터뷰한 겁니다. 이 분은 1914년 충남 출신인데, 가난한 집에서 7세 때 가족과 헤어져 남의 집 더부살이, 식모 생활을 했고 결혼 생활도 순탄치 않아서 전국을 떠돌다가, 29세인 1943년 가을에 쉽게 돈을 벌 수 있다는 말에 속아서 오키나와로 오게 되었다 합니다. 배 할머니는 전쟁이 끝난 후에도 오키나와에 남았는데, 전쟁터에서 한 일, 곧 위안부 생활이 부끄러워 고국으로 돌아갈 수 없었다고 합니다.

1984년에 태국의 노수복 할머니가 KBS 이산가족상봉 프로그램을 통해서 알려지게 됐습니다. 이분은 1921년생이고요. 경상북도 예천 출신인데, 21세 때인 1942년도부터 2년간 싱가포르에서 위안부 생활을 했고, 1944년 태국으로 옮겨갔는데, 이분도 역시 전쟁이 끝난 후에도 고국으로 돌아갈 면목이 없어서 태국에 남았다고 했습니다.

역시 1980년대 초 위안부 소재의 소설이 발표되고, 영화로도 제작됩니다. 1982년도에 윤정모라는 작가가 『에미 이름은 조센삐였다』라는 소설을 냅니다. 임종국의 『실록 정신대』라는 책을 참고해서 쓴 겁니다. 이 책은 굉장히 인기를 끌어서 인문당이라는 데서 처음 나왔다가 1988년에는 고려원에서 다시 한 번 나왔고, 그다음에 1997년에는 당대출판사에서 또 한 번 나오게 됩니다. '조센삐'란 조선창녀란 뜻입니다. 그렇게 불리었다는 말입니다.

소설 주인공의 엄마가 위안부 출신입니다. 이 엄마는 원래 경상남도 진주 출신으로 오빠가 징용을 갈 위기에 처하자 그걸 막기 위해 본인이 정신대를 자원해서 가게 됐고, 그래서 필리핀에서 위안부 생활을 합니다. 거기서 한 조선인 병사를 만났고 전쟁이 끝나서 같이 돌아옵니다. 부산에서 정착해 살다가 바로 이 주인공을 낳고 헤어지게 되는데, 아버지가 엄마의 과거 위안부 생활을 갖고 계속 아픈 상처를 건드려 가정이 깨지게 되었다는 이야기입니다.

오키나와의 배봉기 할머니, 태국의 노수복 할머니, 그리고 윤정모 소설에는 한 가지 공통점이 있습니다. 위안부 생활이 부끄러워서, 면목이 없어서 고국, 고향에 못 돌아간 겁니다. 심지어 윤정모 소설에서는 위안부가 오빠의 징용을 대신해 희생했는데도 부모 형제들이 어떻게 생각할지 몰라서 고향에 못 돌아가는 것으로 그려졌습니다. 그리고 그 과거를 알고 결혼한 남편도 결국 그녀를 버립니다. 아울러 실존 인물인 오키나와의 배봉기 할머니나 태국의 노수복 할머니가 관심사가 된 것은 위안부 생활 자체라기보다는 위안부 경력 때문에 40년이 되도록 고국에도 못 돌아온 그 기구한 인생살이 때문이라 할 수 있습니다.

그러니까 대중문화 작품에서도 1980년대 초까지는 위안부는 불행하고 불쌍하며, 스스로 또는 남들에게 부끄럽고, 면목 없는 사람들이었습니다. 일본의 식민지배의 피해자가 아니었습니다. 미군 위안부를 피해자로 간주하지 않는 것처럼 말입니다. 지금도 미군 위안부, 양공주를 무슨 강제동원된 피해자로 보지는 않지요. 그래서 일본군 위안부는 국사 교과서에서도 전시 강제동원의 하나로 서술되지 않았습니다.

이건 지금 위안부를 보는 시각과 전혀 다릅니다. 옛날 사람들이 위안부가 뭔지 몰라서 그랬을까요. 오히려 반대죠. 위안부가 어떤 건지 잘 알았지요. 당대 사람들이지 않습니까. 어떤 사람들이 어떻게 위안부로 갔는지 잘 알았지요. 그래서 위안부를 일본 식민지배의 피해자로 보지 않았고, 일본에 배상을 요구하지도 않았던 겁니다.

한 일본인의 사기극과 위안부 가짜 기억

시간이 오래, 한 40~50년 지나서 위안부가 어떤 것인지를 아는 사람이 거의 없어진 다음에 새로운 기억이 만들어지면서 위안부 문제가 제기됩니다. 이 새로운 기억이란 일본이 위안부를 강제로 끌어갔다는 것인데, 여기에는 요시다 세이지吉田淸治라는 일본인의 '위안부 사냥' 증언이 결정적인 역할을 했습니다.

이 사람은 야마구치현山口縣의 노무보국회 동원부장을 했다고 하는데, 위안부 동원에 관한 두 번째 증언록으로 1983년에 일본 책 『나의 전쟁범죄: 조선인 강제연행』을 냈습니다. 이게 1984년에 MBC TV 다큐로도 방영되었고, 1989년에 『나는 조선 사람을 이렇게 잡아갔다』는 제목으로 번역 출간되었습니다. 이 책의 3장이 '제

주도의 위안부 사냥'입니다. 제목 그대로, 1943년 5월 하순에 제주
도 성산포 등지에서 민가나 공장에 여자들이 모여 작업하고 있는 걸
둘러싸고 마구잡이로 모두 205명을 잡아갔다고 썼습니다. 남편이나
가족이 막으면 총 개머리판으로 때리고 칼로 위협해서 물리쳤다고
합니다. 본인이 했다고 고백하니 사람들이 진짜라고 믿었습니다.

사진24-2   요시다 세이지의 책 『나의 전쟁범죄: 조선인 강제연행』(왼편, 1983년간)과 『조선인
위안부와 일본인』(오른편, 1977년간).

　그런데 제주도 현지에선 이 일을 기억하는 사람이 아무도 없었
고, 얼마 지나지 않아 『제주신문』에는 이 증언이 이상하다는 보도
가 나왔습니다. 나중 2000년대엔 그 아들이 자기 아버지 요시다의
책이 모두 거짓이라고 밝히기도 했습니다. 한마디로 지어낸 소설이
었습니다.
　하지만 이 자의 증언으로 인해서, 일본 정부가 여자들을 강제로

동물 사냥하듯이, 포로 생포하듯 잡아서 위안부로 끌어갔다는 이미지는 사람들 뇌리에 깊이 박혔습니다. 앞서 본 윤정모의 소설이 1982~1997년에 출판사를 바꿔 가며 세 번 출간되었는데, 세 번째 출간될 때는 나이 어린 소녀가 총칼을 맨 일본 관헌에게 양팔을 붙잡혀 끌려가는 모습이 표지에 실립니다. 이는 자원해서 갔다는 소설의 내용과도 맞지 않지요. 이렇게 1990년대 말까지는, 그림24-1처럼 '소녀'가 일본 관헌에게 '강제로' 끌려갔다는 이미지가 자리잡았습니다. 물론, 만들어진 가공의 인식이지만, 이후 한국인은 위안부 하면 이 이미지를 떠올리게 되었습니다. 이 이미지는 2016년 개봉된 위안부 영화 〈귀향〉에도 그대로 사용됩니다.

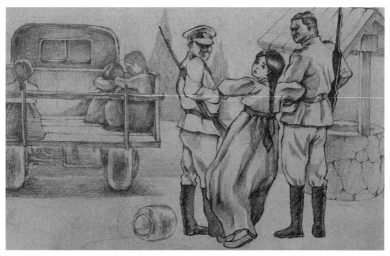

그림24-1 우물가에서 일본군에게 끌려가는 소녀 이미지(김명서 작).

1989년 요시다 세이지 책으로 위안부 사냥 주장이 엄청난 충격을 주고 널리 퍼진 가운데, 1990년 11월 여성단체들을 중심으로 한국정신대문제대책협의회, 곧 정대협이 만들어집니다. 이 사람들이 정신대가 위안부인 걸로 착각해서 정신대라는 단어를 썼을 뿐, 실은 위안부 문제를 다루는 단체였습니다. 이 정대협의 기획으로 이듬해인 1991년 8월 김학순이란 여인의 위안부 증언이 나옵니다.

김학순은 1924년 만주 지린성吉林省 태생으로 몹시 가난한데다 아버지마저 일찍 사망하자 어머니가 14세 때 평양 기생권번에 팔았다고 합니다. 기생조합입니다. 3년간 권번 생활을 마친 후 권번의 양아버지를 따라서 북중국의 일본군 소부대로 갔다가, 일본군에 넘겨져서 위안부 생활을 하게 됐다고 합니다. 5개월 동안 매일 4명 내지 5명의 일본 군인들을 상대했다가 요행히 어떤 조선 남자를 만나서 도망쳐 나왔다고 합니다.

일본이 사냥하듯 조선인 위안부를 끌어갔다는 가해자 증언에 이어서 그 피해 당사자의 증언까지 나온 것이죠. 이게 한국을 뒤흔듭니다. 우리 누이를, 부녀자를 사냥하듯 잡아가서 일본군의 성노리개로 삼았다는데, 어찌 가만히 있을 수 있겠습니까. 언론은 연일 관련 내용을 보도하고 정대협은 위안부 증언을 이어가며 각종 성명서를 발표합니다. 상황이 완전히 달라져서 위안부 피해에 대한 관심이 폭발하고, 일본은 사죄하고 위안부 피해를 배상해야 한다는 인식이 널리 확산됩니다.

요약합니다. 1970년대까지 위안부의 실상을 잘 아는 사람들이 많이 살아 있을 때에는 위안부 문제가 제기되지 않았는데, 시간이 40년도 넘게 지나 이제 그런 사람들이 없어지고 그 기억이 희미해지자 가공의 새 기억이 만들어지면서 위안부 문제가 등장한 겁니다. 해방 이후 45년은 한국인 머릿속에 위안부에 관한 새 기억이 만들어지는 데 필요한 기간이었습니다.

참고문헌

김청강(2017), 「위안부는 어떻게 잊혀졌나?-1990년대 이전 대중영화 속 '위안부' 재현」, 『동아시아문화연구』 71.

윤정모(1982), 『에미 이름은 조센삐였다』, 인문당.

吉田淸治(1997), 『私の戰爭犯罪』, 三一書房.

25. 한일 관계 파탄 나도록

- 정대협 활동사

주익종

1990년 무렵부터 위안부 문제가 어떻게 전개되었는지를 살펴보 겠습니다. 여기에는 세 행위자, player가 있는데요, 위안부 운동단 체인 정대협, 한국 정부, 그리고 일본 정부입니다. 이 3자가 어떻게 상호작용하며 위안부 문제가 전개되었는지에 주목해 주시기 바랍 니다.

정대협의 공세

1990년 11월 한국정신대문제대책협의회, 곧 정대협이 결성되 었습니다. 그 주축 멤버는 1970년대 이래 기생관광을 고발 비판해 온 한국교회여성연합회와 위안부 문제를 연구해 온 이대 교수 윤정옥^{尹貞玉}이었는데요. 이들은 1988년부터 함께 위안부 문제를 다루기 시작했습니다. 이들은 기생관광의 원조가 위안부라는 인식 아래 위안부의 발자취를 찾겠다고 1988년 2월과 8월, 그리고 이듬해인 1989년 2월에 오키나와^{沖繩}, 규슈^{九州}, 홋카이도^{北海道}, 도쿄^{東京}, 사이타마현^{埼玉県}, 타이, 파푸아뉴기니 등을 답사했습니다. 이 조사 결과는 세미나에서 발표된 데 이어 1990년 1월 『한겨레신문』에 '정신대 원혼 서린 발자취 취재기'란 제목으로 4회에 걸쳐 연재되었습니다. '원혼'이란 표현은 "조선 여성들이 일본군에 의해 전쟁 중에 위안부로 사역되었다가 패전 때 학살되었다"는 의미입니다. 즉 이들은 위안부를 정신대라 부를 만큼 사실관계도 잘 모르면서 일본의 위안부 학살이라는 선입견을 갖고 출발했습니다.

이들은 정대협 조직 전부터 일본 정부를 상대로 위안부 강제연행에 대한 사실 인정과 사죄를 요구하는 서한을 냈습니다. 일본 정부가 위안부 강제연행을 부인하자 대대적인 여론화의 필요성을 절감합니다. 그래서 정신대 피해자의 증언을 기획했습니다. 원폭 피해자를 중심으로 위안부 피해 생존자를 찾던 중 김학순 씨를 만났고, 그래서 1991년 8월 14일 첫 번째 피해자 증언에 성공합니다. 이어 12월에는 문옥주 씨, 김복선^{金福善} 씨의 증언을 성사시켰습니다. 제주도에서의 위안부 사냥을 운운한 요시다 세이지^{吉田清治}의 거짓말이 만든 불씨에 기름을 부은 셈이었습니다. 위안부가 뜨거운 이슈로 그 기사가 연일 신문 지면을 뒤덮었습니다.

정대협은 일본 정부에 대한 항의 의사 표시로 1992년 1월 8일 주한 일본 대사관 앞 수요집회를 시작했습니다. 2019년 현재까지 27년 넘게 열리며 세계 최장기 집회 기록을 세우고 있다고 하지요.

일본 정부의 사과

여기에 한 일본 연구자가 가세했습니다. 1992년 1월 중순에 일본 주오대中央大 요시미 요시아키吉見義明 교수가 일본군 문서를 토대로 해서, 일본 정부가 위안부 모집과 위안소 운영에 관여했다고 발표합니다. 이제까지의 일본 정부의 공식 입장을 부정한 겁니다.

그는 일본 방위청(현 방위성) 방위연구소 도서관에서, 일본 육군성과 중국 파견부대 사이에 교환된 공문서 6점을 발견했습니다. 1938년 3월 4일자로 육군성이 중국 전선의 부대에 보낸 문서에선, 사회문제를 일으키지 않을 인물로 위안부 모집업자를 선정하라고 지시했습니다. 이 문서에는 그전 7월 육군성이 각 부대에 신속히 성적 위안 설비, 즉 위안소를 설치토록 지시한 문서도 첨부돼 있습니다. 또 중국 전선의 한 부대가 위안소를 개업했다고 육군성에 보고한 문서도 있었습니다. 이로써 일본군이 위안부 모집과 위안소 운영에 깊게 관여했다는 것이 처음으로 드러나서, 일본 정부는 큰 타격을 입었습니다. 정대협 등은 일본 정부의 책임이 만천하에 드러난 만큼 일본 정부의 사죄와 보상 및 철저한 진상조사를 요구했습니다.

일본 정부는 전향적 대응을 합니다. 1월 말 방한한 일본 미야자와 기이치宮澤喜一 수상은 우리 국회에서 위안부 문제에 대해 사과했습니다. "본인은 그간 한반도의 여러분들이 일본의 행위에 의해 참기 어려운 고통과 슬픔을 체험했다는 것에 대하여 마음으로부터 반성의 뜻과 사과의 기분을 표명합니다. 최근 소위 종군위안부 문제가 거론되고 있는바, 본인은 이러한 것은 정말로 마음 아픈 일로서 참으로 죄송하게 생각하고 있습니다"라고 말했습니다.

이후 일본 정부는 조사 작업을 진행해 그해 7월 위안부 1차 조사 보고서를 냈습니다. 군 위안부 모집에 일본 정부가 관여했음을 시인하되 강제연행의 증거는 발견되지 않았다는 내용이었습니다. 일본 정부의 책임을 인정하면서도 강제연행은 부인하는 데 초점이 있었습니다. 가토 고이치加藤紘一 관방장관은 "위안부로서 견디기 어려운 매운 고통을 겪은 분들께 충심으로 사죄와 반성의 마음을 말씀드리며, 사죄의 마음을 어떤 형태로 표현할지는 좀 더 상의를 해서 발표하겠다"고 해서, 일본 정부가 모종의 사죄 조치를 할 것임을 밝혔습니다.

일본 정부는 그해 12월부터 2차 조사를 실시해서 1993년 8월 보고서를 발표했습니다. 여기서 일본 정부는 군부가 위안소의 설치, 경영, 관리 및 위안부의 이송에 직간접으로 관여했음을 인정했습니다. 바로 유명한 고노河野 담화로서 위안부 문제에 대한 획기적 내용이었습니다. 위안소는 군 당국의 요청으로 설치된 것이며, 위안소의 설치·관리 및 위안부 이송에 구 일본군이 관여하였다는 것을 시인했고, 그래서 일본군 위안부들에게 사죄와 반성의 뜻을 말씀드린다고 했습니다.

위안부 관계 조사결과 발표에 관한 내각 관방장관 담화河野談話, 1993.8.4.

이번 조사 결과 장기간 광범한 지역에 위안소가 설치되어 수많은 위안부가 존재했다는 사실이 인정되었다. 위안소는 당시 군 당국의 요청에 의해 설영되었고, 위안소의 설치, 관리 및 위안부의 이송에는 일본군이 직접 간접으로 관여했다. 위안부의 모집에 있어서는 군의 요청을 받은 업자가 주로 그를 담당했지만, 이 경우도 감언, 강압에 의하는 등 본인들의 의사에 반해 모집한 사례가 많이 있었으며, 당시 관헌 등이 직접 모집에 가담한 경우도 있었다. 또 위안소 생활은 강제적 상황 아래서 처참한 것이었다.

결국 본 건은 당시 군의 관여 아래 다수 여성의 명예와 존엄에 깊은 상처를 입힌 문제다. 정부는 이 기회에… 종군위안부로서 수많은 고통을 경험하여 몸과 마음에 치유되기 어려운 상처를 받은 모든 분들께 진심으로 사죄와 반성의 뜻을 전한다. 또한 이러한 뜻을 우리나라로서 어떻게 나타낼 것인가에 관한 것은 전문가의 의견도 구하면서 앞으로도 진지하게 검토해야 할 사안이라고 생각한다…

정대협, 일본 정부의 사죄를 거부

그러나 정대협은 일본 정부가 위안부 모집의 강제성을 애매하게 인정했을 뿐이라고 반발했습니다. 위안부가 '공권력에 의해 폭력으로 강요된 성노예'이며 위안소 운영은 전쟁범죄임을 일본 정부가 인정하지 않았다는 거였습니다. 정대협은 위안부 문제의 국제 이슈화에 나섰습니다. 정대협은 뜻을 같이 하는 일본인 그룹과 협력하면서 일본 연구자들과 함께 한일합동연구회를 만들어 조사 활동을 펼쳤습니다. 그리고 이른바 아시아 피해국들로 아시아연대회의를 조직해서 해마다 대회를 개최했습니다.

정대협은 유엔에도 이 문제를 가져갔습니다. 유엔 인권위원회 내부에는 전문가들로 구성된 소위원회가 있는데요, 정대협은 1992년 8월 인권위 소위원회에서 일본군 위안부가 '현대형 노예제'라고 소위원회 위원들에게 선전 로비를 했습니다. 소위원회는 위안부 문제를 연구 주제로 삼아 1996~1998년에 「전쟁 중 조직적 강간, 성노예제 및 유사 노예제」에 관한 연구 보고서를 냈습니다. 일본군 위안소가 '강간소'였으며 이는 강간 금지 등 국제법 위반이라는 내용이었습니다. 또 정대협의 선전 결과, 유엔 인권위원회가 여성 폭력 문제에 관한 특별조사보고관을 임명했고, 이 보고관이 1996년 「전쟁 중 군대 성노예 문제에 관한 조사보고서」를 냈습니다. 그 무렵 유고 연방의 해체 재편 과정에서 보스니아–헤르체고비나 내전 등이 일어나고 '인종 청소'라 불릴 정도의 살상과 강간, 강제 임신 사건이 벌어져 전쟁 중 여성에 대한 성폭력, 강간이 일대 국제 문제화했습니다. 세르비아계 병사들이 보스니아계 여성들을 집단 강간한 것인데, 일본군 위안소도 그와 같은 것으로 묶어 여성에 대한 전쟁 중 성폭력, 전쟁범죄로 간주했습니다.

심지어 정대협은 국제노동기구(ILO)에도 일본군 위안부가 전쟁 중 강제노동에 해당한다면서 이 문제에 대한 조사를 요청하기도 했습니다. 정대협은 ILO의 전문가 위원회가 보고서를 내게 하는 데 성공했고, 이어서 위안부 문제가 총회에 안건으로 상정되도록 집요하게 로비했습니다.

일본 정부의 위로금 지급 시도

정대협과 달리 한국 정부는 고노 담화를 긍정적으로 평가했습니다. 위안부 피해에 대한 보상 혹은 배상과 관련해선, 1965년 청구권 협정으로 과거사와 관련한 일체의 청구권이 정리되었으므로, 새로 대일 보상을 요구할 순 없다는 입장을 취했습니다. 김영삼 정부는 일본 정부에 새로 보상을 요구하지 않고 스스로 원 위안부들을 지원하기로 결정했습니다. 1993년 6월 「위안부 피해자에 대한 생활안정 지원법」이 제정되었는데, 생존 위안부 신고자 121명에게 8월부터 생활안정금 500만 원과 매달 생활지원금 15만 원, 영구임대주택 우선입주권 등을 제공했습니다.

일본 정부 역시 법적 배상이 아닌 도덕적 책임 차원에서 위로금을 지급하기로 결정했습니다. 이에 관해서는 1993년 11월 호소카와 모리히로細川護熙 수상의 방한 때 한일 양국 간에 양해가 이루어졌다고 합니다. 해방 50년이 되는 1995년 8월 15일, 일본으로선 50주년 종전기념일에 사회당 연립정권의 무라야마 도미이치村山富市 총리가 담화를 발표했습니다. 일명 '무라야마 담화'인데, 무라야마 총리는 "식민지 지배와 침략으로 많은 나라, 특히 아시아 제국의 여러분에게 많은 손해와 고통을 줬다. 나는 의심할 여지없는 이 역사적 사실을 겸허하게 받아들여 새로 통절한 반성의 뜻을 표하며 진심으로 사죄한다"고 말했습니다. 이는 일본이 과거 식민지배와 침략전쟁을 가장 적극적으로 사죄한 것이었습니다.

이어서 일본 정부는 '여성을 위한 아시아평화국민기금(이하 국민기금으로 약칭)'을 조성했습니다. 일본 기업과 국민에게서 모금한 돈으로 재단법인을 조직해 그 기금에서 위안부 1인당 200만 엔의 위로금을 지급하고, 일본 정부가 정부자금으로 의료비를 지급하며 재단 운영비도 대기로 했습니다. 이렇게 원 위안부들에게 순차적으로 일시금을 지급한 후 기금을 청산한다고 했습니다. 관민합작에 의한 위로금 지급으로 공식적 배상을 대신하려 한 겁니다.

정대협은 이를 거부했습니다. 일본 정부가 사죄하고 배상해야지 민간 모금으로 주는 위로금은 안 된다고 했습니다. 또 위안부 피해자들이 국민기금을 받을까 우려해서, 국민기금이 피해자들 간, 피해자와 정대협 간 분열을 획책한다고 비난했습니다. 위안부를 지원한다는 정대협이 반대하니, 한국 내에선 위안부 할머니들이 공개적으로 일본 국민기금 돈을 받기 어렵게 됐습니다.

이에 국민기금은 기금을 수령한 원 위안부 명단을 공개하지 않기로 하고 1997년 1월 7명에게 인당 200만 엔씩 위로금을 지급하면서 사업을 시작했습니다. 그러나 반대가 거세지자 이듬해인 1998년에 사업을 중단했고, 결국 2002년 한국 내 위로금 지급을 종결했습니다.

문제는 한국 정부였습니다. 정대협 주도의 여론에 떠밀린 김영삼 정부는 당초의 양해와 달리, 일본 국민기금 지급을 반대했습니다. 한국 외무부는 1997년 1월 첫 위로금 지급에 대해서 '심히 유감'이라 밝혔습니다. 한국 정부는 국민기금 이상으로 개별 위로금을 지급하기로 했습니다. 1998년 출범한 김대중 정부는 위안부 신고자 186명에게 1인당 3800만 원씩 지급했습니다(정부자금 3150만 원 + 정대협 모금 650만 원). 이때 일본 국민기금을 받은 원 위안부에게는 한국 정부 돈을 주지 않기로 했습니다. 한국 정부도 위안부 할머니들에게 일본 국민기금을 받지 말라고 한 겁니다.

일본의 국민기금은 2007년 3월로 해산했는데, 총 364명에게 위로금을 지급해서 추정 생존위안부 700여 명 중 절반이 넘는 성과를 거둔 것으로 자평했지만, 지급 비율이 40%에 그쳤다는 지적도 있습니다. 국내 상당수 위안부 생존자가 이 위로금을 받은 것으로 추정됩니다. 기금의 민간 모금액은 총 5억 7000만 엔인데, 총비용은 46억 2500만 엔으로 비용의 90%는 일본 정부가 냈습니다. 이 기금은 실질상 정부출연기금이었습니다. 결국 정대협과 한국 정부는 일본 정부가 낸 돈을 거부한 셈입니다.

정대협의 위안부 여론 몰이

이후 정대협은 위안부 문제의 국제 이슈화를 계속 밀어붙였습니다. 정대협은 일본군의 위안소 운영이 전시 여성에 대한 성폭력이요, 전시에 여성을 성노예로 삼은 반인도적 전쟁범죄임을 널리 선전했습니다. 정대협은 해외 인권단체들과 함께 2000년 도쿄 모의법정에서 위안부 국제전범재판을 열었습니다. 이 법정은 히로히토昭和 천황 등에게 강간과 성노예 범죄 유죄 판결을 내렸습니다. 또 정대협은 2007년에는 미 하원과 유럽의회가 일본 정부에 위안부 문제 해결을 촉구하는 결의안을 내게 하는 데도 성공했습니다. 미 하원은, 일본군이 위안부에게 성노예를 강제한 사실을 일본 정부가 공식 인정하고 사과할 것과, 관련 사실을 일본 내외에서 교육하라고 권고했습니다. 정대협이 국제사회의 여론 몰이에 성공을 거둔 것입니다.

정대협은 국내에서도 위안부 여론 몰이를 계속했습니다. 정대협은 2011년 12월에는 수요집회 1천회를 기념해 서울시 종로구 소재 일본 대사관 앞에다 위안부 소녀상을 세워 일본 정부에 대한 압박 강도를 높였습니다. 이명박 정부는 이를 막아야 했음에도 넋이 빠진 채 구청 소관 사항이라며 방관만 했습니다.

사진25-1 서울 일본 대사관 앞 위안부 소녀상(2019.5.30. 촬영).

이런 조형물은 한 번 세우면 이후 사실상 철거할 수 없다는 점에서 매우 중대한 실책이었습니다. 대사관의 보호 등을 규정한 빈 협약 22조 2항에는 "국가는 외국 공관의 안녕을 교란시키거나 품위의 손상을 방지하기 위해 적절한 조치를 취해야 한다"고 규정되어 있는데, 일본 대사관의 안녕이 교란되고 품위가 손상되었다는 점에서 한국 정부가 이 규정을 위반했음이 분명합니다.

사진25-2 서울 남산의 옛 통감관저 터에 만든 일본군 위안부 기억의 터(2016년 8월 29일 조성).

2016년 8월에는 서울시가 남산의 옛 통감관저 터를 위안부 기림 터로 만들었습니다. 통감 및 총독 관저가 있던 터라면 우리의 식민지기 역사를 담은 더 의미 있는 공원으로 조성하는 게 옳았을 겁니다. 그리고 2016년 말 부산의 일본 총영사관 앞에 소녀상이 또 세워졌고, 이어서 위안부와 아무런 관련이 없는 젊음의 거리 서울 홍익

대 앞에 소녀상을 세우려 하기도 했습니다. 그 후 전국 곳곳에 위안부 조형물이 세워졌고, 앞으로도 계속 들어설 것입니다. 이러다간 어디를 다녀도 위안부 조형물을 보게 될 터인데, 가히 광기나 다름없다고 하지 않을 수 없습니다.

정대협과 문재인 정권, 2015년 위안부 합의마저 폐기

한편, 2006년 원 위안부들은 한국 정부가 일본군 위안부의 배상 청구권 문제 해결에 나서지 않은 게 기본권 침해라는 헌법소원을 냈습니다. 5년 후인 2011년에 헌법재판소는 "한국 정부가 일본군 위안부의 배상청구권 관련 한일 간 분쟁을 해결하는 데 나서지 않는 것은 위헌"이라 판결했습니다.

이에 박근혜 정부가 이 한일 간 분쟁을 해결하는 데 나섰습니다. 박근혜 정부는 일본 측과의 물밑 협상을 거쳐 2015년 말 정상회담 후 양국 외교장관 명의로 위안부 문제 합의안을 내놓았습니다. 이 합의에서 일본은 위안부 문제에 대해 '군의 관여 하에 다수 여성의 명예와 존엄에 깊은 상처를 입힌 문제'로서 책임을 통감하고 위안부 피해자의 고통과 상처에 대해 사죄와 반성의 마음을 표명한다고 했습니다. 한국 정부는 일본 정부로부터 10억 엔의 위로금을 받아 재단을 설립해 개별 피해자에게 위로금을 지급하며, 이로써 위안부 문제를 한일 양국 간에 '최종적이고 불가역적으로 해결될 것임을 확인'하고, '국제사회에서 동 문제에 대해 상호 비난 비판을 자제'하기로 했습니다.

이 합의에 대해 밀실외교니 피해당사자와 협의가 없었느니 하면서 정대협이 강력 반발했지만, 박근혜 정부는 2016년 화해치유재단을 설립해서 피해자 개인에 대한 위로금 지급에 들어갔습니다. 상당수 위안부 할머니와 유족이 인당 1억 원의 위로금을 지급받았습니다. 하지만 정대협의 반발은 계속됐고, 박근혜 정권이 무너지고 등장한 문재인 정부는 이 합의가 잘못 되었다면서 2018년 말 화해치유재단 해산 결정을 내렸습니다. 2015년 합의를 정식으로 폐기하고 재협상을 요구하지도 않은 채 어물쩍 무효화한 겁니다.

이어 위안부와 유족 20인은 2016년 12월 "정신적 육체적 고통을 강요당했다"면서 일본 정부에 대해 총 30억 원의 손해배상을 요구하는 소송을 서울 중앙지방법원에 제기했습니다. 이에 대해 일본 정부가 "국가는 타국 법원에서 동의 없이 소송의 피고가 되지 않는다"는 국제법상 주권면제 원칙에 입각해 그를 거부했습니다만, 2019년 5월 초 한국 법원은 해당 서류를 법원에 게시해 공시송달 효과를 갖추었다면서 그 심리를 개시하기로 결정했습니다. 향후 한국 법원이 일본 정부에 배상명령 판결을 내릴 가능성이 커졌습니다. 한국 정부와 사법부의 이런 조치로 위안부 문제는 출구를 완전히 잃어버렸습니다.

강제동원?

　정대협은 위안부를 '국가 공권력이 폭력으로 강제한 성노예'라 규정합니다. 일본 관헌이 부녀자를 사냥하듯 강제로 끌어가 위안소에 감금하고 위안부 생활을 강요했다는 것입니다. 그중 위안부 동원을 먼저 보면, 실상 일본 정부가 징병이나 징용에서처럼 부녀자를 강제로 끌어간 건 아닙니다. 위안부 모집과 수송에 일본 정부와 일본군이 관여했습니다. 하지만 일본군이 위안소업자를 선정했으며, 그로부터 위임을 받은 모집업자가 조선 부녀자를 데리고 일본군 주둔지로 여행하는 데 일본 관헌이 편의를 제공한 것이지, 일본 공권력이 강제로 부녀자를 위안부로 끌어간 것은 아닙니다.

　위안부 증언록을 검토해 보면, 극도로 가난한 집의 딸이 좋은 일자리가 있다는 말에 혹해서 모집업자를 따라갔거나, 같은 이유로 부모가 전차금을 받고 딸을 모집업자에게 넘겼거나, 혹은 그 딸이 친척집이나 남의 집에 보내져 민며느리나 식모살이를 하다가 거기서 모집업자에게 넘겨진 경우가 대부분입니다. 정대협 연구팀이 옛 위안부를 인터뷰해서 발간한 책자가 있습니다. 『강제로 끌려간 조선인 군위안부들』 시리즈입니다. 그 1~4권에 의하면, 인터뷰한 총 54명 중 취업 권유나 가족·친지의 인신매매로 위안부가 되었다고 답한 경우가 36명으로 유괴, 약취, 납치에 의해 위안부가 되었다고 답한 18명의 두 배였습니다. 더욱이 다음 표에서 보는 것처럼 1990년대 후반에 한 인터뷰일수록 유괴, 약취, 납치에 의해 위안부가 되었다는 응답 비율이 높아지는바, 이는 위안부 운동이 전개될수록 응답자인 원 위안부가 질문자(인터뷰어)인 정대협 측 연구자가 기대하는 방향의 "강제로 끌려갔다"는 대답을 한 결과일 수 있습니다. 실제로 유괴, 약취, 납치로 위안부가 된 비중은 이 집계상의 3분의 1 수치보다 더 낮았을 것입니다.

표25-1 **인터뷰 연도별 위안부가 된 경로 답변**

위안부 증언록	출간 연도	취업권유, 전차금	유괴,약취,납치
1권	1993	15	4
2권	1997	9	5
3권	1999	9	5
4권	2001	3	4

　해방 전 식민지 조선에선 여성 인신매매가 횡행했습니다. 가난으로 자기 딸을 팔아먹거나 남편이 자기 처를 팔기도 했는데, 이건 범죄도 아니었습니다. 물론 위안부 모집 과정에서 납치, 폭력이 별로 없었다고 해서 해당 부녀자가 자발적으로 위안부가 되었다는 이야기는 아닙니다. 세상에 위안부가 되기를 원한 사람이 어디에 있겠습니까. 극빈한 가정의 딸이 전차금을 받은 부모나 친척, 친지의 결정에 따라 숙명처럼 모집업자를 따라가거나, 가정에서마저 유리된 부녀자가 오갈 데 없어서 모집업자를 따라갔던 경우가 대부분입니

다. 위안소에 도착해서야 위안부 생활을 하게 됨을 알게 되었을 때는 이미 되돌릴 수 없어서 저항도 못했습니다. 그러니 업자가 굳이 폭력을 사용하지 않아도 위안부를 모집할 수 있었던 겁니다.

이처럼 위안부 모집 과정의 실상이 밝혀지게 되니 정대협 관계자들도 이제 더 이상 강제연행을 운운하지 않습니다. 그들은 더 이상 동원의 강제성을 주장하지 않는 대신 "어떻게 동원되어 갔든 일본군 위안소 제도의 피해자라는 사실은 변하지 않는다"고 합니다.

일본군 위안소 운영은 성노예 강간범죄?

그렇다면 위안부가 위안소에 감금된 채 군인들에게 성적 위안을 강요당했으니 성노예로 봐야 할까요? 그리고 이 위안소를 운영한 일본군은 전쟁 중 여성에 대한 성폭력, 강간 등 반인륜 전쟁범죄를 저지른 것일까요? 앞서 본 『강제로 끌려간 조선인 군위안부들』 책자에 의하면, 그들은 외출의 자유도 없이 감금되었고, 보수를 받은 적이 없으며, 업주나 군인에게서 심한 폭행을 당하기도 했다는 이야기가 계속 나옵니다. 대다수 원 위안부가 일본의 항복으로 겨우 위안부 생활을 청산하고 돌아올 수 있었다고도 증언했습니다.

1996년 유엔 인권위 특별보고관은 이런 증언을 모아서 위안부를 성노예라 하는 보고서를 냈고, 이 성노예설이 널리 퍼졌습니다. 이 보고서에서 '노예'란 소유권에 입각해 한 인간을 전면적으로 지배한다는, 전통적 의미의 노예가 아닙니다. 그것은 전시에 일본군 위안부가 "매춘을 강요당하고 성적으로 예속되고 학대당했다"고 하는 일상적인 집단 강간과 심각한 신체 학대를 가리킵니다.

성노예제를 이렇게 정의하면 일본군 위안부가 그에 해당한다고 볼 수도 있습니다. 그러나 우선, 당사자의 증언만으로 위안부의 실상에 관해 단정하는 건 섣부릅니다. 인간의 기억은 부정확하며 왜곡되기 쉽고, 또 인터뷰 시에 질문자가 의도적으로 다분히 편향적인 질문을 던지고, 응답자는 그 질문자의 의도에 맞춰 답변하곤 하기 때문입니다. 증언의 사실 여부는 다른 자료로 검증되어야 하죠.

앞서 23장 이영훈 교수의 글에서 소개된, 싱가포르에서 한 위안소의 관리인을 했던 박치근의 일기를 보면, 그 위안소 20명 정도의 위안부 중 1944년 1년간 15명이 위안소를 떠났습니다. 1년 안에 4분의 3이 떠난 셈인데, 위안소가 망해서 그런 건 아니었습니다. 위안소는 본디 위안부가 빈번히 떠나고 또 새로 충원되는 식으로 대단히 유동성이 높은 곳이었습니다. 계약 기간이 만료되거나 위안부가 목표한 만큼의 돈을 벌거나 혹은 전차금 채무를 청산하고 나면, 많은 위안부가 위안소를 떠났습니다. 매일매일 기록된 이 일기가 약 반세기 후 이루어진 증언보다는 더 정확한 정보를 담고 있다고 생각합니다.

정대협 연구자의 인터뷰에 응한 많은 원 위안부들이 보수를 받지 못했다고 답했지만, 싱가포르 위안소 관리인은 자주 위안부의 부탁에 따라 일본 은행을 통해 위안부의 돈을 송금했습니다. 버마로 간 위안부 문옥주 씨도 1943년 8월부터 우편예금을 하기 시작해서 1945년 9월 29일까지 도중에 어머니에게 5,000원을 송금하고도 26,551원을 저금했습니다. 문옥주 씨는 랑군에서 첫 7~8개월간은 군인들이 넉넉하게 팁을 주어 하루에 보통 30~40원, 일요일에는 70~80원을 벌었다고 했습니다.

물론, 위안부는 위안소에 있을 때 업주나 군의 강한 통제를 받았습니다. 위안소가 군 전용 시설인 경우가 많아서 주둔지 민간인은 이용할 수 없게 했으며 위안부의 외출도 엄격히 통제했는데, 특히 동남아 등 새 점령지에서는 안전 문제 때문에 더욱 그러했습니다. 또 위안부는 군이나 업주, 관리인에게서 폭언, 폭행을 당하는 경우도 있었습니다. 전반적으로 인권 의식이 낮았고 또 위안부가 때론 고립무원인 상태에 있었기 때문입니다.

종합해 보면, 위안부들은 미국 목화농장의 흑인 노예처럼 결코 위안소에 감금되어서 벗어날 수 없던 노예가 아니었습니다. 처음엔 채무에 묶였으나 전차금을 상환하고 나면 조선으로 돌아가거나 다른 곳으로 옮길 수 있었다는 점에서 위안부는 성노예라기보다는 성노동자가 맞습니다.

그럼에도 채무에 묶인 기간 동안은 원하지 않는 성적 의무를 제공해야 하지 않았느냐면서 일본군 위안부제를 성노예제라 한다면, 식민지 조선의 공창제도 성노예제라 해야 할 것입니다. 아울러 해방 후의 한국군 위안부와 미국군 위안부, 민간 위안부도 마찬가지입니다. 일본군 위안부만 뽑아내서 성노예제라 비판할 근거가 없습니다.

빈곤이 만연하고 인권 의식이 박약한 곳에서는 어디서나 이런 '성노예'가 만연했습니다. 문제는 한 나라의 정부가, 그 군대가 이를 전쟁 수행기구의 일부로 활용한 데 있습니다. 한 나라의 군이 전선에서 위안소를 만들어 군인들이 그 위안부를 대상으로 성욕을 해소하도록 했던 것 자체가 지금 기준으로 보면 있을 수 없는 일입니다. 지금은 누가 봐도 야만적인 제도라 할 것입니다. 정대협은 바로 이 약한 고리를 공격했고, 그것이 국내외적 공분을 불러일으켰습니다. 그래서 일본 정부도 사죄와 위로를 표할 수밖에 없었습니다.

한일 관계 파탄이 목적

그렇지만 이것은 20세기 말의 기준을 20세기 전반에 투사한 결과일 뿐입니다. 지금은 교전 중에 한 군대가 점령지 여성을 강간하는 게 범죄입니다. 그러나 제2차 세계대전에서 독일이 패전했을 때 독일로 밀고 들어온 소련군에 의해서만 최소 50만 명에서 최대 100만 명의 독일 여성이 강간당했습니다. 베를린에서만 11만 명의 여성이 강간을 당했다고 합니다. 그러나 이 집단 강간은 당시 아무런 문제가 되지 않았고, 그 후에도 냉전 등 복합적 이유로 그냥 묻했습니다. 세계대전을 일으키고 유대인을 학살한 나라니까 어쩔 수 없는 일이라 해서는 안 됩니다. 독일이 전쟁을 일으켰다고 해서, 독일 여성이 강간당해도 괜찮은 건 아니니까요. 독일 항복 직후 독일 여성에 대한 연합군 측의 집단 강간이 당시 문제되지 않은 것처럼, 일본군 위안소도 당시에는 문제가 아니었는데, 20세기 말부터 새로 문제가 되었습니다.

사정이 이러한데도 일본 정부를 끝내 무릎 꿇리겠다는 정대협의 자세는 실로 문제가 많고 위험하기까지 합니다. 일본 정부는 여러 차례 사과와 사죄를 했고 또 위로금을 지급해서 문제의 해결을 보려고 했습니다. 그 사과와 사죄는 일일이 열거할 필요가 없을 정도입니다. 과거 '여성을 위한 아시아평화 국민기금'의 경우 계획상 민간에서 모금한 돈으로 위로금을 지급한다고 했지만, 실제론 정부자금을 지급한 것이었습니다. 나아가 2015년의 한일 위안부 합의 때에는 일본 정부 예산으로 위로금을 지급했습니다. 일본 정부 스스로 자신의 책임을 인정한 겁니다.

그럼에도 정대협은 그건 진정한 사죄가 아니라면서, 일본을 향해 "전쟁범죄를 인정하고 공식 사죄하며, 법적 배상을 하고 전범자를 처벌하라. 그리고 일본 역사 교과서에 기록하고 추모비와 사료관을 건립하라" 합니다. 일본이 도저히 들어줄 수 없는 요구입니다. 일본군이 위안소를 설치하고, 그 운영 및 위안부 동원에 관여한 데 대해 일본 정부가 책임을 져야 하지만, 정대협이 주장한 것과 같은 책임은 아닙니다.

더구나 한국은 1965년에 한일 국교 정상화를 할 때, "향후 한일 양국과 그 국민은 어떤 청구권 주장도 할 수 없다"고 일본과 합의해 조약에 명문화한 바도 있습니다. 개인 청구권이 살아 있느냐가 법학계에서도 논란거리지만, 이 조항은 장차 개인 청구권 문제가 제기될 걸 예상해서 작성한 것이라 할 수 있습니다. 국가 간 조약으로 개인 청구권이 소멸되지 않는다 해도, 양국 정부가 청구권 조약을 맺고 그걸 양국 국회가 비준해서 수십 년간 지켜 왔으면, 그 개인 청구권은 자국 정부를 상대로 행사되는 게 맞습니다. 한국 정부는 일본 정부로부터 청구권 자금을 받고, 국내 개인에 대한 보상, 지급은 자신이 하겠다는 입장을 견지해 왔던 겁니다.

전쟁으로 승패를 가리지 않는 이상 외교 문제에서는 상대에게 100% 완승하려 하거나 상대를 무릎 꿇릴 순 없습니다. 사드 보복 때 중국은 우리한테 그렇게 했습니다만, 국제사회에서 그게 표준은 아니죠. 하지만 정대협, 그 이름을 바꾼 정의기억연대는 실상 일본이 받아들일 수 없는 요구로 일본을 무릎 꿇리려 해 왔습니다. 2015년 박근혜-아베 합의는 과거보다 진일보한 것이었는데도 역시 걷어찼습니다. 문재인 정권도 똑같은 입장이죠. 진정 위안부 문제의 해결에 관심이 있다기보다는, 이 문제를 이용해서 한일 관계를 파탄 내는 게 이들의 진짜 관심사일 것입니다. 한미일 삼각협력 체제를 무너뜨릴 수 있을 테니까요.

우리의 수많은 과거사 중 이렇게까지 물고 늘어진 건 없었습니다. 6·25전쟁을 일으킨 북한에 대해 전쟁 책임을 물은 적 있습니까. 중국의 사드 보복에 대해 한마디라도 했습니까. 완전히 균형을 잃었습니다.

　　진정 원 위안부들이 겪은 고통과 슬픔에 공감하고 그들을 위로할 생각이었다면, 먼저 일본을 공격할 게 아니라, 1990년까지 우리의 45년을, 아니 그 이후까지 포함해서 해방 70여 년을 반성해야 했습니다. 딸을 팔아먹은 것도, 가난한 집 딸을 꾀어 위안부로 넘긴 것도, 또 그 딸이 이 땅에 돌아오지 못하게 한 것도, 설령 돌아왔더라도 사회적 천시 속에서 숨죽여 살도록 한 게 우리 한국인 아니었습니까? 근 50년간 지독하게 무관심하지 않았나요. 50년 만에 새로운 기억을 만들어 내어 일본을 끝없이 공격해 결국 한일 관계를 파탄 직전으로 몰고 간 것, 이게 바로 1990년 이후 정대협의 위안부 운동사였습니다. 우리는 가장 극단적인 반일 종족주의를 이 위안부 문제의 전개에서 봅니다.

───────
참고문헌

한국정신대문제대책협의회(1993, 1997, 1999, 2001), 『강제로 끌려간 조선인 군위안부들』 1~4권, 한울,
　　풀빛.
한국정신대문제대책협의회(1997), 『일본군 '위안부' 문제의 진상』, 역사비평사.
김혜원(2007), 『딸들의 아리랑 - 이야기로 쓴 '위안부' 운동사』, 허원미디어.
신영숙(2008), 「여성을 위한 아시아평화국민기금'과 일본 사회의 인식」, 『평화연구』 16(1).
요시미 요시아키(2013), 『일본군 '위안부' 그 역사의 진실』, 역사공간.
한국정신대문제대책협의회 20년사 편찬위 (2014), 『한국정신대문제대책협의회 20년사』, 한울.
이타가키 류타·김부자(2016), 『Q & A '위안부' 문제와 식민지 지배 책임』, 삶창.

에필로그

반일 종족주의의 업보

이영훈

우울한 나날

지금 이 나라는 경제, 정치, 사회의 모든 방면에서 위기입니다. 언제 가시화할지 모를 잠재적 위기입니다. 경제가 감속 성장의 추세를 밟은 지가 20년입니다. 기업의 투자가 점점 위축되고 있습니다. 잠재적 위기인데 어느 누가 투자를 하려 들겠습니까. 그로 인해 청년을 위한 양질의 일자리가 줄어들고 있습니다. 최저임금의 과격한 인상은 자영업자와 영세상공인의 존립을 위협하고 있습니다. 서민의 살림살이는 더욱 어려워지고 있습니다. 정부는 이 모든 결과를 충분히 예측할 수 있는 악성의 정책을 고집하고 있습니다. 한국경제의 실태와 특질을 알지 못하는 아마추어 집권 세력이 분배 지향과 규제 일변의 정책을 고집하고 있기 때문입니다.

정치 상황은 더욱 암울합니다. 2014년 세월호가 침몰한 이래 한국의 자유 시민은 상상도 하지 못한 엄청난 변고를 경험했습니다. 지금도 그 일들을 회고하면 정신이 혼미합니다. 대통령의 탄핵으로 이어진 일련의 정치과정은 무능하고 무책임한 정치가가 권력을 잡을 경우 얼마나 큰 혼란을 자초하는지를 교과서적으로 잘 보여 주었습니다. 권력이 허점을 보이자 대중은 얼마나 잔인해졌습니까. 여성 대통령을 벗기고 묶고 목을 치고 시체를 운구하는 퍼포먼스가 백주의 광장에서 자행되었습니다. 정치가들은 얼마나 비열하였습니까. 대통령을 배반하고 탄핵을 주도한 세력은 개인적 원한에 이끌린 소인배들이었습니다. 혐의를 신중히 추궁할 국회의 조사 과정은 거의 생략되었습니다. 법관들은 목에 칼이 들어와도 해서 안 될 짓을 했습니다. 그들은 정치적으로 재판하였습니다. 탄핵이 판결되는 날 국민의 절반은 축배를 들었지만, 절반은 비통의 눈물을 흘렸습니다. 국민의 마음은 갈기갈기 찢어졌습니다. 이것은 앞으로 몇 년이고 이어질 엄청난 갈등과 그에 따른 파국을 예견하고 있습니다.

사회는 어떠합니까. 프롤로그에서 소개했듯이 이 나라는 거짓말 천지입니다. 위증죄와 무고죄가 일본의 수백 배나 됩니다. 각종 보험사기가 미국보다 백배나 난무하고 있습니다. 정부지원금의 3분의 1이 사기로 줄줄 새고 있습니다. 민사소송의 인구당 건수는 세계 최고입니다. 한국인의 숨결엔 거짓말이 배여 있다고 합니다. 이 같은 주장에 대부분의 한국인은 한숨으로 동의합니다. 하루하루 그에 고통 받으며 살아가고 있기 때문입니다. 거짓말에 관대한 타락한 정신문화는 이 나라의 정치와 경제를 혼란과 정체의 늪으로 이끌어 갑니다. 게임의 공정한 규칙이나 큰 약속이 성립하기 어렵기 때문입니다. 2019년의 한국은 모두에게 우울한 나날입니다.

낯선 이방인

몇 년 전 역사학계는 이 나라의 정치체제가 '자유민주주의'라는 통설을 부정하면서 '자유' 두 글자를 삭제해야 한다고 주장하였습니다. 2017년 촛불 혁명으로 집권한 문재인 대통령과 그의 지지세력은 헌법에서 '자유'를 삭제하는 개헌안을 마련하였습니다. 여론의 반발이 거세지자 철회하긴 했습니다만, 여건이 성숙하면 추진할 의지를 숨기지 않고 있습니다. 그들은 '자유'에 적대적입니다. 자유를 개인의 천박한 이기심으로 치부하고 있습니다. "자유 이념을 맞아들인 구한말의 개화세력은 이후 친일파로 변신하였다. 해방 후 그들은 기득권을 지키기 위해 새로운 제국주의 미국에 빌붙었다. 그래서 세워진 나라가 대한민국이다. 지금도 자유 운운하는 자들은 천박한 개인주의자로서 친일·친미세력의 후예이다." 현 집권세력의 자유에 대한 이해는 대체로 이와 같습니다.

저는 여러 역사 관련 학회의 회원입니다. 여러 학회지에 논문을 게재하였습니다. 역사학자들은 저의 동료였습니다. 집권세력과의 관계도 마찬가지입니다. 1971년 저는 박정희 대통령의 학원 탄압에 저항하다가 대학에서 추방되었습니다. 이른바 '민주화세력'의 멤버십을 보유한 사람입니다. 저는 그들의 주의와 주장을 내면에서 이해해 왔습니다. 그렇지만 '자유'를 삭제하자는 주장을 접하면서 저는 확실히 깨달았습니다. 저들은 나의 동료가 아니다. 낯선 이방인이다. 아니 두려운 이교도이다. 다른 사람의 영혼을 부정하고 모독하는 이교도와는 공화共和를 할 수 없는 법입니다.

'민주주의'만큼 오해되고 오용되는 말도 없다고 합니다. 애당초 democracy를 '민주주의'로 번역한 것 자체가 큰 잘못이라는 지적이 있습니다. 그 반대말인 autocracy를 '전제정치'로 번역하듯이 '민주정치' 또는 '민주제'로 번역해야 마땅했다는 겁니다. 민주주의는 다수결의 원리에 따라 집단의 의사를 결정하거나 단체의 권력을 구성하는 정치과정을 기능적으로 대변할 뿐입니다. 그래서 세계에서 가장 민주주의가 발달한 미국의 헌법에서조차 '민주'나 '민주주의'란 말은 없습니다. 이웃 나라 일본의 헌법을 살펴도 마찬가지입니다. 그와 달리 이 나라의 헌법에 '민주' 내지 '자유민주'라는 말이 여러 차례 나오는 것은 실은 민주주의가 뭔지 잘 몰라서 그러했던 것입니다.

민주주의는 이해관계가 다른 개인을 국가라는 질서체로 통합하고 나아가 번영과 평화로 이끄는 정치철학이 아닙니다. 그런 수준의 큰 이념은 바로 '자유'입니다. 따라서 자유민주주의가 아닐 진데 그것은 우리가 지향할 진정한 민주주의라고 할 수 없습니다. 정치학자들은 민주주의를 권력의 양태에 따라 대통령민주주의, 의회민주주의, 사회민주주의, 참여민주주의, 권위주의 등등으로 구분하고 있습니다. 그렇지만 그 모두는 자유민주주의의 파생일 뿐입니다. '자유'의 삭제를 주장하는 사람들은 우리의 갈 길은 독일이나 북유럽의 사회민주주의이며 이에 자유민주주의는 필요 없다는 식으로 주장하고 있습니다. 그들은 오늘날 독일과 북유럽의 정치체제가 얼마나 강고한 자유민주주의인지를 이해하고 있지 못합니다. 그들은 나라마다 문화의 차이에 따라 발생하는 정부와 시장 형태의 차이를 인간과 세상을 통합하는 이념의 차이로 오해하였습니다.

세계사를 돌이켜 보면 민주주의를 사칭한 세력이 있었습니다. 프롤레타리아트 계급독재를 민주주의로 호도한 공산주의 세력이었습니다. 그들은 노동자·농민의 근로계급이 주도하는 정치체제를 '인민人民민주주의' 또는 '신新민주주의'라고 불렀습니다. 오늘날 북한의 세습 왕정체제가 '조선민주주의인민공화국'을 칭하고 있음이 그 좋은 예입니다. 공산당이 지배하고 있는 중국도 마찬가지입니다. 중국의 국가이념인 모택동毛澤東주의에 의하면 오늘날 중국의 정치체제는 신민주주의입니다. 따라서 역사상 민주주의는 크게 말해 자유민주주의와 인민민주주의 또는 신민주주의밖에 없습니다. 전자가 진짜 민주주의라면 후자는 가짜 민주주의입니다. 그 같은 진짜와 가짜의 대립은 우리 한국사에서 모범사례로 펼쳐졌습니다. 대한민국의 자유민주주의가 진짜 민주주의라면 북한의 인민민주주의는 가짜 민주주의입니다.

그런데 이 나라의 역사학계와 현 집권세력은 우리 헌법이 명시하는 '자유민주적 질서'에서 '자유' 두 글자를 삭제하자고 주장합니다. 그들은 자유가 빠진 민주주의가 무엇인지를 알지 못할 만큼 무지합니다. 이는 그야말로 선의의 해석일지 모릅니다. 그들의 일부는 '자유'를 삭제한 민주주의이어야 민족사의 정통을 계승하는 북한의 인민민주주의와 통일을 할 수 있다고 생각하고 있습니다. 이같은 추측은 현 집권세력과 지지세력의 언행을 볼 때 사실일 가능성이 큽니다. 어쩌다가 이 나라가 이 지경이 되었습니까. 슬프게도 이 나라의 자유민주체제는 이 나라의 저급한 정신문화가 관리할 수 있는 역량 밖의 사치품이란 생각을 금할 수 없습니다.

이승만의 자유론

1904년 2월 일본과 러시아가 전쟁을 시작하였습니다. 대한제국을 먹이로 둔 전쟁이었습니다. 전쟁이 끝나면 대한제국은 어느 쪽이든 이긴 나라의 지배를 받아 망할 운명이었습니다. 국사범으로 한성감옥에 갇혀 있는 이승만李承晩은 창자가 끊어지는 아픔을 느꼈습니다. 어쩌다가 이 나라가 이 지경이 되고 말았나. 그는 미친 듯이 한 권의 책을 쓰기 시작했습니다. 4개월 만에 탈고하니 『독립정신』이었습니다. 그는 나라가 망하게 된 원인을 독립정신의 결여에서 찾았습니다. 독립과 자유는 동어반복입니다. 다시 말해 자유정신의 결여야말로 대한제국이 속수무책으로 망하게 된 근본 원인이었습니다.

　이승만의 자유론을 소개하겠습니다. 하나님은 인간을 귀한 존재로 창조하였습니다. 남에 의지하지 않고 제힘으로 살아가면서 세상에 귀중한 쓰임새가 되라는 하나님의 소명을 실천하는 사람이 자유인입니다. 자유란 이러한 존재 감각을 말합니다. 자유인이 자연에 노동을 가해 생산한 재화는 국가도 함부로 빼앗을 수 없는 그의 권리입니다. 자유인은 자기의 울타리 안에서 모든 생활 자료를 다 구할 수 없습니다. 자유인은 이웃 사람과 이웃 동네와 이웃 나라와 통상을 하지 않을 수 없습니다. 통상은 그 범위가 넓을수록 재화의 질을 높이고 양을 풍족하게 합니다. 하나님이 이 지구를 워낙 기기묘묘하게 창조해 놓았기 때문입니다. 다시 말해 자원과 지식을 다양하게 흩어놓은 겁니다. 이에 통상은 학문과 기술을 발달케 합니다. 통상은 또한 경쟁을 촉발합니다. 경쟁은 남을 해치고자 하는 마음이 아니라 남보다 앞서고자 하는, 자기의 능력을 발현하는, 아름다운 과정입니다.

　이러한 자유가 꽃 피운 곳은 종교개혁 이후의 서양입니다. 서양인들은 지구가 둥글다는 것을 알고 오대양 육대주를 누비면서 통상을 하였습니다. 그것이 오늘날 서양이 모든 면에서 동양을 압도한 원인입니다. 장차 세계는 통상으로 하나가 될 것입니다. 다양한 인종이 자유로운 세계가족으로 통합될 것입니다. 전쟁이 사라지고 영구한 평화가 찾아올 것입니다. 이는 어느 나라도 거역할 수 없는 하나님의 섭리입니다. 내 것이 제일이라고 문호를 걸고 제 백성을 노예로 부리면서 바깥세상과 교섭을 거부하는 나라와 인종은 소멸할 것입니다.

이상이 이승만이 『독립정신』에서 피력한 자유론입니다. 요약합니다. 자유는 통상이요, 학문이요, 경쟁이요, 문명개화요, 영구평화입니다. 『독립정신』에서 저는 서양에서 근대문명을 개척한 마르틴 루터Martin Luther, 토마스 홉스Thomas Hobbes, 존 로크John Locke, 애덤 스미스Adam Smith, 임마누엘 칸트Immanuel Kant, 토머스 제퍼슨Thomas Jefferson의 얼굴을 문득문득 발견하였습니다. 이승만은 한성감옥에 갇힌 5년 7개월 동안 방대한 독서를 통해 서양의 역사, 종교, 정치에 대해 수준 높은 지식을 축적하였습니다. 그는 장차 전 세계가 미국이 주도하는 자유의 길을 따라 번영하고 평화를 누릴 것으로 믿었습니다. 그는 이미 소멸 중인 그의 동족을 자유의 길을 따라 소생시키리라 결심하였습니다. "장차 부활할 한국인의 나라는 자유인의 공화국이다. 그 나라는 자유로운 세계가족의 일원으로서 세계에 활짝 열린 상업지역이 될 것이다." 이승만의 평생은 이 한 길을 추구한 순례의 행군이었습니다. 그의 간절한 소망은 끝내 대한민국의 건국으로 실현되었습니다. 그의 예견대로 이 나라는 지난 70년간 자유 세계가족의 일원으로서 큰 성취를 이룩하였습니다. 이 같은 역사가 지난 20세기를 관통한 한국사의 주류였습니다. 한국사를 부분으로 편입한 세계사의 주류이기도 했습니다.

정신문화의 몽매

오늘날 한국의 정치가나 역사학자 가운데 이승만의 『독립정신』을 읽은 사람이 몇이나 될까요. 10명 중에 1명도 안 될 겁니다. 내용을 심층 이해한 사람은 몇이나 될까요. 100명 중에 1명도 안 될 겁니다. 이승만 연구로 유명한 몇 사람의 책을 검토하면 그들이 『독립정신』을 제대로 이해했다는 흔적을 찾을 수 없습니다. 그래서 그렇게 단언할 수 있습니다. 그들은 이승만을 권력욕에 충실한, 시세에 밝은, 친미주의자로 규정하고 있을 뿐입니다. 이승만의 자유론에 대한 이해는 그들의 지력 밖이었습니다.

그 당연한 결과로 이 나라의 역사가들은 지금도 대한제국이 무엇 때문에 망했는지를 알지 못합니다. 중·고등학교 역사책을 보십시오. 이완용 등 5명의 매국노 때문에 나라가 망했다고 하지 않습니까. 1905년 당시의 한국인들이 그 같은 소리를 했습니다. 그 소리를 114년이 지난 지금도 되풀이하고 있는 겁니다. 나라가 무슨 사기로 팔아먹을 수 있는 부동산입니까. 오랫동안 닫힌 가운데 전제정치의 폭압을 받아 대다수 백성이 노예근성에 물들고, 정신문화가 타락하여 거짓말하는 악습이 횡행하고, 관리는 오로지 임금에 순종

하는 것만이 충성인 줄 아는데, 임금이 비겁하고 어리석어서 나라가 망하였습니다. 한마디로 자유와 독립의 정신을 알지 못하여 나라가 망하였습니다. 이승만이 한성감옥에서 창자가 끊어지는 아픔으로 지적한 그 사실을 아직도 이 나라의 역사가들은 모르고 있습니다. 이를 두고 일정기의 역사학자 최남선崔南善은 "우리 조선은 망하는 데도 실패했다"고 했습니다.

최남선의 어법을 빌리면 우리 한국인은 나라를 세우는 데도 실패했는지 모릅니다. 이 나라 대한민국이 20세기 세계사의 주류를 타고 세워진 자유인의 공화국임을 아직도 알지 못하기 때문입니다. 해방 후 온 민족이 갈 길을 몰라 헤맬 때 한 선각자가 있어서 자유의 길로 인도했음을 아직도 인정하지 않기 때문입니다. 그들은 엉뚱하게도 대한민국의 건국을 두고 권력욕과 기득권에 충실한 반민족세력이 초래한 재앙이었다고 비난하고 있습니다. 그들은 해방 후 3년간 북한이 돌이킬 수 없는 수준으로 공산화한 역사에 대해서는 눈을 감고 있습니다. 설령 공산화라도 좋으니 남북협상을 통해 통일국가를 세웠어야 했다고 소리치고 있습니다. 그들은 자유를 결여한 조선왕조의 역사를, 그로 인해 초래된 역사의 비극을 알지 못합니다. 한국의 역사학계와 현 집권세력이 우리의 헌법에서 '자유' 두 글자를 삭제하자고 주장한 것은 이 같은 정신문화의 몽매에서였습니다.

종족주의의 발흥

　자유인의 공화국이 세워진 지 70년인데, 그 사이 이 나라의 경제가 이룩한 성과는 세계가 높이 평가하는 것인데, 어찌하여 이 나라의 정신문화는 그토록 낮은 수준에서 헤매고 있을까요. 이 책이 바로 그에 대한 대답입니다. 다름 아니라 반일反日 종족주의種族主義가 바로 그 주범입니다. 1948~1960년 이승만의 시대는 공산세력의 침략을 받아 나라를 방위하고 복구하는 시대였습니다. 1961~1979년 박정희의 시대는 '조국근대화'의 시대였습니다. 두 시대 모두 동원의 시대였습니다. 반공, 근면, 자조, 협동과 같은 일차원의 이념이 지배한 시대였습니다. 사람들은 자신의 생명과 재산을 지키기 위해 반공 전선에 참여했으며, 누대의 가난을 떨치기 위해 고도성장의 대열에 헌신하였습니다.

　그사이 개인과 사회와 국가를 하나의 질서로 감각하는 정신문화의 영역에 있어서 볼만한 개선은 없었습니다. 그러할 여유가 없는 시대였습니다. 아무리 돌아보아도 시대의 목탁木鐸으로서 정신문화를 인도한 철인哲人을 찾을 수 없습니다. 이승만 대통령이 불명예로 하야한 뒤 어느 누구도 그의 자유론을 계승하지 않았습니다. 대다수 한국인에게 '자유'는 여전히 낯선 이방인이었습니다. 그리하여 그 시대는 반공주의와 조국근대화의 구호와 더불어 물질주의가 거대한 파도로 일렁인 시대였습니다.

돈과 지위를 최고의 가치로 여기는 정신문화가 물질주의입니다. 언제부턴가 한국인의 정신문화는 물질주의에 포획되었습니다. 아마도 15세기 이래의 조선시대부터가 아닐까 싶습니다. 서울대학교의 김병연 교수는 여러 지표를 비교한 결과 "한국인의 물질주의 정도는 세계적으로 유례가 없을 정도로 높은 것으로 평가된다"고 하였습니다. 물질주의는 거짓말에 대해 관대합니다. 최고 가치인 돈과 지위를 추구함에 있어서 거짓말은 때때로 불가피합니다. 모두가 그 점을 납득하기 때문에 거짓말에 관대한 것입니다. 물질주의는 성적 쾌락을 추구하는 육체주의이기도 합니다. 이 책의 21장에서 소개했습니다만, 1966년 20대 여성의 8.1%가 길거나 짧은 기간 성매매 산업에 종사하였습니다.

동원의 시대가 지나가고 1980년대부터 자율의 시대가 열렸습니다. 1985년부터 학문과 사상의 자유가 허락되었습니다. 칼 마르크스Karl Marx의 『자본론』을 끼고도 거리를 활보할 수 있는 시대가 되었습니다. 이후 동원에 눌려 있던 전통문화로서 물질주의가 폭발하였습니다. 그 물질주의가 국내외 정치로 표출된 것이 다름 아닌 종족주의입니다. 저는 그 역사적 인과를 이 책의 20장에서 설명한 대로 한국 문명사와 함께 오랜 샤머니즘에서 찾았습니다.

샤머니즘, 물질주의, 종족주의는 서로 깊이 통합니다. 샤머니즘의 세계에서 양반은 죽어서도 양반이고, 종놈은 죽어서도 종놈입니다. 저는 조선시대의 노비제를 연구하다가 이 같은 삶과 죽음의 원리를 알게 되었습니다. 그리고선 한국 문명사에 대해 많은 점을 새롭게 생각하게 되었습니다. 이 같은 삶과 죽음의 연쇄에서 선과 악의 절대적 구분이나 사후死後 심판은 성립하지 않습니다. 무슨 수를 써서라도 양반이 되는 것은 한 인간의 영혼이 영원한 구원에 이르는 길입니다. 그래서 양반 신분으로 승격하는 데 필요하다면 거짓말이든 돈이든 다 정당화되는 물질주의 사회가 성립하였습니다. 샤머니즘과 물질주의의 관련은 이와 같습니다.

물질주의 사회에서 정치적으로 대립하는 집단 간에는 공유하는 진리나 가치가 없습니다. 두 집단이 충돌할 경우 이를 조정할 객관적 논변이 허용되지 않습니다. 한 집단은 그의 물질적 성취를 위해 다른 집단을 배척하고 적대시합니다. 그 집단에서 '자유로운 개인' 이란 범주는 존재하지 않습니다. 개인은 집단에 몰아沒我로 포섭되며 집단의 이익과 목표와 지도자를 몰개성으로 수용합니다. 이러한 집단이 '종족'입니다. 이러한 집단을 기초 단위로 한 정치가 곧 '종족주의'입니다. 저는 한국의 정치가 이러한 종족주의의 특질을 강하게 지닌다고 생각합니다. 이 나라의 정치를 좌우하는 지역감정이 그 좋은 예입니다. 예컨대 매번의 대통령 선거에서 호남은 하나의 종족으로 단결합니다. 거의 90% 이상이 단일의 선택을 보입니다. 대소 차이는 있지만 다른 지역도 마찬가지입니다. 이런 현상은 종족주의의 원리로 설명될 수밖에 없는 특수성이라고 생각합니다.

이 같은 한국의 정치문화가 대외적으로 일본과의 관계에 이르면 더없이 거센 종족주의로 분출됩니다. 아주 오래전부터 일본은 원수의 나라였습니다. 반일 종족주의의 저변에는 그렇게 역사적으로 형성된 적대 감정이 깔려 있습니다. 중국에 대한 적대 감정은 역사적으로 희박하였습니다. 그래서 반중反中 종족주의라 할 만한 것은 없습니다. 오히려 중국에 대해서는 조선왕조가 그러했듯이 사대주의의 자세를 취하는 수가 많습니다. 중국이 고약한 말을 해도 분노하지 않고, 고약한 짓을 해도 참고 지냅니다. 한국의 민족주의에는 자유로운 개인이란 범주가 없습니다. 두 이웃 나라를 대하는 태도도 그 미숙한 세계관으로 인하여 현저히 불균형입니다. 그래서 저는 한국의 '민족주의'를 '종족주의'로 고쳐 부름이 옳다고 주장하는 겁니다.

반일 종족주의는 1960년대부터 서서히 성숙하다가 1980년대에 이르러 폭발하였습니다. 자율의 시대에 이르러 물질주의가 만개한 것과 공통의 추세였습니다. 반일 종족주의에 편승하여 한국의 역사학계는 수많은 거짓말을 지어냈습니다. 이 책이 고발하는 몇 가지는 그 모든 거짓말의 일부일 뿐입니다. 거짓말은 다시 반일 종족주의를 강화하였습니다. 지난 30년간 한국의 정신문화는 그러한 악순환이었습니다. 그 사이 한국의 정신문화는 점점 낮은 수준으로 추락하였습니다.

망국 예감

여러 가지 합당한 예가 있지만 지난 28년간 일본과의 관계를 최악의 수준으로 이끈 위안부 문제에 대해 한 번 더 언급하겠습니다. 몇 사람의 아마추어 사회학자들이, 몇 사람의 직업적 운동가들이 이 나라의 외교를 좌우하였습니다. 전 국민이 그들의 정신적 포로로 잡혔습니다. 전국이 그들이 무녀巫女가 되어 벌이는 진혼굿의 한마당이었습니다. 샤머니즘의 떠들썩한 축제였습니다. 도처에 위안부를 형상화한 소녀상이 세워졌습니다. 누구도 범할 수 없는 신성한 토템이었습니다. 이 책에 실린 저의 위안부 관련 3개의 장은 이 모든 소동이 얼마나 천박한 정신문화에 입각해 있는지, 학술적으론 얼마나 허소한 실증에 근거하고 있는지를 폭로한 것입니다. 그 위선은 글을 쓰는 저 자신도 섬뜩할 정도였습니다.

2002년 여성부는 형사정책연구원에 용역을 발주하여 성매매 산업의 실태를 조사하였습니다. 전국적으로 68곳의 집창촌에서 9,092명의 여인이 전업으로 성매매에 종사하였습니다. 1960년대까지의 공식 호칭으론 위안부들이었습니다. 그 위안부들이 하루에 맞이한 손님은 평균 7명이었습니다. 이외에 다방 등 6종의 업소에서 성매매를 겸업으로 하는 여인의 총수는 24만 명에 달하였습니다. 이같은 조사 결과를 근거로 합리적으로 추정한 성매매 종사자의 총수는 최소 33만 명으로서 20~30대 여성 취업인구의 8%에 달하는 거대 비중이었습니다. 다음 해인 2003년에 전북 군산시의 집창촌에서 대화재가 발생하였습니다. 그때 12명의 위안부가 불에 타 죽었는데, 포주가 도망을 못 치게 방에다 감금하였기 때문입니다.

2000년대까지 이어진 '우리 안의 위안부'가 이러한 실태였습니다. 다시 한 번 일본군 위안부 문제에 종사한 여러 연구자와 운동가에게 묻습니다. 노동강도, 소득수준, 건강상태, 업주와의 관계 등 여러 측면을 종합할 때 어느 쪽이 더 참혹했습니까. 모집 과정에서 본질적 차이는 없었습니다. 그편을 과장하지 말기를 바랍니다. 저의 대답은 23장에서 제시한 바 있습니다. 여러분의 대답은 어떠합니까? 여러분은 인권운동가입니까? 그렇다면 왜 해방 후의 더욱 참혹하고 더욱 팽창한 '우리 안의 위안부'에 대해서는 침묵합니까?

어느 나라가 전 국민을 몇 사람의 무녀가 벌이는 진혼굿으로 동원하는 정신문화에 사로잡혀 있다면 그 나라에 희망이 있을까요. 어느 나라가 그런 수준의 외교로 일관한다면 격동하는 국제사회에서 살아남을 수 있을까요. 반일 종족주의는 이 나라를 다시 한 번 망국의 길로 이끌어 갈지 모릅니다. 109년 전 나라를 한 번 망쳐본 민족입니다. 그 민족이 아직도 그 나라가 망한 원인을 알지 못하기에 한 번 더 망하는 것은 별로 어렵지 않을 것입니다. 헌법에서 '자유'를 삭제하자고 주장하는 세력이 정권을 잡고 있지 않습니까. 절반의 국민이 그들을 지지하고 있지 않습니까. 망국 예감을 떨치지 못하는 것은 그 근원을 이루는 반일 종족주의의 횡포에 대해 이 나라의 정치와 지성이 너무나 무기력하기 때문입니다.

미네르바의 부엉이는 석양에 운다고 합니다. 망국의 예언은 망국의 현실이 한참 진행되고 나서야 들린다는 뜻이겠지요. 이 책이 그 부엉이가 되고 싶지는 않습니다. 반일 종족주의의 업보가 너무나 깊은 듯하여 큰 울음을 울었을 뿐입니다. 모든 출발은 이릅니다. 늦게나마 큰 토론이 인다면 하늘이 내린 축복일 것입니다. 혹이나 큰 소동이 인다면 우리의 실증과 이론이 우리를 보호하는 창과 방패가 될 것입니다. 우리의 본향은 자유입니다. 건국의 아버지 이승만이 평생을 걸었던 순례의 그 길입니다.

———
참고문헌

한국형사정책연구원(2002), 『성매매 실태 및 경제규모에 관한 전국조사』, 여성부.
이승만(2008), 『한국교회핍박』, 청미디어.
이승만 지음, 박기봉 교정(2018), 『독립정신』, 비봉출판사.
이영훈 엮음(2014), 『한국형 시장경제체제』, 서울대학교 출판문화원.
김병연(2014), 「한국의 시장경제: 제도의 부정합성과 가치관의 혼란」, 이영훈 엮음, 『한국형 시장경제체제』, 서울대학교 출판문화원.

참고문헌

강덕상 지음, 정다운 옮김(2016), 『일제 강점기 말 조선 학도병의 자화상』, 선인.

강상순(2016), 조선사회의 유교적 변환과 그 이면 –귀신과 제사공동체-」, 『역사민속학』 50.

고은(1987), 『白頭山』, 창작과 비평사.

일제강점하강제동원피해진상규명위원회(2009), 『사진으로 보는 강제동원』,

금장태(2009), 『귀신과 제사』, 제이앤씨.

김낙년(2002), 『일제하 한국경제』, 도서출판 해남.

김낙년(2006), 「식민지 시기의 공업화 재론」, 박지향 외 편, 『해방 전후사의 재인식』 1, 책세상.

김낙년(2010), 「식민지 조선경제의 제도적 유산」, 『정신문화연구』 제33권 제4호.

김낙년·박기주·박이택·차명수 편(2018), 『한국의 장기통계』, Ⅰ·Ⅱ, 도서출판 해남.

김병연(2014), 「한국의 시장경제: 제도의 부정합성과 가치관의 혼란」, 이영훈 엮음, 『한국형 시장경제체
제』, 서울대학교 출판문화원.

김용삼(1995), 「대한민국의 國敎는 풍수도참인가?」, 『월간조선』 1995년 10월호, 156~179쪽.

김용삼(1995), 『건물은 사라져도 역사는 남는다』, 움직이는 힘.

김윤희(2011), 『이완용평전』, 한겨레출판사.

김정자 증언, 김현선 엮음(2013), 『미군 위안부 기지촌의 숨겨진 진실』, 한울.

김지남 외(1998), 『조선시대 선비들의 백두산 답사기』, 혜안.

김청강(2017), 「위안부는 어떻게 잊혀졌나?-1990년대 이전 대중영화 속 '위안부' 재현」, 『동아시아문화연구』 71.

김충남(2012), 『대통령과 국가경영』, 서울대학교 출판문화원.

김혜원(2007), 『딸들의 아리랑 - 이야기로 쓴 '위안부' 운동사』, 허원미디어.

대일항쟁기강제동원피해조사및국외강제동원희생자등지원위원회(2016), 「위원회 활동 결과보고서」.

무라야마 지준(村山智順 1990)·최길성 옮김, 『조선의 풍수』, 민음사.

박길성(2013), 『사회는 갈등을 만들고, 갈등은 사회를 만든다』, 고려대학교 출판부.

朴大根(1964), 「慰安婦들에 대한 社會醫學的 調査研究 -群山地區를 中心으로-」, 서울대학교 보건대학
원 석사학위논문.

박유하(2013), 『제국의 위안부』, 뿌리와이파리.

박정애(2009), 「일제의 공창제 시행과 사창 관리 연구」, 숙명여자대학교 대학원 사학과 박사학위논문.

박진희(2008), 『한일회담 –제1공화국의 대일정책과 한일회담 전개과정-』, 선인.

박찬승(2016), 『민족·민족주의』, 小花.

保健部, 『保健社會統計年報』 各年度版.

소정희(2006), 「교육받고 자립된 자아실현을 열망했지만」, 박지향 외 편, 『해방전후사의 재인식』 1, 책세상.

손승철(2017), 『독도, 그 역사적 진실』, 景仁文化社.

신영숙(2008), 「'여성을 위한 아시아평화국민기금'과 일본 사회의 인식」, 『평화연구』 16(1).

愼鏞廈(1982), 『朝鮮土地調査事業研究』, 知識産業社.

신용하(2006), 『일제 식민지 정책과 식민지 근대화론 비판』, 문학과 지성사.

신채호(1916), 『꿈하늘』.

안병직 번역·해제(2013), 『일본군 위안소 관리인의 일기』, 이숲.

앙드레 슈미드 지음, 정여울 옮김(2007), 『제국 그 사이의 한국 1895~1919』, 휴머니스트.

양윤세·주익종(2017), 『고도성장 시대를 열다 – 박정희 시대 경제개발사 증언』, 해남.

요시미 요시아키(2013), 『일본군 '위안부' 그 역사의 진실』, 역사공간.

유종호(2004), 『나의 해방 전후 : 1940-1949』, 민음사.

陸軍本部(1956), 『六·二五事變後方戰史(人事篇)』.

윤덕한(1999), 『이완용 평전』, 중심.

尹鳳子(1963), 「接客業者들에 對한 社會醫學的 環境調査」, 서울대학교 보건대학원 석사학위논문.

윤정모(1982), 『에미 이름은 조센삐였다』, 인문당.

이강수(2003), 『반민특위 연구』, 나남출판.

이근관(2013), 「한일청구권협정상 강제징용 배상청구권 처리에 대한 국제법적 검토」, 『서울대학교 법학』 54(3)

이동진(2005), 「민족, 지역, 섹슈얼리티 -만주국의 조선인 '성매매종사자'를 중심으로-」, 『정신문화연구』 28-3.

이몽일(1991), 『韓國風水思想史研究』, 명보문화사.

이상태(2007), 『(사료가 증명하는) 독도는 한국 땅』, 경세원.

이승만 지음, 박기봉 교정(2018), 『독립정신』, 비봉출판사.

이승만(2008), 『한국교회핍박』, 청미디어.

이영훈 엮음(2014), 『한국형 시장경제체제』, 서울대학교 출판문화원.

이영훈(1993), 「토지조사사업의 수탈성 재검토」, 『역사비평』 22.

이영훈(2005), 「국사 교과서에 그려진 일제의 수탈상과 그 신화성」, 『시대정신』 28.

이영훈(2006), 「백두산이야기」, 박지향 외 편, 『해방전후사의 재인식』 1, 책세상.

이영훈(2006), 「억단과 독선의 식민지수탈론」, 『시대정신』 33.

이영훈(2007), 『대한민국 이야기』, 기파랑.

이영훈(2007), 「광기 서린 증오의 역사소설가 조정래 -대하소설 『아리랑』을 중심으로-」, 『시대정신』 35.

이영훈(2007), 「조정래와 MBC의 반박에 대한 재반박」, 『시대정신』 36.

이영훈(2016), 『한국경제사』 II, 일조각.

이영훈(2018), 『세종은 과연 성군인가』, 백년동안.

이우연(2015), 「전시기 일본으로의 노무동원과 탄광의 노동환경」, 낙성대경제연구소 워킹페이퍼 2015WP-10.

이우연(2016), 「전시기(1937-1945) 일본으로 노무동원된 조선인 탄·광부의 임금과 민족간 격차」, 『경제사학』 61.

이원덕(1996), 『한일과거사 처리의 원점 - 일본의 전후처리 외교와 한일회담』, 서울대출판부.

李有淑(1961), 「淪落女性에 關한 社會環境調査」, 서울대학교 보건대학원 석사학위논문.

이윤섭(2012), 『러일전쟁과 을사보호조약』, 북큐브네트웍스.

이타가키 류타 · 김부자(2016), 『Q & A '위안부' 문제와 식민지 지배 책임』, 삶창.

이태진(1995), 『일본의 대한제국 강점 : '보호조약'에서 '병합조약'까지』, 까치.

이태진 · 김재호 외(2005), 『고종황제 역사청문회』, 푸른역사.

일제강점하강제동원피해진상규명위원회(2007), 『전시체제기 조선의 사회상과 여성동원 -매일신보 (1937.1~1945.8)를 중심으로-』.

장박진(2014), 『미완의 청산 -한일회담 청구권 교섭의 세부 과정』, 역사공간

전기호(2003), 『일제시대 재일 한국인 노동자 계급의 상태와 투쟁』, 지식산업사.

정병석(2014), 「儒家의 죽음관 -生死의 連續과 不朽의 죽음-」, 『민족문화논총』 58.

정성화 외(2006), 『러일전쟁과 동북아의 변화』, 선인.

정안기(2018 a), 「전시기 육군특별지원병제의 추계와 분석」, 『정신문화연구』 41(2).

정안기(2018 b), 「1930년대 육군특별지원병제의 성립사 연구」, 『한일관계사연구』 61.

정안기(2018 c), 「한국전쟁기 육군특별지원병의 군사적 역량」, 『군사연구』 146.

정진성(2004), 『일본군 성노예제』, 서울대학교출판부.

정혜경(2013), 『징용 공출 강제연행 강제동원』, 선인.

조 건(2016), 「일제 말기 학병들의 중국지역 일본군 부대 탈출과 항일 투쟁」, 『한국독립운동사연구』 56.

조남현 편(1995), 『조정래 대하소설 아리랑 연구』, 해냄.

조정래(2007), 『아리랑』 1~12, 해냄.

주익종(2006), 「식민지 시기의 생활수준」, 박지향 외 편, 『해방 전후사의 재인식』 1, 책세상.

주익종(2008), 「제멋대로 만든 친일인명사전」, 『월간조선』 2008년 6월호.

주진열(2018), 「1965년 한일청구권협정과 개인청구권 사건의 국제법 쟁점에 대한 고찰」, 『서울국제법연구』 25(2)

채명신(1994), 『蔡命新 회고록 -死線을 넘고 넘어-』, 매일경제신문사.

崔南善(1927), 『白頭山觀參記』, 漢城圖書株式會社.

최덕규(2008), 『제정러시아의 한반도 정책, 1891~1907』, 경인문화사.

최영호(2005), 「한국정부의 대일 민간청구권 보상과정」, 『한일민족문제연구』 8.

최창조(1991), 「이몽일: 한국풍수사상사 연구」, 『대한지리학회지』 26(3).

하승현(2011), 「일제강점기 강제동원 피해구제-한국정부의 피해보상 내용을 중심으로」, 성균관대 석사학위논문.

한국정신대문제대책협의회(1993, 1997, 1999, 2001), 『강제로 끌려간 조선인 군위안부들』 1~4권, 한울/풀빛.

한국정신대문제대책협의회(1997), 『일본군 '위안부' 문제의 진상』, 역사비평사.

한국정신대문제대책협의회 20년사 편찬위(2014), 『한국정신대문제대책협의회 20년사』, 한울.

한국형사정책연구원(2002), 『성매매 실태 및 경제규모에 관한 전국조사』, 여성부.

함성득(2001), 『김영삼 정부의 성공과 실패』, 나남출판.

행정안전부 과거사관련업무지원단(2017), 「일제의 조선인 학도지원병 제도 및 동원부대 실태 조사 보고서」.

許英蘭(2002), 「독도 영유권 문제의 성격과 주요 쟁점」, 『한국사론』 34.

허종(2003), 『반민특위의 조직과 활동』, 선인.

황태연(2017), 『갑오왜란과 아관망명』, 청계.

Ku, Daeyeol(2005), "A Damocles Sword? - Korean Responses to the Russo - Japanese War", 『한국정치학회보』 39(4).

Soh, C. Sarah(2008), *The Comfort Women*, The University of Chicago Press.

World Inequality Database(https://wid.world/)

吉見義明(1995), 『從軍慰安婦』, 岩波書店.

吉田清治(1983), 『私の戰爭犯罪』, 三一書房.

金富子·金榮(2018), 『植民地遊廓 —日本の軍隊と朝鮮半島』, 吉川弘文館.

鈴木裕子·山下英愛·外村大 編(2006), 『日本軍'慰安婦'關係資料集成』上, 明石書店.

木村健二·申奎燮·幸野保典·宮本正明(2003), 「戰時下における朝鮮人の中国関内進出について」, 『靑丘學術論集』23.

朴慶植(1965), 『朝鮮人强制連行の記錄』; 박경옥 옮김(2008), 『조선인 강제연행의 기록』, 고즈윈.

森川万智子(1996), 『文玉珠ビルマ戰線楯師團の'慰安婦'だった私』, 梨の木舍; 김정성 옮김(2005), 『버마전선 일본군 '위안부' 문옥주』, 아름다운사람들.

宋連玉(1994), 「日本の植民地支配と國家的管理賣春 —朝鮮の公娼を中心にして」, 『朝鮮史研究會論文集』32.

宋連玉(2000), 「公娼制度から慰安婦制度への歷史的展開」, 『「慰安婦」戰時性暴力の實態』Ⅰ, 線風出版.

歷史學研究會·日本史研究會 編(2014), 『慰安婦'問題を/から考える』, 岩波書店.

駐韓日本公使館記錄&統監府 文書, 『駐韓日本公使館記錄 25권』, 七. 韓國奉使記錄 ⑵ [韓國特派大使 伊藤の復命書]

池內敏(2012), 『竹島問題とは何か』, 名古屋出版會.

秦郁彦(1999), 『慰安婦と戰場の性』, 新潮社.

陳姃湲(2010), 「在植民地臺灣事會夾縫中的朝鮮人娼妓業」, 『臺灣史研究』17⑶.

찾아보기

ㄱ

반일 종족주의
反日 種族主義

발행일 2019년 7월 10일 초판 01쇄
2019년 9월 30일 초판 10쇄

지은이 이영훈 외
기획 이승만학당
책임편집 박지영

발행인 고영래
발행처 (주)미래사

주소 서울시 마포구 신수로 60, 2층
전화 (02)773-5680
팩스 (02)773-5685
이메일 miraebooks@daum.net
등록 1995년 6월 17일(제2016-000084호)

ISBN 978-89-7087-326-8 03910